A construção biográfica de Clóvis Beviláqua

Memórias de admiração e de estigmas

A construção biográfica de Clóvis Beviláqua

Memórias de admiração e de estigmas

Wilton C. L. Silva

Grafia atualizada segundo o Acordo Ortográfico da Língua Portuguesa de 1990, que entrou em vigor no Brasil em 2009.

Edição: Haroldo Ceravolo Sereza
Editora assistente: Cristina Tamada
Projeto gráfico e diagramação: Dafne Ramos
Capa: Jean Freitas e Dafne Ramos
Assistente acadêmica: Bruna Marques
Revisão: Patricia Gnipper
Assistente de produção: Jean Freitas
Imagens da capa: Imagem de Clóvis Beviláqua

Este livro foi publicado com apoio da Fapesp, nº do processo 2015/03283-9.

CIP-BRASIL. CATALOGAÇÃO NA PUBLICAÇÃO
SINDICATO NACIONAL DOS EDITORES DE LIVROS, RJ

S584C

Silva, Wilton C. L.
A construção biográfica de Clóvis Beviláqua: memórias de admiração e de estigmas
Wilton C. L. Silva. - 1. ed.
São Paulo: Alameda, 2016
250p. ; 23 cm

Inclui bibliografia
ISBN 978-85-7939-399-0

1. Beviláqua, Clóvis, 1859-1994 - Crítica e interpretação 2. Advogados - Brasil - Biografia
I. Título.

16-33308 CDD: 923.481
CDU: 929:34(81)

ALAMEDA CASA EDITORIAL
Rua 13 de Maio, 353 – Bela Vista
CEP 01327-000 – São Paulo, SP
Tel. (11) 3012-2403
www.alamedaeditorial.com.br

Ao Breno e ao Leone, que cresceram rápido demais...

O espelho, porém, é uma pobre metáfora da memória pública. Aquele que busca a verdade histórica não está tentando obter uma imagem mais nítida de sua própria face ou até mesmo uma imagem mais lisonjeira. Remendar conscientemente e refazer são apenas uma pequena parte da moldagem do passado. Quando observamos mais de perto a construção do passado, verificamos que o processo tem muito pouco a ver com o passado e tudo a ver com o presente. (...) A história surge sob uma forma não-intencional, como resultado de práticas direcionadas a fins imediatos, práticos. Observar essas práticas estabelecerem princípios seletivos que iluminam certos tipos de acontecimentos e obscurecem outros significa inspecionar a ordem social agindo sobre as mentes individuais. (Mary Douglas, Como as instituições pensam)

Sumário

Sumário

Apresentação

> *Algum tempo hesitei se devia abrir estas memórias pelo princípio ou pelo fim, isto é, se poria em primeiro lugar o meu nascimento ou a minha morte. Suposto o uso vulgar seja começar pelo nascimento, duas considerações me levaram a adotar diferente método: a primeira é que eu não sou propriamente um autor defunto, mas um defunto autor, para quem a campa foi outro berço; a segunda é que o escrito ficaria assim mais galante e mais novo. Moisés, que também contou a sua morte, não a pôs no introito, mas no cabo; diferença radical entre este livro e o Pentateuco.*
> *(Machado de Assis, Memórias Póstumas de Brás Cubas)*

Há quem escreva biografias, há quem analise o artefato biográfico, não necessariamente para lhe atribuir um caráter de "ilusão", mas para compreender os modos de escrever as vidas e a história. Há quem escreva biografia, há quem escreva sobre o biografismo.

Este livro, que ora abre, "A construção biográfica de Clóvis Beviláqua", de Wilton C. L. Silva, situa-se no segundo caso. Em sua pesquisa sobre quatro biografias de Clóvis Beviláqua, Wilton nos oferece uma importante e profícua análise da relação entre biografismo, memória social e fazer historiográfico. Entendendo o biografismo como "as manifestações narrativas que envolvem a seleção, descrição e análise de uma trajetória individual a partir de diversos enfoques e metodologias que permitem sua incorporação através do romance histórico, das narrativas pessoais (autobiografias, testemunhos), da literatura escolar e das biografias propriamente ditas", Wilton elabora seu argumento sobre a escrita biográfica apontando as conjunções e disjunções entre os distintos campos em que essa relação se mostra, por exemplo, na antropologia, na literatura e na história.

Evitando os espinhosos e circulares argumentos sobre o caráter do biográfico, é sobre o seu efeito na constituição da memória de que trata Wilton. Se, como diz o autor, analisar biografias de uma mesma pessoa não é algo original, a originalidade de sua pesquisa está na escolha do personagem, Clóvis Beviláqua, e, em particular, no seu contraponto, Ruy Barbosa, no contexto de ambos:

o código civil e o campo jurídico. Essa boa escolha já anuncia a sensível relação criada entre biografismo e memória social.

Argumenta Wilton, pois, que a memória de Clóvis Beviláqua oscila entre considerá-lo como ilustre ou desconhecido. Um núcleo biográfico elementar – filho de padre, com um modo de vida humilde e discreto, redator do primeiro Código Civil do Brasil, fundador da Academia Brasileira de Letras – configura o que é designado como "vida póstuma". Por meio da pesquisa das quatro biografias publicadas depois da morte de Clóvis, Wilton analisa os modos como essa vida póstuma se manifesta na narrativa biográfica.

As quatro biografias analisadas repetem nos seus títulos o nome Clóvis Beviláqua, reforçando o que se poderia talvez dizer sobre a biografia, de que também ela inventa uma pessoa ao escrever a sua vida como conteúdo de um nome. O capítulo em que Wilton trata do que conceitua como vida póstuma e a sua escolha das quatro biografias é uma contribuição importante para os estudos sobre a biografia como um dispositivo rizomático: liga instituições, concepções, rememorações, ações, preenchendo um nome com o conteúdo de uma vida, ou, poder-se-ia inverter, preenchendo uma vida como o movimento da lembrança e do esquecimento na menção a um nome. Movimento que captura acontecimentos, como o embate entre "homens de letras" e "homens de ciência" entre os anos 1910 e 1950; entre instituições jurídicas e políticas, associações literárias, como a Academia Brasileira de Letras, e a entidade de pesquisa e preservação histórico e geográfica, como o Instituto Histórico Geográfico.

"Qual o significado social, político e cultural da conversão do jurista e sua obra em personagem e enredo no teatro da memória?", pergunta Wilton neste livro. Com essa pergunta, o autor dissolve os supostos do naturalismo biográfico e do biográfico como uma grafia que subsume o social ao individual. Este livro tem ainda outra qualidade: ao tratar do biografismo revela a fragilidade da oposição sociedade/indivíduo, pois o nome Clóvis Beviláqua aciona, amarrando e soltando, distintas linhas. Por exemplo, acompanhemos este parágrafo escrito por Wilton:

> De qualquer forma, a biografia como manifestação da memória permite a discussão, em benefício da análise crítica, sobre os vínculos sociais e históricos que se relacionam com a forma como o autor teve a sua obra e trajetória lembradas ou esquecidas ao longo do tempo; sobre a vinculação de seu nome a diferentes grupos e movimentos, com sua produção editorial, acadêmica e jornalística, o envolvimento de instituições, a promoção de diferentes eventos e acontecimentos específicos; além de caracterizá-la como manifestação política e cultural.

Na perspectiva do biografismo, adotada por Wilton, o próprio ato de biografar está sob escrutínio analítico, é um artefato cultural, um emissor de valor e de valores, um operador temporal.

As biografias analisadas não revelam Clóvis Beviláqua; inventam-no retendo e combinando os componentes de sua "vida póstuma". Em uma das biografias analisadas, o eixo é moral, "o homem bom e justo"; em uma segunda, a narrativa é a da homenagem oficial, a da criação de um livro que é distribuído às bibliotecas de várias instituições; uma terceira narra a intimidade, a família, os afetos; finalmente, a última constitui o "codificador da república".

O que fazem as narrativas biográficas (também as autobiográficas e hagiográficas) não seria a pergunta de Wilton? Nos bons encontros que partilhamos em nosso percurso, Wilton e eu talvez tenhamos em comum essa interrogação.

E é essa a pergunta que eu deixo ao leitor como um fio de Ariadne para a leitura cativante e importante que o espera, e que me coube o deleite de fazer e a responsabilidade de apresentar. Para minimamente cumprir essa responsabilidade, chamo a atenção ainda para a valiosa discussão no final do livro que enfrenta o tenso diálogo entre a memória e o esquecimento, as variantes e a constante narrativa; a relação entre o biógrafo e o biografado e, finalmente, entre o historiador e os mundos do biógrafo e do biografado, o que o autor chama de ambição impossível da verdade factual.

No último capítulo, nas suas considerações finais, Wilton menciona uma peça de Carlos Fuentes onde há uma referência a Quetzalcoatl, a serpente emplumada da cosmologia mesoamericana, e sugere sobre essa divindade múltipla: "Sendo reverenciado pelos sacerdotes e tido como patrono dos ourives e artesãos, poderia muito bem ser apropriado pelos historiadores, pois as complexas relações entre liberdade, rosto, tempo, desejo e necessidade, nesta condição divina e humana, permitiu aos homens a criação da identidade, da narrativa, da memória e da história". Essa menção e o comentário provocaram-me a evocação de uma das imagens de Quetzalcoatl no Códice Borgia, na qual ele insufla a vida em um esqueleto. Uma boa imagem para pensarmos sobre a ambição biográfica.

Suely Kofes
Departamento de Antropologia/Unicamp

Prefácio

A escrita de um corpo

Como um personagem ganha corpo? Como uma vida, de um ser que já é passado, se corporifica no gesto da escrita biográfica? Como o texto de memória constrói uma corporeidade para alguém que já se encontra ausente? Como na carnação da letra, do nome, se produz a encarnação de um ser que se diz retirado do convívio com os corpos vivos, presentes? Essas são algumas das questões apaixonantes que o livro do historiador Wilton C. L. Silva se propõe a encarar, a mirar de frente. Este livro que vocês têm diante da face deve ser olhado como um esforço para se interrogar criticamente as tentativas de se colocar uma vida num relato e, ao mesmo tempo, a tentativa de fazer de uma vida, um relato. Ao analisar as construções biográficas realizadas por quatro outros textos acerca da vida do jurista cearense Clóvis Beviláqua, Wilton Silva também realiza, à sua maneira, à maneira com que os estudos históricos tratam hoje o gênero biográfico, uma escrita da vida, a inscrição do corpo do vulto desaparecido. Assim como soem fazer os historiadores, se esforça para insuflar vida, para dotar de calor, de espírito, para fazer novamente estar entre nós o corpo desse ilustre e desconhecido homem de letras, homem das lides jurídicas.

Para realizar sua tarefa, Wilton lança mão de um *corpus* documental constituído pelos textos biográficos escritos sobre Clóvis Beviláqua, bem como da documentação e obra deixadas por esse jurista. O primeiro texto biográfico abordado é de autoria de Lauro Romero, filho de Silvio Romero, publicado em 1956, que se constitui num tributo ao amigo de seu pai, àquela presença de homem bom e justo que pôde visualizar quando de sua juventude. Ele rememora um corpo próximo, um corpo amigo, um rosto que se confunde, em grande medida, com o próprio rosto do pai famoso e ausente. O segundo texto, publicado em 1959, é uma monografia escrita para um concurso que visava comemorar o centenário de nascimento do autor, sendo, portanto, um texto voltado para a monumentalização do personagem, para a sua comemoração. Raimundo Menezes e Ubaldino Azevedo, sendo advogados, fazem de Beviláqua um corpo e uma vida exemplares da própria corporação. O corpo de Clóvis Beviláqua é tomado como parte destacada e emblema do próprio corpo formado pelos profissionais do direito. Ele significaria, ele seria a incorporação do que constituíam os traços definidores e mais destacados desse corpo profissional: a erudição, a humildade, a retidão de caráter, o devotamento às causas nacionais, o trabalho técnico, meticuloso e paciente, realizado diuturnamente, mesmo que não premiado com a fama e o devido reconhecimento. Empresa de conhecimento e de reconhecimento, o escrito biográfico almeja dar ao personagem o destaque que não teve em sua época, ou mesmo reparar a injustiça de que foi vítima. Tornar Beviláqua conhecido e reconhecido, dar a ele um lugar no panteão dos juristas e profissionais do direito que merecem destaque significava, ao mesmo tempo, projetar as suas qualidades, projetar seu rosto, sua imagem construída pelo relato biográfico sobre todo o corpo de profissionais do direito no país. O terceiro texto, publicado em 1989, foi escrito por Noêmia Paz Barreto Brandão, amiga das filhas do ilustre jurista. Nesse texto, o homem Beviláqua não só é construído por um olhar feminino, mas, em grande medida, por um olhar infantil. É com base em suas memórias de infância, no convívio com o pai, com o esposo, com o homem cotidiano no interior de sua casa, mais do que com o famoso homem público, que a autora escreve seu texto. Aos olhos da menina, o corpo desse homem se agiganta, transforma-se num corpo monumental. À grandiosidade do nome deixado vem se juntar a grandiosidade dos gestos e das ações diárias, do comportamento do pai, devotado e cioso de seus deveres para com suas meninas, do marido, muitas vezes caluniado, tido como submisso às vontades de sua esposa por se colocar a seu lado na defesa de novas posições para a mulher, de novas formas de relações entre os gêneros, por permitir e incentivar sua presença no espaço público como autora de seus próprios escritos. O corpo público de Beviláqua dá lugar a um corpo íntimo, ignorado por muitos, corpo em que, talvez, estivessem conjugadas grande parte de suas debilidades: corpo nascido sob o estigma de ter como pai um padre, da fealdade, da timidez, das dificuldades em lidar com a vida doméstica, de exercer o papel requerido para o chefe da casa. Ao mesmo tempo, um corpo sem máculas trazidas por desvios na vida sexual, financeira ou política. Por fim, o quarto texto, publicado em 1960, foi escrito por um famoso jurista especialista em causas cíveis. A Silvio Meira interessou, sobretudo, o homem que foi responsável pela redação do Código Civil de 1917. Acontecimento nuclear na elaboração da biografia de Clóvis Beviláqua, acontecimento resumo do que teria sido essa vida, sua contribuição maior e definitiva para a estrutura jurídica do país, evento que garantiria a sua presença, a permanência de sua memória, de seu nome, pelo menos no interior da comunidade de operadores do direito no Brasil, é tomado como aquilo que dá sentido mesmo à própria existência do jurista cearense. Tendo se tornado o evento nuclear na elaboração da trama narrativa de sua existência, esse evento, ao mesmo tempo em que contribuiu para a sua monumentalização, contribuiu ainda decisivamente para o apagamento de grande parte daquilo que fez como homem devotado também à produção no campo filosófico, historiográfico e literário. O volumoso *corpus* do Código Civil, assim como serviu para corporificar definitivamente o nome e a vida de Beviláqua, foi decisivo para a morte de outras dimensões de sua existência, para o empobrecimento de sua memória. O homem plural e diverso, o homem errante e errático, torna-se, nessa narrativa presidida por uma dada teleologia, por uma visada historicista, um homem coerente e, ao mesmo tempo, redundante, um corpo que passa a se constituir pela repetitiva citação de si mesmo, pela recitação dos mesmos enunciados e pela figuração das mesmas imagens. Beviláqua se torna um *corpus* de recorrências e reiterações. Ele deixa de ser um jurista, um conjunto de ações, reações, pensamentos e afeições histórica e socialmente situados para se tornar jurisprudência.

Eu juro que a prudência na análise é a marca do texto que vocês irão saborear. O cuidado interpretativo se alia a uma narrativa agradável, muito distante da dos textos hiperbólicos, louvaminheiros, gongóricos que o autor teve que manejar ao lidar com os escritos biográficos sobre Clóvis Beviláqua, notadamente aqueles redigidos por juristas. A forma da escrita, o estilo, as maneiras de narrar, a escolha do vocabulário são definidores do perfil de uma dada corporação profissional. O texto de Wilton Silva se inscreve numa tradição narrativa que vem definindo a própria comunidade de historiadores na contemporaneidade. Da mesma forma que sua maneira de escrever, seu estilo, sua deficiência no uso da gramática e da língua pátria foram elementos definidores do próprio perfil de Clóvis Beviláqua, o corpo de sua escrita também seria um indício mesmo de sua corporeidade, seria a forma deficitária de sua incorporação ao meio literário e jurídico do país. Atacado duramente por Rui Barbosa, seu mais direto oponente, tanto nas lides jurídicas como nas aras da consagração pelos pares, por seu estilo e pelo uso deficiente da língua portuguesa em seu mais expressivo feito, a redação do Código Civil, Beviláqua teve que lidar, possivelmente durante toda a sua vida, com esse trauma, com essa ferida que ameaçava de morte a imagem de si para os outros no presente e para a posteridade. O silenciamento em torno desse episódio realizado por seus biógrafos diz muito de como a destreza na utilização da palavra, de como a capacidade retórica, de como o uso de frases e palavras marcadas pela raridade ainda são marcas diacríticas fundamentais na constituição da identidade do profissional da área de direito no Brasil. Como fazer de Clóvis Beviláqua um antepassado famoso, ilustre, como escrever a épica de um herói da causa jurídica no país, como construir a hagiografia desse santo laico, se ele não possuía uma das marcas de distinção do homem da lei no Brasil: sua retórica de gosto oitocentista, a capacidade de empreender memoráveis diatribes tribunalícias, nas quais seu desafeto baiano era imbatível? Se Rui Barbosa era a encarnação perfeita do modelo bacharelesco de homem de letras, sendo capaz de associar o domínio técnico, cientifico do conhecimento no campo do direito a pendores literários, resta a Clóvis Beviláqua ser monumentalizado, comemorado e lembrado como o modesto, o humilde e diligente operador cotidiano do direito, como o civilista que dotou o país de seu Código Civil, como o homem honesto, reto, probo que dignificou a profissão na sua operação rotineira e cinzenta, sem se preocupar com arroubos retóricos ou intervenções espetaculares no mundo da política. Servidor público modelar, teria recusado muitos dos cargos e prebendas que lhe teriam sido oferecidos, demonstrando ser um homem arrogante na defesa de sua capacidade intelectual, mas avesso a demonstrações públicas.

Fico feliz de que este livro tenha se materializado, de que tenha ganhado corpo. Seu autor, que se faz notar em vida por sua generosidade corporal, ganha com ele outra corporeidade: aquela advinda do gesto da escrita, que efetiva o ser mesmo da autoria. Assim como o encontro com o corpo que o escreveu é sempre um encontro feliz, o esbarrar com este livro também proporcionará, com certeza, horas de felicidade intelectual. A agilidade, a desenvoltura do corpo próprio de quem o escreveu, capaz de relativizar nossa mais arraigada noção de pesadume, também caracteriza o pensamento, as teses, as ideias aqui defendidas. Este é um texto leve e, ao mesmo tempo, de peso na área dos estudos de biografia histórica, da qual é um belo exemplar.

Espero, leitor, que te sintas seduzido a adentrar neste corpo escrito que tens a seu dispor. Espero que gozes dos saberes e dos sabores que ele te oferece. Mais do que um corpo que cai na vida e na história, este livro te oferece o encontro com um corpo que um dia brilhou, que luziu, que foi ilustre, mas que para muitos, hoje, é um absoluto desconhecido. Aqui, encontras esse corpo em múltiplas versões: um corpo estilhaçado pelas palavras, mas também relançado por elas. Espero que venhas a fazer parte também do corpo de jurados que, ao longo tempo, avaliou, avalizou e conformou um corpo de jurista: o corpo de Clóvis Beviláqua.

Natal, 4 de junho de 2015.

DURVAL MUNIZ DE ALBUQUERQUE JÚNIOR
Departamento de História / Universidade Federal do Rio Grande do Norte – UFRN

Introdução

A memória só pode relembrar o que foi esquecido. (Moshé Ben 'Ezra)

Em um texto adorável em formato de carta, o cronista Paulo Mendes Campos endereça, por meio de comentários sobre o livro *Alice no país das maravilhas*, conselhos para uma menina, Maria da Graça, que completa quinze anos, e em determinado momento comenta:

> Disse o ratinho: 'A minha história é longa e triste!' Ouvirás isso milhares de vezes. Como ouvirás a terrível variante: 'Minha vida daria um romance. Ora, como todas as vidas vividas até o fim são longas e tristes, e como todas as vidas dariam romances, pois o romance só é o jeito de contar uma vida, foge, polida mas energeticamente, dos homens e das mulheres que suspiram e dizem: 'Minha vida daria um romance!' Sobretudo dos homens. Uns chatos irremediáveis, Maria. (CAMPOS, 1979, p. 75)

Concordamos com o cronista que "todas as vidas vividas até o fim são longas e tristes, e como todas as vidas dariam romances", assim como poderiam originar uma biografia, e a historiografia recente tem demonstrado como indivíduos comuns podem ser dotados de uma significativa densidade narrativa sobre suas épocas, ou ainda, como indivíduos notáveis não são sólidos monólitos de virtudes, mas seres humanos dotados de complexas dimensões e relações que estão ligadas aos contextos em que viveram e nos quais suas memórias foram construídas e reconstruídas.

Mas a reconstrução de uma trajetória individual (quer de outro ou própria) significa também a percepção de uma rede de relações com base na ideia de individualidade, com diferentes temporalidades (o ontem e o hoje), vínculos e pertencimentos que dizem respeito tanto sobre quem se escreve, quanto a quem escreve e para quem se escreve.

Uma referência negativa recorrente ao biografismo se relaciona com sua imediata vinculação à narrativa apologética de homens da elite econômica, política ou religiosa que são retratados como extraodinários. Embora esse tipo de enfoque seja o mais tradicional, por si só se mostra o mais empobrecido dos enfoques possíveis, e resultado de um reducionismo há muito superado.

Particularmente nos interessa a forma como a memória, quer como notoriedade quer como esquecimento, é construída ao longo do tempo e no interior de diferentes grupos; assim, por exemplo, é inevitável perceber que muitos livros ou autores que gozam de igual prestígio em um mesmo período podem ter destino distinto ao longo do tempo, uma vez que uns conseguem manter vivo o interesse que despertam e levar à busca do aprofundamento e da renovação do conhecimento sobre eles, enquanto outros se desgastam e são redimensionados de forma negativa e abandonados ao esquecimento ou à indiferença.

Clóvis Beviláqua (1859-1944) foi um intelectual que, dentro da tradição polivalente e erudita do século XIX, foi jurista, filósofo, historiador e literato, tendo atuado como promotor público, membro da Assembleia Constituinte, secretário de Estado, consultor jurídico do Ministério do Exterior, além de um dos fundadores da Academia Brasileira de Letras e membro do Instituto Histórico e Geográfico Brasileiro.

Como autor de significativa bibliografia, seus escritos versam sobre temas filosóficos, literários, históricos e jurídicos – sendo que neste campo se destaca como jurista que elaborou o Código Civil Brasileiro, de 1917.

A memória deste personagem sofre, no entanto, um ocaso em termos filosóficos e literários, mantendo-se ainda a partir da obra jurídica, particularmente pela presença do Código Civil ao longo do século XX e de algumas forças institucionais ligadas ao Direito.

A partir de quatro biografias sobre o jurista, escritas por Lauro Romero (1956), Raimundo Menezes e Ubaldino de Azevedo (1959), Noemia Paes Barreto Brandão (1989) e Silvio Meira (1990), pretendemos discutir como se consolidou a memória do personagem e problematizar as distintas matrizes narrativas, com especial destaque para as dimensões grupais e institucionais que atuam em processos de afirmação/construção da memória e do esquecimento.

As diferentes biografias de Clóvis Beviláqua aqui abordadas apresentam limitações semelhantes, pois mesmo com a pesquisa documental e a busca de amplitude temática na abordagem do personagem, fazem-se ausentes a análise crítica e a contextualização da narrativa, de tal forma que o personagem parece flutuar acima de estruturas e conjunturas, instituições e indivíduos.

Outro ponto problemático é a hierarquização de esferas, entre as quais a jurídica não só ocupa o maior destaque, como é o centro ao redor do qual as demais se estruturam. A produção intelectual literária ou de crítica literária, com maior magnitude na juventude, apresentava profundidade, mas seria abandonada ao longo do tempo, e a filosófica e a sociológica só existiam para fundamentar a atividade do legislador e do jurista.

Os estigmas de filho de padre, de arrogância intelectual, de ambição política na juventude, de homem submisso à esposa ao longo da vida e de intelectual limitado, particularmente no estilo de escrita e na gramática, convivem com a mitificação e a adjetivação hiperbólica.

A notabilidade de certos autores envolve a construção de vários tipos de "heróis": o que ressalta o sentimento patriótico com fundamentos nacionalistas e políticos (como Rui Barbosa), o literato cuja obra é exemplo de estilo e conteúdo (como Olavo Bilac) e, ainda, o visionário (como Monteiro Lobato), entre outros.[1]

O mito "Rui Barbosa", por exemplo, era afirmado a partir de referências biográficas, agigantadas pelas distorções de um ufanismo oficial e extraoficial, no qual o "homem de palavra brilhante e fácil", "capaz de discutir muitos e variados assuntos" e de "verbalizar vários conhecimentos com brilho" tinha justificada sua "alta dignidade" como escritor tanto quanto como "intelectual que dominava diversos saberes" e "orador que orgulhava a nação".[2]

Curioso é perceber que a memória é incorporada de forma diferente pelos distintos grupos sociais e, nesse aspecto, é possível estabelecer-se um contraste entre Rui Barbosa (1849-1923) e Clóvis Beviláqua (1859-1944).

Dentro da tradição polivalente e erudita do século XIX, ambos os personagens possuem trajetórias com grandes semelhanças, pois foram jornalistas, tradutores, professores, advogados e membros fundadores da Academia Brasileira de Letras.

Rui Barbosa, no entanto, construiu uma sólida carreira política, sendo deputado, ministro, senador, candidato três vezes à Presidência do País, diplomata, além de ocupar a Presidência da Academia Brasileira de Letras na sucessão

---

1 "Os escolhidos são como que expostos em vitrines e tornam-se figuras mais ou menos sacralizadas. Concretiza-se, dessa forma, um processo de mitificação que hierarquiza e cria códigos que possibilitam, aos que detêm o seu segredo, tirar deles o melhor proveito. Homenagens e comemorações são, em seus rituais, em seus gestos, formas de preservação de um passado segundo uma construção feita no presente. A comemoração é, primeiramente, a teatralização da memória. É o teatro do passado" (BARBOSA, 2001, p. 25-26).

2 CANDIDO (1975b, p. 42-44) chama a atenção para o destaque que o discurso e o recitativo atingiram em um certo momento da história do Brasil do século XIX e início do XX, graças ao número reduzido de leitores, situação que reforçava a oralidade, identificando as origens da valorização da retórica como consequência da estética romântica (com suas "aventuras da palavra em crise de inferioridade" que dará "origem à expressão artística mais grata à nossa sensibilidade média"), da institucionalização política que permite a efetiva participação das elites locais após a Independência, do nacionalismo (com a necessidade da criação de uma "representação exaltante da nova pátria, que ficasse fortemente impressa na consciência popular") e da falta de leitores (que acabava refletindo nos estilos literários as particularidades da oralidade, ou seja, "vendo no leitor problemático um auditor mais garantido").

de Machado de Assis, ao passo que Clóvis Beviláqua foi crítico literário, autor do Código Civil de 1917, consultor do Ministério das Relações Exteriores, jurista de prestígio internacional, mas avesso a cargos e honrarias.

Ao longo do século XX, esses dois homens simbolizaram diferentes virtudes dos advogados como grupo: o primeiro, homem de ação que ocupou importantes cargos, angariou fortuna e reconhecimento nacional como símbolo cívico; e o segundo, o codificador mais importante do período, tímido e erudito que se converteu em referência fundamental dentro do campo jurídico e tornou-se um símbolo corporativo.

A panteonização de Rui Barbosa se projeta em diferentes níveis e de diferentes formas, sendo que, em sua forma estética e literária, sua pessoa e obra são símbolos do Brasil do século XIX e de sua permanência no século XX, o que justificaria os ataques daqueles que buscavam superar a herança daquilo que Bosi (1972) apontou como sua "retórica formidanda" – um adjetivo que contém em si as grandes dimensões, o despertar do medo ou a ausência da beleza.[3]

Em sua forma intelectual, trata-se de exemplo formidável da explicação dada por Antonio Candido para o ufanismo do intelectual brasileiro, que seria dotado de inteligência e cultura tão volumosa que seria capaz de embasbacar os estrangeiros, como uma fantasia que se desdobra em três planos: o autodidatismo e a falta de concorrência literária e científica (que acarretam o generalismo e a falta de autocrítica), os vícios das redes de relações (quando "confrades e pósteros" ampliam os méritos de autores e obras para causar repercussão em uma sociedade alheia às coisas do espírito) e, finalmente, os casos reais ou lendários das obras-primas perdidas (nos quais se misturam a hipertrofia da realidade e as reais dificuldades de publicação e conservação das produções intelectuais).[4]

Em sua forma cívica, finalmente, deixa ver de forma inequívoca a defesa da democracia jurídica e da ética tradicionalista, ideias nem originais nem numerosas, mas que se agigantaram pelo poder do seu talento verbal e de seu exemplo de vida, que produziram uma imagem que perdura pelo seu poder de representar projetos políticos que a realidade apresenta e oculta periodicamente.

---

3 O próprio Rui Barbosa negava-se a ser definido como um literato, o que aparece claramente em seu discurso de 13 de agosto de 1918, por ocasião de seu jubileu na vida pública, quando afirmou: "Mas qual é, na minha existência, o ato de sua consagração essencial às letras? Onde o trabalho, que assegure à minha vida o caráter de predominante ou eminentemente literário? Não conheço. Traços literários lhe não minguam, mas em produtos ligeiros e acidentais [...]. Tudo o mais é política, é administração, é direito, são questões morais, questões sociais, projetos, reformas, organizações legislativas" (citado por BOSI, *op. cit.*, p. 287).

4 CANDIDO, 1975[a], p. 236-237.

Por sua vez, Clóvis Beviláqua ocupa uma posição que contrasta bastante com a do jurista baiano, pois em sua forma estética e literária, sua pessoa e obra são pouquíssimo conhecidas, não se notabilizando nem por forma nem por conteúdo, embora algum mérito seja reconhecido em algumas de suas críticas literárias por estudiosos do tema.

Em sua forma intelectual, produziu obra fundamental na institucionalização da República e, pela longevidade do Código Civil, tornou-se autor obrigatoriamente referenciado no campo jurídico em todo o século XX, ao passo que, em outros campos do pensamento, sua figura e suas ideias se desvaneceram como as de muitos outros intelectuais de sua época.

E, por último, a sua forma cívica o reduziu a um símbolo corporativo, pois embora representado em monumentos e logradouros, não é identificado pela memória coletiva, embora seja reconhecido e referenciado por aqueles que mantêm vínculos com o campo jurídico.

Essa diversidade das formas de manutenção da memória dos indivíduos, para além de suas características inatas, pode refletir também a forma como pessoa, obra e legado se mantêm ou se desgastam com o tempo, tomando por base a vinculação de seu nome a diferentes grupos e movimentos; a produção editorial, acadêmica e jornalística que os envolve; o relacionamento de instituições; a promoção de diferentes eventos; e acontecimentos específicos que se tornam aspectos estruturais e conjunturais que influenciam nesse processo.

Em ambos os casos, ocorreu uma clara separação entre obra e autor, em que ambos se mantêm como símbolos perpetuados em monumentos e nos topônimos, sendo que Rui Barbosa é vitimado pela profunda ligação com o momento em que produziu e perde importância com o tempo, e Clóvis Beviláqua é recordado por certos grupos e esquecido pela memória coletiva.[5]

Estudar as biografias de Clóvis Beviláqua permite a identificação de que forma a memória é construída por essas narrativas, assim como possibilita a discussão de como os processos de lembrança e esquecimento se processam nessa manifestação cultural específica que é o biografismo.

5 O mito Rui Barbosa, para além de suas características pessoais, também sobrevive pela importância que teve dentro da política republicana como referência do legalismo e do liberalismo na prática forense e legislativa, ao passo que uma sólida instituição como a Casa de Rui Barbosa reedita sua monumental obra (com cerca de 150 volumes) ao longo das décadas e subsidia pesquisas acadêmicas vinculadas a temas afins, colaborando para que esse homem pequeno (1,58 m de altura e 48 kg de peso) em um corpo quase raquítico emane sua aura de grande homem.

A análise de distintas biografias sobre um mesmo personagem não é por si um trabalho original[6], mas tal personagem nunca foi objeto desse tipo de análise.

O livro possui a seguinte estrutura: introdução, dois capítulos e conclusão, sendo que, na introdução, apresentamos um panorama geral do texto.

O capítulo 1, HISTÓRIA E BIOGRAFIA, busca caracterizar as dimensões sociais do biografismo, percebendo-o como manifestação histórica, cultural e política.

O capítulo 2, BIOGRAFIAS DE CLÓVIS BEVILÁQUA, analisa de forma crítica algumas biografias sobre o jurista cearense, escritas por Lauro Romero (1956), Raimundo Menezes e Ubaldino de Azevedo (1959), Noemia Paes Barreto Brandão (1989) e Silvio Meira (1990).

De certa forma, cada uma dessas biografias oferece diferentes perspectivas sobre o personagem e sua memória, por meio dos pertencimentos de seus autores, assim como das condições nas quais foram geradas: Lauro Romero, filho de Silvio Romero, faz um tributo ao homem bom e justo que foi amigo de seu pai; Raimundo Menezes e Ubaldino de Azevedo (1959), ambos advogados, produzem uma monografia para um concurso cívico que comemora o centenário do jurista, caracterizando seu texto como uma memória entre pares; Noemia Paes Barreto Brandão (1989), que foi amiga de infância das filhas do personagem, oferece uma abordagem na qual a monumentalidade é acompanhada pela intimidade; e, finalmente, Silvio Meira, civilista de renome, propõe-se a abordar a trajetória profissional e intelectual do autor do Código Civil.

A CONCLUSÃO oferece reflexões finais sobre o biografismo e a produção da memória de Clóvis Beviláqua como manifestação cultural e espaço de tensões sociais, culturais e políticas.

Que os méritos da pesquisa e do texto sejam maiores do que seus limites e problemas.

---

6 Entre diversos exemplos, podemos citar: WERNECK (1996), que discute a construção da memória de Machado de Assis com base nas diferentes biografias ao longo do século XX; VIVIANI (2003), que compara a construção biográfica de Elisabeth I por Giles Lytton Strachey, Virginia Woolf e Edith Sitwell, discutindo questões de narrativa e de gênero; e RICCI (2002), que aponta diferentes memórias e inúmeros olhares sobre o padre regente Diogo Antônio Feijó, que vão desde o infante enjeitado à exumação de sua múmia.

História e Biografia

Biografias e a vida póstuma

O perene é um desejo e a eterna ilusão. Tudo quanto vive, vive porque muda, muda porque passa, e porque passa morre. (Fernando Pessoa)

Álvaro de Campos nasceu ao final do século XIX, em uma pequena cidade portuguesa onde recebeu uma educação vulgar de liceu, mas que lhe permitiu estudar engenharia mecânica e naval na Escócia. Tornou-se um homem alto e magro, desses que parecem ligeiramente curvados, com a pele entre o branco e o moreno, cabelos lisos e óculos.

Nunca exerceu a profissão de engenheiro, por não suportar viver confinado em escritórios. Viajou ao Oriente, conhecendo a Índia e a China, que declarou não valerem muito a pena serem vistas. Tinha um temperamento triste e foi uma personalidade do não (VASCONCELOS, 1953).

Fernando Pessoa fez pequenas biografias imaginárias para seus heterônimos e descreveu dessa forma aquele que a crítica literária aproxima com maior facilidade do criador, ressaltando a proximidade de temas entre a obra assinada pelo primeiro e a última fase de Álvaro de Campos – em que ambos parecem compartilhar o "supremíssimo cansaço, / íssimo, íssimo, íssimo, / cansaço" em meio a palavras de solidão, descrença, nostalgia, estranheza e perplexidade[1] (PAIS, 1984; QUADROS, 1999).

Outro heterônimo, Alberto Caeiro, disse em seus versos: "Se, depois de eu morrer, quiserem escrever a minha biografia, não há nada mais simples. Tem só duas datas – a da minha nascença e a da minha morte. Entre uma e outra cousa todos os dias são meus."[2]

---

1 O "Poema em Linha Reta" tem um narrador que se mostra tanto reflexivo quanto irônico e crítico a respeito de si e do mundo, apontando para a necessidade social da manutenção da autoimagem e da proteção da intimidade, desencantando-se com o cinismo social.

2 CAEIRO, Alberto. "Poemas Inconjuntos". *Revista Atena*, nº 5, fev. 1925. Os versos teriam sido escritos entre 1913-1915, em uma Europa de tempos sombrios.

Versos que falam sobre a impossibilidade de se narrar uma vida e que parecem condenar a ambição biográfica como o pecado de alguém desejar se apropriar daquilo que não lhe pertence não impediram Fernando Pessoa (em carta a Adolfo Casais Monteiro) de informar que Caeiro teria nascido "em Lisboa, mas viveu quase toda a sua vida no campo. Não teve profissão nem educação quase alguma... Era louro sem cor, olhos azuis; morreram-lhe cedo o pai e a mãe, e deixou-se ficar em casa, vivendo de uns pequenos rendimentos. Vivia com uma tia velha, tia-avó. Morreu de tuberculose em 1915".

A preocupação de Fernando Pessoa em dotar seus heterônimos de uma historicidade pode tanto estar relacionada à necessidade de delimitar enfaticamente as particularidades de estilo de cada um, tornando-se mais uma forma de diferenciação por meio de uma "vida imaginada", quanto à percepção do autor de que aquilo que ele mesmo chamou de "drama em gente" era necessário para a construção de identidades e alteridades em sua própria poesia.

Mais discutida do que as origens da heteronomia no poeta português é a temática do biografismo, um gênero literário e historiográfico cujo hibridismo origina paixões, censuras e tensões.

Entendo como "biografismo" as práticas narrativas que envolvem a seleção, descrição e análise de uma trajetória individual com base em diversos enfoques e metodologias que permitem sua incorporação por meio do romance histórico, das memórias pessoais (autobiografias e testemunhos), da literatura escolar e das biografias propriamente ditas.[3]

Miskell (2011, p. 282-283) chama a atenção para os três enfoques consolidados sobre o cinema como fonte histórica: o estudo do cinema como arte,

---

3 BOAS (2008, p. 21) cita a forma de classificação das biografias de Luis Viana Filho – dividindo-as entre "simples relação cronológica de fatos relativos à alguém", "trabalhos no quais, ao par duma (sic) vida, se estuda determinada época", "trabalhos nos quais à descrição duma (sic) existência se conjugam apreciações críticas sobre a obra do biografado"; e "trabalhos em que a narração da vida constitui o objetivo primacial" – e as convenções e pressupostos "ocidentais" do gênero para Norman Denzin:"1) textos biográficos devem ser escritos tendo-se ´outros´ textos biográficos em mente; 2) dar importância às influências de gênero e classe; 3) estabelecer origens familiares como ´o ponto zero´da história da pessoa em foco; 4) o autor deve interpretar a história da pessoa; 5) demarcar momentos da vida em questão a fim de atingirem uma ´coerência´; e 6) pessoas são reais e possuem vidas reais que podem ser ´mapeadas e significadas´." Atualmente estudos culturais propõe ampliações do conceito de biografia que incorporam a vida social das coisas ou a biografia de objetos sócio-técnicos objetos (vide APPADURAI, 2008), ou ainda, a possibiolidade de uma forma de narrativa (auto)biográfica institucional, a partir da extrapolação da ideia de ego-documento que incorpora os documentos escritos de forma involuntária ou obrigatória, como processos civis e criminais, livros de contas, testamentos, entre outros (vide SCHULZE, 2005), o que serve como indicativo das possibilidades de invenção/ruptura de convenções no interior do tema.

como indústria ou como instituição no século XX; os filmes como documentos ou textos sobre a sociedade que os fez ou assistiu a eles; e, finalmente, o cinema como um meio de apresentar versões do passado.

Tais perspectivas poderiam ser aplicadas em relação ao biografismo, despertando críticas sobre a sua legitimidade enquanto fonte ou tema historiográfico de forma muito semelhante.

A biografia como manifestação literária é analisada pelos historiadores com os mesmos sinais negativos da ausência de verdade e objetividade, que a teoria historiográfica validou como critérios legitimadores a partir do século XIX, sendo que, por ser literatura, era julgada também como uma forma de fantasia e invenção.

O fato de ser considerada como um documento ou texto sobre a sociedade que as produziu ou consumiu constitui a possibilidade de abordagem mais recorrente e consolidada da biografia – inclusive é nesta que se insere o presente trabalho – ao aproximá-la de outros produtos culturais e midiáticos, embora, em nosso entender, ela seja abordada mais como um resultado do que como um processo de modo que a sua construção e circulação ainda não receberam a devida atenção.

Por fim, a abordagem da biografia como um meio de apresentar versões do passado esbarra nas mesmas limitações que a reduzem a uma manifestação literária, descartando-a ou reduzindo-a como método historiográfico.

A construção de uma biografia exige o diálogo com as diferentes formas de controle simbólico do tempo e da individualização nas sociedades humanas, na busca de traduzir uma experiência de duração e estruturas imaginativas que relacionam uma vida com a cultura na qual se insere uma "vida póstuma" em que mortos e vivos dialogam por meio das heranças dos primeiros e das carências dos segundos.

Assim como Alberto Caeiro declara só aceitar revelar para a construção de sua biografia as datas de seu nascimento e de sua morte, negando-se a compartilhar os entreatos que seriam somente seus, Gontijo (2005), com base numa reflexão de Capistrano de Abreu sobre as biografias, localiza justamente entre esses dois extremos, o nascer e o morrer, a matéria-prima que entre dois momentos se constitui como a narrativa biográfica, que

> se estenderia (como) o 'fio' de sua vida, recuperando, através de detalhada costura, os momentos considerados importantes de sua trajetória da infância à velhice. Pontos e bordados destacariam aspectos vistos como relevantes para a compreensão do personagem principal: seus encontros, escolhas, reveses, as encruzilhadas surgidas ao longo do caminho, por vezes, apontando um detalhe, um toque do destino capaz de explicar atitudes e opções. (p. 1)

Em meio às discussões teóricas sobre a legitimidade dos métodos e da ambição das biografias de representarem uma manifestação da cultura, estas têm sido pouco estudado no meio acadêmico.

A crescente demanda sociocultural pelas publicações de natureza biográfica, em que intelectuais, políticos, aventureiros, cientistas, poetas, escritores, artistas ou a época em que vivem/viveram passa a ser alvo da curiosidade do público na esperança deste de encontrar no outro um reflexo de si mesmo, não tem sido encarada como objeto.[4]

A produção bibliográfica do biografismo brasileiro tradicionalmente se vincula a uma humanização da história e à criação de uma pedagogia moral e cívica com um volume relativamente tímido – quando comparado com outros biografismos nacionais – de obras com base em metodologias e enfoques semelhantes na produção historiográfica, no romance histórico, nas memórias pessoais, na literatura escolar e nas biografias no sentido estrito do termo.

A especialização e a profissionalização do biografismo se processam na tradição inglesa a partir do final do século XVII, com três obras inovadoras: *Walton's live*, de Isaac Walton, publicada em 1678, sobre a vida de cinco escritores, utilizando amplamente sólida base documental (documentos, relatos e cartas) para caracterizar seus personagens; *Lives of the Norths*, de Roger North, publicada em 1715, em que o autor, numa narrativa sobre seus três irmãos, apresenta diferentes "ângulos" das personagens; e, finalmente, *Life of Samuel Johnson*, de James Boswell, publicada em 1791, considerada a mais completa, importante e inovadora biografia[5], pois, inspirada nas ideias do biografado, que também foi biógrafo, busca uma "verdade" por meio da descrição minuciosa do dia a dia do personagem, com a utilização de papéis pessoais e também de entrevistas com este.

A crença na "verdade" sobre o biografado se apresenta nesse contexto como exigência qualitativa da narrativa biográfica, assim como reflete duas diretrizes avaliativas do período: a percepção do homem como "ser social", com a consequente valorização da dimensão coletiva sobre o indivíduo, e a identificação de uma dimensão determinante na trajetória do ser humano, o psiquismo, o que redimensiona a relação entre o social e o individual.

---

4 Uma revista semanal, em 1995, já apontava o crescimento desse segmento no mercado editorial, que só perdia para as publicações de "autoajuda" – tanto que, entre julho de 1994 e julho de 1995, haviam sido lançadas 181 biografias, o que significa uma a cada dois dias, e quatro a cada semana. (VEJA, 26/07/1995)

5 TUCHMAN (1991, p. 76) classifica a obra de Boswell mais como uma recordação pessoal do que como biografia, e afirma que essa proximidade entre biógrafo e biografado corre o risco de, pelo excesso de informação, produzir mais um armazém de fatos do que o retrato de uma trajetória.

O século XIX vê o surgimento de críticas enfáticas ao biografismo, aos "particularismos" da individualidade e do contexto cultural e ideológico que enfatiza o utilitarismo, o positivismo e o cientificismo, de forma que o indivíduo é mais resultante do que agente, e o coletivo o *primum mobile*, fazendo com que a exigência da legitimação da biografia se dê pela demonstração da pesquisa empírica e documental, o colecionismo de provas e a busca de motivos explícitos e fins determinados (MADELÉNAT, 1984, p. 57-58).[6]

É nesse contexto que a biografia atinge ampla divulgação e, inclusive, penetra com esse mesmo paradigma na França nas últimas três décadas do século XIX, tornando-se inclusive objeto de estudos eruditos.

A Primeira Guerra Mundial, no entanto, permite a constatação de um desencantamento do mundo em que exatidões, certezas e positividades cedem lugar para a percepção de imprevisibilidades, dúvidas e relativismos que, valorizando as singularidades, as complexidades e as contradições, permitem uma reorientação na descrição de uma trajetória de vida.

A biografia moralista e laudatória é superada por um novo padrão, do qual *Eminent victorians*, de Lytton Strachey, publicada em 1918, surge como modelo, sendo que, no prefácio do livro, o autor critica de forma direta os vícios das "pretensões à exaustividade", dos "respeitos institucionalizados" e das "mentiras piedosas", assim como defende o "direito à imaginação", a "verdade poética" e a "reconstrução inventiva" (MADELÉNAT, 1984, p. 6).[7]

Diversas questões metodológicas se apresentam no novo paradigma do biografismo, como a dificuldade de conciliar "verdade científica" e "imaginação criativa", as implicações da aproximação e da afinidade entre biógrafo e biografado, a escolha entre a associação direta entre vida e obra ou a defesa da independência entre tais instâncias, os limites entre vida vivida e vida documentada, entre outras.

O gênero biográfico parece oferecer-se hoje como instrumento adequado de investigação histórica, pois

> a crise dos últimos anos, a recusa à massificação, a colocação em questão de ideologias dominantes, a renúncia à total inteligibilidade do real, o conjunto desses fenômenos econômicos, sociais e culturais parece ter formado um clima favorável à biografia (como ao individualismo, ao "novo romance", a um amor nostálgico e ecológico pelo patrimônio). (MADELÉNAT, 1984, p. 73)

6 É nesse contexto que o enfoque "vida e época" surge como um esforço de legitimação do biografismo, rendendo-se às críticas aos particularismos.

7 Além do próprio Strachey, são exemplos desse novo paradigma narrativo do biografismo a produção de Emil Ludwig, Stefan Zweig e André Maurois, e sobre a relação entre o direito à imaginação e liberdade criativa e o dever da objetividade e do factual na complexa relação entre biografia e história, vide Tuchman (1991).

A necessidade social de referenciais de identidade, ação e reconhecimento, assim como a urgência em fixar a dimensão da experiência por meio do relato de vida (na biografia e na autobiografia e seus desdobramentos) se mostram em harmonia com as possibilidades da recriação do biografismo.

As categorias de Madelénat não são estanques, mas se apresentam muitas vezes sobrepostas e coexistentes, o que demonstra a flexibilidade do gênero e as suas redefinições possíveis, assim como a apropriação e reelaboração destas no interior de diferentes grupos.

De qualquer forma, a biografia como objeto de estudo permite: a discussão sobre os vínculos sociais e históricos que se relacionam com a forma como o personagem teve sua obra e trajetória lembradas ou esquecidas ao longo do tempo; a vinculação desse personagem com diferentes grupos e movimentos; sua produção editorial, acadêmica e jornalística; o envolvimento de instituições na manutenção de diferentes memórias; além da promoção de diferentes eventos e de acontecimentos específicos, caracterizando-a como documento, mídia e manifestação política e cultural.

Diversos estudos apontaram e discutiram o biografismo, desde suas origens literárias, seus vínculos com o subconsciente, suas relações com o individualismo, os aspectos formais e literários dessa forma de narrativa, até suas ligações com a indústria cultural, entre sentenças seguras sobre seus muitos vícios e poucos méritos.[8]

A biografia como objeto de análise oferece muitas questões a serem respondidas: os limites da ideia de verdade e de representação, o papel social do mito, as relações entre público e privado, as ligações entre a narrativa e sua época, entre diversas outras.

Sobre os limites da verdade, as considerações do escritor peruano Mario Vargas Llosa – em obra que discute o futuro da literatura, defendendo o direito à imaginação literária (que aponta como necessidade para a satisfação de alguns de nossos inconformismos) – podem nos orientar sobre os limites da linguagem e do tempo:

---

8 O artigo já clássico de BOURDIEU (1996) sobre as construções da narrativa biográfica e o peso da trajetória no percurso individual é lembrança obrigatória quando nos referimos aos vícios do gênero, ao falar de "ilusão biográfica" e da "criação artificial de sentido". Mas Bourdieu, original em seu argumento, não é único ou pioneiro em sua crítica – Freud, em carta-resposta a Arnold Zweig, ex-paciente, amigo e correspondente do psicanalista, que lhe pedia autorização para escrever uma biografia do pai da psicanálise, recusa de forma enfática o pedido: "Aquele que empreende uma biografia está comprometido com mentiras, dissimulação, hipocrisia, disfarces, bajulação... A verdade biográfica não existe..." (Carta de Freud a Arnold Zweig, citada por Ernest Jones, biógrafo oficial do psicanalista, *apud* YORKE, Clifford. "Review: Anna Freud: A Biography By Elisabeth Young-Bruehl". In: *The International Journal of Psychoanalys*, nº 71, 1990, p. 167).

> Ao traduzirem-se em linguagem, ao serem contados, os fatos sofrem uma profunda modificação. O fato real – a batalha sangrenta na qual tomei parte, o perfil gótico da mulher que eu amei, são inumeráveis. Ao eleger um e descartar outros, o romancista privilegia uma e assassina outras mil possibilidades ou versões daquilo que descreve: então, isso muda a natureza, *o que descreve* se converte *no descrito*. (...) A essa primeira modificação – a que imprime as palavras aos fatos – entrever-se-á uma segunda, não menos radical: a do tempo. A vida real flui e não se detém, é incomensurável, um caos no qual cada história se mistura com todas as histórias, e por isso mesmo jamais começa e nem termina. A vida da ficção é um simulacro, no qual aquela desordem vertiginosa se transforma em ordem: organização, causa e efeito, fim e princípio. (LLOSA, 2004, p. 18-19)

O autor reconhece as inevitáveis diferenças de expectativas internas e externas entre a narrativa literária e a jornalística ou histórica:

> Que diferença existe, então, entre uma ficção e uma reportagem de jornal ou um livro de história? Não são todos compostos de palavras? (...) A resposta é: trata-se de sistemas opostos de aproximação ao real. Se o romance se rebela e transgride a vida, aqueles gêneros não podem deixar de ser seus servos. A noção de verdade ou mentira funciona de maneira distinta em cada caso. (...) Esses refúgios privados, as verdades subjetivas da literatura, conferem à verdade histórica, que é seu complemento, uma existência possível e uma função própria: resgatar uma parte importante – porém somente uma parte – da nossa memória: aquelas grandezas e misérias que compartilhamos com os demais, em nossa condição de entes gregários. Essa verdade histórica é indispensável e insubstituível para saber o que fomos e, talvez, o que seremos como coletividade humana. O que somos como indivíduos e o que quisemos ser e não pudemos sê-lo de verdade, e devemos sê-lo, portanto, fantasiando e inventando – da nossa história secreta – somente a literatura pode contá-lo. Por isso, Balzac escreveu que a ficção era ´a história privada das nações´. (LLOSA, 2004, p. 20-30)

Essa relação de convergências e divergências entre literatura e história é extremamente recorrente em relação ao biografismo, no reconhecimento dos limites da linguagem e das particularidades da cognição e das sensibilidades, entre tantos outros determinantes na relação do vivido e do narrado:

> Para emprestar densidade e sentido a esses particulares, para torná-los significativos, o historiador, como o ficcionista, não pode senão procurar contextualizá-los, situando-os em um certo ambiente e considerando os seus movimentos nessa paisagem. Ao proceder assim, ele jamais dispõe de informações suficientes para assegurar a reconstituição integral do ambiente, tal como ele foi, e se vê na contingência de recorrer à sua imaginação,

> construída a partir da sua própria experiência, de modo a transportar-se para a situação do outro – ainda que deva tomar certos cuidados para não ferir a verossimilhança do que propõe. Ao fazê-lo, ele não está recuperando um inalcançável passado, mas projetando naquele mundo imaginário, que está trazendo à luz, os medos e esperanças de sua própria época, do meio de onde proveio e de si mesmo. (NEVES, 2002, p. 59)

Se, por um lado, a conhecida crítica bourdieusiana sobre as construções e reconstruções da "realidade" no biografismo – com suas limitações baseadas num referencial narrativo teleobjetivado que se mostra linear, contínuo e acumulativo em contraste com um "real" tortuoso, fragmentário e lacunar do tempo – é totalmente justificada, por outro, parece não perceber os limites da representação escrita em qualquer gênero.

A distância entre o "real" e o "imaginário", entre o "fato" e o "mito" no campo biográfico é produzida histórica e culturalmente, exigindo uma "desconstrução" não porque seja falsa ou artificial, mas justamente porque a construção do mito também faz parte do percurso biográfico em que situações singulares transformaram o vivido em memória.

A partir do biografismo renascentista, Burke (1997, p. 1) chama a atenção para narrativas nas quais

> essas biografias não são (ou não são inteiramente) biografias no sentido que damos ao termo. Elas não discutem o desenvolvimento da personalidade, frequentemente ignoram a cronologia e em geral introduzem materiais aparentemente irrelevantes, dando uma impressão de ausência de forma

O que causaria um estranhamento estético e um mal-estar teórico entre os historiadores contemporâneos.

Como construção histórica, social e cultural, a escrita biográfica é tributária de seus condicionantes e, em meio às mitologias e alteridades que afirma, permite vislumbrar questões fundamentais entre os encantamentos e desconfortos que produz:

> Em primeiro lugar, perguntas sobre o próprio gênero. O que pensavam os contemporâneos sobre a forma e a função do que nós chamamos de "biografia"? Em segundo lugar, o que essas ideias e pressupostos sobre a biografia nos dizem sobre suas visões do indivíduo, ou sobre toda a sua cultura? Seguindo os conselhos de Robert Darnton, podemos usar nossa sensação de estranhamento como um ponto de partida para ´captar a condição do outro´, para explorar certas diferenças entre o presente e o passado, inclusive a mutante ´categoria da pessoa´. (BURKE, 1997, p. 3)

Ortiz (1995) e Navarro (1997) apontam um claro exemplo de como na escrita biográfica a cadeia de validação das fontes pode ser infinita. É o caso da certidão de casamento de Perón e Evita, em que existia uma dimensão pública e oficial do documento, sendo que o noivo mentiu sobre o local da cerimônia e seu estado civil, e a noiva sobre sua idade, endereço e naturalidade. Tais mentiras devem despertar não só o questionamento das razões do casal, mas também daquelas que fizeram com que os historiadores demorassem tanto tempo para questionar o documento.

Musiedlak (2006, p. 107-108) afirma que o imaginário criado ao redor da figura de Mussolini é mais importante do que o próprio personagem, e que o mito foi o resultado de um esforço de décadas não só para se propagar, mas também para se inventar, reescrevendo sua própria história pessoal - em três momentos distintos o ditador italiano identificou suas origens de formas diferentes: entre 1911-1912, quando tinha 28 anos e era socialista, identifica-se como de origem humilde e descendente de camponeses da Romània, com uma infância de pobreza e rebeldia; em 1922, líder fascista, publica memórias nas quais é descendente de uma grande linhagem de patrícios de Bolonha; e, em 1931, com a morte de seu irmão, remaneja suas origens e as vincula à pobreza, reivindicando sua superioridade natural no seio da família - em movimentos nos quais o "corpo vivo de Mussolini torna-se, assim, o corpo político do Duce".

Entre as regras da *mimesis* e a imaginação do biógrafo e de seu tempo é necessário reconhecer a memória como reinvenção constante, agenciamento que se equilibra entre as tentações e usos da hagiografia ou da inquisição.[9]

> Em decorrência, o ato de rememorar transforma-se, assim, numa força reinventiva do tempo do mundo no qual gravita toda a sociedade humana, agora numa escala de vida planetária. A memória adquire densidade e espessura, referida que está às suas camadas de duração, base sobre a qual se erigiu a humanidade em sua capacidade de refletir frente ao que lhe é transmitido socialmente, ao mesmo tempo ′alma santa′, ′vítima′ e ′carrasco′. O estudo da memória torna-se, portanto, uma porta de acesso ao entendimento das curvaturas do tempo que

9 MUSIEDLAK (2006, p. 104-105) aponta as dificuldades metodológicas do biografismo de personagens associados a um ideal político ou a certo tipo de trajetória social, citando Ian Kershaw, autor de consagrada biografia de Hitler, que em uma abordagem metodológica (buscando evitar compaixão ou empatia) afirmou que "conceder qualquer importância à vida privada do ditador seria um exercício vão, pois ele não a possuía. É claro que Hitler podia divertir-se em seus passeios, ou ao brincar com o seu cachorro. Mas, globalmente, a vida de Hitler resumia-se à de uma não-pessoa′, de um homem que não possui, por assim dizer, uma vida privada ou uma história para além daquela dos eventos políticos nos quais estava envolvido′."

> configuram o próprio espaço das culturas contemporâneas. (ROCHA e ECKERT, 2000, p. 75)

Nos limites deste trabalho não cabem as discussões sobre a separação ontológica entre memória, narrativa e imaginário; as questões de aproximação ou afastamento entre indivíduo e sociedade, geral e particular; e demais temas derivados da análise crítica do biografismo, mas somente o reconhecimento e a compreensão dos esforços interpretativos na construção do passado como reflexo de tradições históricas, sociais e culturais.[10]

O BIOGRAFISMO ENTRE FRONTEIRAS

> *Qualquer indivíduo é mais importante do que a Via Láctea. (Nelson Rodrigues)*

Jorge Luis Borges afirmou certa vez que no Corão não existiriam referências ao "camelo", e explicava essa ausência pela obviedade de sua presença na cultura árabe.[11]

Com certeza tal relação entre objeto e representação, ou ainda entre realidade e escrita, não é universal, pois outros motivos devem explicar as razões para que o verbete "biografia" não exista em um conceituado dicionário de ciências sociais e esteja não só presente em um dicionário de história de igual valor, mas também relacionado com outro verbete, "prosopografia"[12].

---

10 A recente publicação de uma alentada biografia sobre Gilberto Freire (LARRETA e GIUCCI, 2007) resultou em polêmica nas páginas dos domingos do jornal *Folha de São Paulo*, de dezembro de 2007, quando, em resenha, réplica e tréplica, questões de fontes, contextos e interpretações foram terreno de disputa entre os autores (do campo da antropologia e da teoria literária) e Peter Burke e Maria Lúcia Palhares-Burke, historiadores (sendo que Maria Lúcia é autora de *Gilberto Freyre, um vitoriano nos trópicos*, biografia agraciada com o Prêmio Senador José Ermírio de Morais, da Academia Brasileira de Letras, em 2006).

11 Júlio Pimentel, em uma mesa redonda da qual participamos na XXX Semana de História de Assis, em maio de 2013, citou essa afirmação como uma imprecisão ou *boutade* de Borges, pois o livro sagrado muçulmano não faz menção à carne de camelo, ausência apontada por Robert Louis Stevenson e da qual o autor argentino se apropriou de forma distorcida. De qualquer forma, como tudo o que Borges produziu, *se non è vero, è ben trovato.*

12 Segundo ANDREAU (1993, p. 625), a prosopografia "consiste em estabelecer notícias biográficas individuais e em confrontá-las. Diferentemente da biografia, ela nunca se aplica somente a um homem, considerado por si só interessante, mas a vários, a uma amostra cuja importância e a composição resultam da documentação disponível, e que se supõe representativa do grupo estudado." Ferreira (2002, p. 1-2) afirma que o en-

Por outro lado, ambos têm verbetes sobre "memória" e "indivíduo", sendo que, no caso do *Dicionário de Ciências Sociais*, encontra-se o refinamento dos termos, com verbetes específicos para "memória social" e "memória coletiva", assim como para "individualismo" e "relações entre indivíduo e sociedade" (FUNDAÇÃO GETÚLIO VARGAS, 1986; BURGUIÈRE, 1993).

Indicadores relevantes da legitimidade ou do prestígio da biografia no interior das fronteiras dessas disciplinas seriam o volume da produção do biografismo em relação à produção bibliográfica de cada área, a presença desse enfoque entre os autores que formam o seleto grupo que constitui o cânone da área (nesse território que envolve tanto os clássicos quanto alguns contemporâneos) e, mais particularmente, a forma como a narrativa biográfica é utilizada na construção da memória interna de seus grupos.

Ao longo do século XX, as particularidades metodológicas da Antropologia, como a imersão cultural e os necessários diários de campo, colocam de forma precoce a discussão sobre autorreflexão e narrativa, o que não se explicita na sociologia e na ciência política, com suas pesadas heranças positivistas, e que somente se legitima na história posteriormente, como nas seguidas reavaliações sobre a legitimidade da biografia e nas discussões sobre "a escrita da história", "ego-história" e temas afins.

O volume da produção de biografias pelos membros dos cânones das diferentes áreas também parece oferecer diferenças significativas, que refletem tanto dinâmicas internas e externas das disciplinas como conjunturas locais, e a análise dessas determinantes, embora necessária e legítima, transcende claramente os limites do presente texto.

Finalmente, a constatação da forma como a narrativa biográfica é utilizada na construção da memória interna de cada área[13] nos obriga, inevitavelmente,

---

foque prosopográfico é inspirado nas ciências sociais e que basicamente seu método "define um universo de pessoas a ser estudado e propõe um conjunto de questões sobre seu perfil e atuação, que incluem dados sobre nascimento e morte dos indivíduos, laços de casamento e parentesco, origens sociais e posição econômica herdada, local de residência, educação, montante das fortunas pessoais ou familiares, ocupação, religião, trajetória política, experiência profissional."

13 FOURNIER (2003) identifica a maior presença da biografia intelectual voltada à própria história das ciências sociais entre os anglo-saxões do que entre os franceses (o que talvez seja um dos fatores que – por irradiação – explique a sua raridade entre os brasileiros também), que tendem somente a focar a história das ideias ou a releitura das obras. Em relação à biografia de Marcel Mauss que FOURNIER escreveu, este lembra que, apesar de ter sido aluno de Bourdieu e sempre ter em mente as referências às noções de "campo", "posição social" e "habitus", assim como os perigos da "ilusão biográfica", buscou manter certos cuidados com o "reducionismo sociológico": "Ex-aluno de Pierre Bourdieu, desenvolvi um programa de pesquisa nos campos da sociologia da ciência, da sociologia do sistema universitário e da sociologia dos intelectuais. *Marcel*

a reconhecer o processo "hagiográfico" na construção da história da historiografia e das ciências sociais em geral, uma vez que a ideia romântica do "gênio" sobrevive em diferentes orientações teóricas e metodológicas[14], causando estranhamento, em polos extremos, a ausência de "diários no sentido estrito do termo" e a dificuldade de se falar sobre si mesmo[15].

Mauss abrange o que poderíamos denominar uma biografia coletiva, pois inclui tanto uma apresentação dos membros da equipe de *L'année sociologique* como um estudo das instituições de ensino superior – Escola Prática de Estudos Superiores, Collège de France – e ainda uma análise do desenvolvimento de disciplinas científicas (história das religiões, antropologia, sociologia). Descrevi Marcel Mauss como um típico intelectual de sua época, que concentra todas as características de seu grupo, por sua trajetória social e escolar e por seus *habitus* de pesquisador e de militante socialista. Mas será possível identificá-lo dessa maneira quando se pensa, de um lado, em sua juventude e, de outro, em sua maturidade?" (p. 6). Na construção da referida biografia, Fournier identifica seus próprios méritos nas escolhas de método e estilo: ele se utiliza, mesmo reconhecendo dificuldades em identificar rupturas, da referência do ciclo da vida (infância, juventude, maturidade e velhice) para compor sua narrativa e de uma teoria da ação que contempla o personagem como ser tanto racional como irracional, guiado por seus interesses e por suas paixões, dotado de certezas e indecisões, contrapondo ao que o personagem realizou aquilo que foi incapaz de realizar – em um contraste de "sucessos" e "fracassos" com o objetivo de humanizar o biografado que, na verdade, é o objeto de um inquérito.

14 VIDEIRA (2002), tendo como mote a relação entre biografia e história da ciência, aponta: "O historiador da ciência inglês Iwan Morus, ainda que sem o dizer explicitamente, defende a tese de que às concepções de biografia correspondem certas e específicas concepções de ciência e progresso científico. Assim, se as biografias científicas produzidas no século XIX são acríticas e heroicas, isso se deve a uma concepção de ciência encarada como sendo o resultado da aplicação correta do método científico, o que é levado a cabo por um indivíduo. Em outras palavras, o método científico é a própria ciência. Os bons cientistas seriam, portanto, aqueles indivíduos competentes o suficiente para aplicarem com correção o método científico. Compreender o progresso científico exigiria a recapitulação de como se desenvolveu a mente do indivíduo (cientista). Uma consequência dessa concepção é que as biografias científicas podem ser textos inspiradores na medida em que fornecem exemplos a serem copiados por todos aqueles que desejam ser cientistas. No entanto, adverte Morus, a concepção mais atual de história da ciência, usualmente conhecida como história social da ciência, afirma que a ciência é um processo social e público. Ela é o resultado de uma complexa negociação entre diferentes grupos de atores com amplos e diferentes objetivos e interesses. A ênfase na história social da ciência está localizada na interação social em contextos particulares e bem localizados" (p. 1-2).

15 O exercício de ego-história de DUBY (1987), intitulado *O prazer do historiador*, e que termina com uma confissão de desconforto do autor com o aspecto público dessa autorreflexão, resulta em uma exposição asséptica, com ênfase na trajetória pública e institucional, quase um *curriculum vitae*, como forma de autopreservação. GUIMARÃES (2002), aludindo ao texto, diz que o historiador "manifesta o seu desconforto em escrever a sua história, confrontando-se com o dilema de escrever em primeira ou terceira

O biografismo, as práticas inseridas na escrita biográfica, já foi definido como a "história de uma só pessoa" e ainda recebe reticências e reservas de alguns historiadores e cientistas sociais, como se falar de indivíduos fosse calar sobre assuntos mais urgentes e grandes injustiças.[16]

No entanto, a biografia, como relato, é o resultado de memórias (ou mesmo esquecimentos) coletivas, individuais e sociais, constantemente negociadas e processadas, com vínculos com mitos, saberes, fazeres e tradições que se corporificam por meio de relações particulares com o tempo e o espaço, que não são simplesmente atos de resgate, mas de reconstrução do passado a partir de referenciais atuais.

O historiador Le Goff (1990), por meio de um diálogo multidisciplinar entre a história e outras ciências do homem (com destaque para a antropologia), discute os dilemas da memória na contemporaneidade em um trajeto que aponta questões colocadas por Bergson (e sua relação com uma "nova memória romanesca, a recolocar na cadeia ′mito-história-romance′" novas relações), Freud (com sua contribuição sobre a "censura da memória" no nível da memória individual) e Halbwachs (e sua conceitualização de memória coletiva, com as implicações para as ciências sociais em geral), afirmando que: "Cabe, com efeito, aos profissionais científicos da memória, antropólogos, historiadores, jornalistas, sociólogos, fazer da luta pela democratização da memória social um dos imperativos prioritários da sua objetividade científica" (p. 477).

---

pessoa, tornar a narrativa pessoal ou impessoal, terminando por optar por escrever em primeira pessoa mas decidindo por manter o seu afastamento. No texto, são narradas várias fases de sua vida pública, pois o autor prefere não falar da sua afetividade nem de seus gostos e atividades culturais. A sua trajetória intelectual torna-se a sua ego-história. O historiador, por ofício acostumado a estudar a vida do sujeito em seus vários aspectos e conhecer as diferentes relações sociais que o cercam, opta por ocultar uma significativa parcela de sua vida, resumindo-a à sua trajetória intelectual. [...] O desconforto do autor se explica em parte pela sua própria opção em não se expor, em não tornar pública a sua vida privada, a sua afetividade e outras relações travadas no próprio âmbito público, mas que foram cuidadosamente protegidas" (p. 2-3).

16 CHAUSSINAND-NOGARET (1993, p. 96) identifica as reservas ao biografismo pela sua suposta vinculação "mais sensível à cronologia do que às estruturas e aos grandes homens do que às massas", e aponta as limitações desse preconceito afirmando o valor de diferentes abordagens do enfoque biográfico que permitiriam considerável ampliação de alcance analítico, como a prosopografia, a biografia coletiva, a micro-história ou ainda o refinamento da biografia de notáveis para além do culto ao herói, da comemoração estéril ou de um conjunto respeitoso de imagens. LEVILLAIN (1996) atribui o renascimento do interesse pela biografia a certas mudanças conjunturais do final do século XX, a saber, a crise de grandes modelos explicativos, o questionamento das ideologias, a valoração do individualismo e o descarte de uma completa inteligibilidade do real.

Essas "ciências do homem", segundo Velho (2006, p. 1), formam "um conjunto heterogêneo, desigual, com várias disciplinas, áreas temáticas, linhas de pesquisa, tradições teóricas, cujas fronteiras são, em geral, fluidas e pouco nítidas", sendo que as divisões entre antropologia, história, sociologia, política, economia, filosofia, linguística, entre outras áreas do conhecimento, demonstram diferenças, "dependendo da perspectiva e de interesses, muito significativas ou, pelo contrário, insuficientemente importantes para dificultar o cruzamento de saberes, compartilhamento de ideias e, sobretudo, debates e reflexões sobre objetos de investigação relevantes".[17]

No entanto, no diálogo entre as chamadas "ciências do homem", tanto no que se refere à memória quanto a outras searas, se produzem aproximações, mas também afastamentos e tensões.

Em relação aos "contatos imediatos" entre história, ciências sociais e literatura, existe uma produção bibliográfica significativa qualitativa e quantitativa que, com base em diferentes orientações teóricas e perspectivas metodológicas, recomenda, repudia e questiona a presença e a ausência de trocas.

Entre o receio da perda de identidade, o desejo de superação de limitações de enfoque e as disputas entre quanto doar e quanto receber nessas trocas epistemológicas, forma-se aquilo que Schwarcz (1999, p. 1) define como as regras da "diplomacia acadêmica", entre relações de boa vizinhança e zonas de litígio:

> O espaço para a verificação de limites e para a demarcação de parte a parte nem sempre é objeto de consenso. Na delimitação da divisão geográfica, assim como na separação de disciplinas e de objetos, os critérios diferem, as justificativas são sempre múltiplas, assim como é nesse local que se estabelece o jogo da alteridade.

As aproximações entre diferentes disciplinas das ciências humanas, assim como entre as da história e das ciências sociais, entre trocas e coexistências que demonstram o reconhecimento da convergência de objetos, preocupações e procedimentos se traduzem, muitas vezes, na sucessão e mesmo no conflito

---

17 VELHO (2006) estabelece um diálogo com alguns pontos do polêmico e famoso texto de C. Wright Mills, *A imaginação sociológica*, apontando para o desafio de se desenvolver nas ciências sociais reflexões que deem conta das relações entre indivíduo-grupo-sociedade. No texto referido, em um capítulo intitulado "Usos da história", MILLS (1969) vaticina: "A ciência social trata de problemas de biografia, de história e seus contatos dentro das estruturas sociais. São estes os três – biografia, história, sociedade – pontos coordenados do estudo adequado do homem, eis a tese que defendi ao criticar as várias escolas atuais de Sociologia, cujos adeptos abandonaram essa tradição clássica" (p. 156).

entre projetos, modelos de conhecimento e organização de saberes soterrados sob os desafios e limites da "interdisciplinaridade" (REVEL, 1998).[18]

A necessidade de uma perspectiva "interdisciplinar" da historiografia, segundo Certeau, reflete a constatação da força da tradição e dos limites do progresso:

> Em primeiro lugar, a tomada de consciência contemporânea (antropológica, psicanalítica etc) de que a tradição, que se tinha relegado para um passado totalmente acabado, julgando assim expulsá-la, permanece e volta nas presentes práticas e ideologias. O morto continua assolapado na atualidade, assedia-a e determina-a. Nunca mais se acaba de o matar ou de o exorcizar. Semelhante verificação, ligada à desmistificação da ideia de progresso, engendra uma antropologização da história e uma recrudescência do interesse por aquilo a que ontem se chamavam as "resistências" ao progresso. Daí uma análise com vistas a detectar a relação dos acontecimentos com as constâncias estruturais, as permanências nos modelos de sociabilidade, de festa, de exclusão etc (CERTEAU, 1983, p. 28)

As particularidades das relações entre história e antropologia ocupam um lugar de destaque dentro das reflexões dessas áreas, tanto pela forma diferenciada como a temporalidade é pensada nestas como pelas possibilidades e impossibilidades de trocas entre elas no que se refere ao papel da narrativa, entre outras questões.[19]

Sem dúvida, é mais recorrente a influência da antropologia sobre a história do que o oposto, mesmo que de forma "eclética" ou "intermitente" – pois a pesquisa histórica exige a redefinição de conceitos e categorias antropológicas para análises de sociedades de pequena escala e em contextos diversificados –, acompanhando tanto aqueles que são classificados dentro da história antropológica, como Keith Thomas, Emmanuel Le Roy Ladurie e Carlo Ginzburg,

---

18 CARVALHO (1992, p. 5) traça considerações sobre as inter-relações da antropologia com outras áreas do conhecimento: "E é bom lembrar que a nossa comunidade é pequena, uma das menores se comparada com as outras especializações acadêmicas. Os antropólogos ainda são poucos [...]. O que faz sentido: procuramos cobrir, de uma forma generalizada e difusa, quase quixotesca em seu escopo, todos os diálogos inter-civilizatórios possíveis, enquanto os outros os praticam de uma forma setorializada, definida e, por isso mesmo, mais profunda. Faço lembrar, assim, uma outra linha de afinidade possível para os antropólogos: quem sabe, apesar da aparência de grande proximidade, estejamos mais distantes de Emile Durkheim, Georg Simmel, Pierre Bourdieu, Anthony Giddens, que de Richard Wilhelm, Titus Burckhardt, Henry Corbin, Giuseppe Tucci, Mircea Eliade, Toshihiko Izutsu."

19 Apontando desencontros, BURKE (2002) afirma que "os historiadores descobriram as explicações funcionais mais ou menos na época em que os antropólogos já demonstravam insatisfação com elas. Inversamente, os antropólogos estão descobrindo a importância dos eventos quando muitos historiadores já abandonaram a *histoire événementielle* para se dedicar ao estudo das estruturas subjacentes." (p. 36)

quanto outros que são vistos como capazes de se movimentar com um enorme mimetismo entre as áreas, sendo classificados ora como historiadores, ora como antropólogos, como Marshall Sahlins e Jack Goody.

Em palestra de 1961 intitulada "História e Antropologia", Thomas (1963) introduziu, como historiador, uma valoração positiva e pioneira sobre as relações de troca entre as duas áreas. Essas relações, de diferentes formas, já haviam sido discutidas por Evans-Pritchard e Levi-Strauss (esse último através de dois artigos igualmente intitulados "História e Etnologia", um de 1949 e outro de 1983) (SCHWARCZ, 1999).

Os cerca de cinquenta anos que separam esses textos da publicação de um livro de entrevistas com alguns grandes historiadores contemporâneos reconhecendo a influência significativa da antropologia em seus trabalhos podem apontar mudanças de referenciais de método e teoria, tanto em uma área quanto em outra.

De qualquer forma, destaca-se a frase de Keith Thomas quando questionado sobre a ampla utilização em seus textos, nas notas de rodapé, de referências a antropólogos de diferentes orientações teóricas:

> Vocês querem saber como, afinal de contas, eu podia acreditar em todos eles quando eles não acreditavam uns nos outros? Pois bem, acho que é porque ao ler antropologia eu não estava procurando um sistema, uma chave para entender todas as mitologias ou para abrir todas as portas! Estava, sim, em busca de um estímulo para a imaginação histórica, e, nesse sentido, todos esses autores, cada um a seu modo, me foram muito úteis. (PALLARES-BURKE, 2000, p. 135)[20]

As ressalvas dos antropólogos à história, ou melhor, à teoria da história, estão vinculadas às tentativas de superação das perspectivas evolucionistas, assim como às discussões sobre os limites da análise diacrônica e sincrônica em relação à cultura, fazendo-se presentes em textos de Malinowski, Boas, Levi-Strauss, entre outros.[21]

---

20 Em concordância com essa influência positiva, THOMPSON (2001) também reconhece que em suas pesquisas "o estímulo antropológico se traduz primordialmente não na construção do modelo, mas na identificação de novos problemas, na visualização de velhos problemas em novas formas, na ênfase em normas (ou sistemas de valores) e em rituais" (p. 229).

21 A década de 70 marca uma mútua aproximação entre a história e a antropologia, como no exemplo de Levi-Strauss, em entrevista a Le Goff, em 1971, ao afirmar que antropólogos e historiadores faziam a mesma coisa, pois "o *grande livro da história é um ensaio etnográfico sobre as sociedades do passado", ou do próprio* Le Goff, em 1979, ao reconhecer que a "história nova" já influenciada pela sociologia tenderia a tornar-se etnológica. (BENATTE, 2007, p. 2)

A convergência entre a legitimação acadêmica da antropologia e sua prática autorreflexiva com relação às crises explicativas das grandes teorias e as rupturas metodológicas e temáticas da história permitem trocas dinâmicas, nas quais ocorrem assimilações, rejeições e reconstruções[22], sendo que as margens ou fronteiras entre as disciplinas tornam-se locais privilegiados para a apreensão das dimensões teóricas e práticas do trânsito intelectual (CLIFFORD, 2002, p. 256).

A historiografia, por sua vez, constantemente reafirma o desejo e a necessidade de trocas interdisciplinares para atender as suas expectativas de amplitude e densidade no interior do delicado jogo de sobreposições entre temporalidades, fontes, memórias e narrativas que, delimitadas entre a imaginação e o realismo pelas regras do ofício, permitem a apreensão do passado.[23]

> A história dita ´nova´, que se esforça por criar uma história científica a partir da memória coletiva, pode ser interpretada como ´uma revolução da memória´ fazendo-a cumprir uma ´rotação´ em torno de alguns eixos fundamentais: ´Uma problemática abertamente contemporânea... e uma iniciativa decididamente retrospectiva´, ´a renúncia a uma temporalidade linear´ em proveito dos tempos vividos múltiplos ´nos níveis em que o individual se enraíza no social e no coletivo´ (linguística, demografia, economia, biologia, cultura). História que fermenta a partir do estudo dos ´lugares´ da memória coletiva. ´Lugares topográficos, como os arquivos, as bibliotecas e os museus; lugares monumentais como os cemitérios ou as arquiteturas; lugares simbólicos como as comemorações, as peregrinações, os aniversários ou os emblemas; lugares funcionais como os manuais, as autobiografias ou as associações: estes memoriais têm a sua história´. Mas não podemos esquecer os verdadeiros lugares da história, aqueles onde se deve procurar, não a sua elaboração, não a produção, mas os criadores e os denominadores da memória coletiva: Estados, meios sociais e políticos, comunidades

22 "O ´nós´, assim como o ´eles´, significam coisas diferentes para quem olha para trás (o historiador) e para quem olha para os lados (o antropólogo), problema este que não se torna propriamente mais fácil quando, como vem acontecendo com frequência cada vez maior, alguém tenta fazer as duas coisas" (GEERTZ, 1978, p. 113).

23 "Já os historiadores têm a obrigação de reportar-se a uma realidade – mesmo que não saibam e não possam saber qual seja – através de um procedimento referencial, próximo daquele utilizado pelas ciências empíricas. E são as *fontes*, ou seja, os pedaços do passado que ainda estão presentes no presente, que permitem essa operação. Em si, as fontes não garantem a realidade do passado, mas impedem que se faça do passado *qualquer passado*. [...] Tenho também uma ponta do diálogo a travar com meus contemporâneos, se os preconceitos e os antolhos – os meus e os deles – não impedirem a conversa. Por isso, a cada experiência de compreender alguém numa situação diferente, exercita-se essa habilidade de dialogar e amplia-se a possibilidade da convivência humana. Nessa perspectiva, não é maior o poder da história, nem da literatura." (NEVES, 2002, p. 59)

> de experiências históricas ou de gerações, levadas a constituir os seus arquivos em função dos usos diferentes que fazem da memória. (LE GOFF, 1990, p. 474)

O diálogo, com seus momentos de entendimento, silêncios e ruídos, tem sido frutífero[24], o que levou o historiador alemão Hans Medick a reconhecer uma troca entre os campos, tanto entre antropólogos como entre historiadores:

> Presentemente a prática da investigação abandonou por completo a diferenciação teórica que deveria separar a História da Antropologia. Os antropólogos puseram de lado as estruturas abstratas e tentam explicar fatos concretos. Por seu lado, os historiadores atribuem hoje aos fatos isoladamente um valor menor do que às estruturas que se repetem no tempo. Paradoxalmente, hoje em dia, os antropólogos adotam perspectivas diacrônicas com a mesma frequência com que os historiadores adotam perspectivas sincrônicas. (*apud* BENATTE, 2007, p. 13)

É a partir dos pressupostos antropológicos da percepção das relações entre identidade e alteridade, em uma perspectiva relativista sobre o universal e o particular da condição humana, que se torna possível a percepção de um tempo múltiplo no qual a explicação causal única é percebida como arranjo cultural necessário, mas limitado, de reconciliação com um passado evocado como memória e que permite identificar as expressões narrativas, como as biografias, como resultado da multiplicidade, fragmentação e sobreposição de temporalidades passíveis de análise comparativa.

É necessário, tanto em relação a uma concepção historiográfica quanto antropológica, na qual os temas da temporalidade, da vida cotidiana e das práticas culturais ocupam uma relativa centralidade, a absorção de referências mútuas capazes de contribuir para a reelaboração dos vínculos entre passado e presente.

A busca de tais diálogos não é recente, tendo por base a utilização de algumas metodologias, como nos estudos de comunidades, sendo que as fronteiras entre sociologia, antropologia, geografia e outras áreas do conhecimento parecem se dissolver na busca da compreensão do objeto.

Os estudos de comunidades, tradição inaugurada nas ciências sociais a partir da década de 30 e 40, como o estudo clássico de Robert Redfield sobre a cultura popular de Yucatán, têm também exemplos significativos nas ciências sociais e na historiografia brasileira, como os estudos de Emilio Willems sobre

---

24 BENATTE (2007, p. 15) aponta a existência de complexas questões epistemológicas criadas a partir do trânsito de conceitos, e que no campo da história envolve os "regimes de historicidade", a conservação e transformação das identidades mútuas, a construção teórica e empírica a partir desse trânsito etc.

Cunha, de Donald Pierson sobre Cruz das Almas, de Antonio Candido sobre Bofete e de Maria Sylvia de Carvalho Franco sobre Guaratinguetá.

Tal abordagem - alvo de críticas incisivas que acabaram se revelando, em sua imensa maioria, datadas -, na qual o objeto, a questão de escala e de temporalidade ocupam uma posição fundamental, exige de forma incontornável um tratamento interdisciplinar, sobre o qual Brandão (1984, p. 491) afirma:

> É evidente que a simulação da comunidade dos mortos não é igual à comunidade dos vivos e que formações acadêmicas diferentes e diversas formas de ver as fontes (escritas ou orais, vivas ou mortas) são carreadas para a investigação. Porém, nem as técnicas de decifração do que jaz sob a poeira nos arquivos, nem a observação participante, nem mesmo as sofisticadas técnicas de inquérito constituem de modo algum o monopólio exclusivo dos historiadores, antropólogos e sociólogos, respectivamente.

Pensar em novos objetos ou em objetos tradicionais dentro de novas perspectivas e novos problemas exige a incorporação de métodos e instrumentos conceituais diferentes dos tradicionais, em uma dinâmica de diálogo interdisciplinar através do qual não ocorre o simples decalque, mas a tradução e a transcriação, tanto teórica quanto empírica.

O desafio da tradução, na experiência antropológica, de uma diversidade de matrizes simbólicas em uma escrita linear com discursividade científica já inspirou diversas reflexões sobre o vivido e o narrado, reflexões essas que podem nortear uma abordagem crítica sobre a construção social da memória.

Entendemos que as fronteiras entre antropologia e história podem lançar luzes sobre o trabalho historiográfico, e particularmente sobre a análise do biografismo, como as discussões sobre as dimensões socioculturais da narrativa.

Construção e reconstrução da Memória

> *Há histórias tão verdadeiras que às vezes parece que são inventadas.* (Manoel de Barros)

Em *Réflexion faite* (1995), sua autobiografia intelectual, Paul Ricoeur rememora o período difícil em que perdeu ao mesmo tempo seu filho Olivier e seu grande amigo Mircea Eliade, e reflete sobre o contraste entre as duas vidas; de um lado o ente querido que teve marcada a sua trajetória pela dor e pelos infortúnios que culminaram no suicídio, de outro o companheiro intelectual que se afirmou como grande historiador das religiões e cuja obra é referenciada mundialmente, como se a morte que deixava atrás de si uma obra tornasse mais cruel a outra que não parecia deixar nenhuma.

Construção, afirmação e desaparecimento de uma obra se relacionam com um tempo de apropriação, de definição de um cânone literário, no qual o tempo da memória, diferenciado do tempo cronológico, se relaciona com uma dinâmica dual de aproximação e afastamento – o autor e o texto são sacralizados, tornam-se referências obrigatórias, modelos e exemplos, mas passam a ser mais reverenciados do que lidos, mais imaginados do que conhecidos, domínio de uma monumentalidade que os afasta da realidade mundana e os transforma em produtos da imaginação criadora.

O mesmo ocorre com personagens que a história oficial acolhe como símbolos cívicos, em um processo de afirmação de valores e referências no qual as grandes datas e os grandes feitos se ligam aos homens extraordinários, o que permite ao passado legitimar o presente, em um processo de construção da memória que, na maioria das vezes, se distancia da "vigilância crítica e fidelidade ao passado".

Quando Levi-Strauss (1987, p. 51-54) lança algumas questões sobre a forma como mito e história se relacionam nas sociedades indígenas do Canadá, discutindo a organização interna da narrativa mítica, sua representatividade dentro de uma cultura com identidades diversas (famílias, clãs e tribos) ou a relação entre narrador, verdade e subjetivação, está oferecendo elementos para pensarmos nossos próprios mitos e a forma como nos apropriamos da memória – não é simples coincidência o fato de que, segundo o autor, os índios utilizam-se de uma reafirmação de seus mitos como forma de atingir determinados objetivos, como o de que "sua língua e a sua mitologia sejam ensinadas na escola elementar", usando "as tradições lendárias para fundamentar reivindicações" territoriais, políticas e outras, enquanto a memória histórica, apropriada diferentemente por diversos grupos, também pode responder por objetivos semelhantes ou correlatos.

É necessário, em relação aos povos indígenas, ainda segundo Levi-Strauss, entender seus mitos como parte da construção do passado que esses grupos, consciente e inconscientemente, fazem e que uma "arqueologia de salvamento", ou seja, a busca de indícios materiais e o estabelecimento de correspondências entre os diferentes relatos possibilita não só a compreensão de cada grupo em si, mas também o aprimoramento do saber historiográfico.[25]

---

25 O conceito de "mito político", que tem um papel secundário no presente trabalho, une em duas palavras as grandes questões "metafísicas" do nascimento, sexualidade e morte, do ritual, do local e da origem, com as questões "pragmáticas" do poder e da dominação. Nessa convergência ocorre um processo de naturalização que nega a sua historicidade e sua temporalidade, por meio do qual eventos ou personagens tornam-se sempre pre-

> Não ando longe de pensar que, nas nossas sociedades, a História substitui a Mitologia e desempenha a mesma função, já que para as sociedades sem escrita e sem arquivos a Mitologia tem por finalidade assegurar, com um alto grau de certeza – a certeza completa é obviamente impossível –, que o futuro permanecerá fiel ao presente e ao passado. Contudo, para nós, o futuro deveria ser sempre diferente, e cada vez mais diferente do presente, dependendo (de) algumas diferenças, é claro, das nossas preferências de caráter político. (LEVI-STRAUSS, 1987, p. 64)

A memória talvez possa ser uma forma de manutenção de mitos, mas que desenvolve uma característica dinâmica, de manutenção e transformação, que permite a presença do passado por meio do presente, selecionando e representando, em termos individuais e coletivos, a experiência vivida e seu significado em processos de construção de identidades e alteridades, de contraste entre o eu e o outro, entre nós e eles.[26]

Maurice Halbwachs, sociólogo que pretendeu formar uma "sociologia da memória coletiva", identifica essa dimensão da vida social como uma "mitologia dinâmica" que, para além do indivíduo, formaria uma estrutura social moldada pelas relações de força entre diferentes grupos sociais que determinam o que não deve ser esquecido.[27]

---

sentes ou repetitivos a partir de uma universalização de referências na estrutura social. BARTHES (1989) discute a forma de mascaramento que se estabelece com o mito na sociedade contemporânea, como na publicidade ou na política, a partir de um processo de desfiguração (mais próximo da deformação do que do ocultamento), pois aquilo que é símbolo é apresentado como fato e ostensivamente reafirmado a um conjunto de receptores do discurso. Esse processo de desfiguração permite ainda o que ELIADE (1972, p. 52) caracterizou como a "mobilidade da origem", ou seja, aquilo que o símbolo representa não está somente no passado supostamente vivido, mas no futuro desejado. Para uma visão panorâmica sobre o mito político, recomendamos a leitura de MIGUEL (1998).

26 Existe uma produção teórica não só extensa, mas também diversa e profunda sobre a memória, com perspectivas que delimitam especificidades e generalidades que atravessam os campos da história, das ciências sociais, da filosofia, da psicologia e das neurociências, como os trabalhos de Edward Shils (*Traditions*), Zygmunt Bauman (*Memories of class*), Patrick Wright (*On living in an old country*), David Lowenthal (*The past is a foreign country*), Paul Connerton (*How societies remember*), entre outros. Pelas limitações e características deste trabalho, buscamos identificar algumas categorias e conceitos utilizados nas reflexões sobre a memória, e apontar seus limites e possibilidades quando relacionados com a construção biográfica, particularmente nas obras do sociólogo Maurice Halbwachs, do historiador Pierre Nora e do sociólogo Michel Pollak.

27 Diz HALBAWACHS (1990, p. 75-76): "a lembrança é em larga medida uma reconstrução do passado com a ajuda de dados emprestados do presente, e além disso, preparada por outras reconstruções feitas em épocas anteriores e de onde a imagem de outrora manifestou-se já bem alterada."

O esquema explicativo de Halbwachs (1990) apresenta a forma como o indivíduo se apropria da memória coletiva ao identificar-se com os acontecimentos públicos que são representativos para seu grupo, embora o sociólogo francês mantenha-se tributário do contraste entre a reconstrução social da memória, que por estar emaranhada às vivências seria subjetiva, e a memória histórica, que por ser escrita e incorporada ao cânone deteria o *status* de objetiva.

Halbwachs (1990) separa claramente história e memória ao atribuir à segunda uma dimensão de vivência (física ou afetiva) e identidade de um grupo, enquanto a primeira, escrita e impessoal, seria a expressão de um esforço exterior:

> é fixá-las por escrito em uma narrativa seguida uma vez que as palavras e os pensamentos morrem, mas os escritos permanecem. Se a condição necessária, para que haja memória, é que o sujeito que se lembra, indivíduo ou grupo, tenha o sentimento de que busca suas lembranças num movimento contínuo, como a história seria uma memória, uma vez que há uma solução de continuidade entre a sociedade que lê esta história, e os grupos testemunhas ou atores, outrora, dos fatos que ali são narrados? (p. 80-81)

A influência do pensamento de Durkheim, com base nos conceitos de consciência coletiva e de solidariedade grupal, permitiu a Halbwachs propor modelos explicativos da forma como diferentes grupos se sucedem na manutenção da memória e da história:

> do passado somente, aquilo que ainda está vivo ou capaz de viver na consciência do grupo que a mantém. Por definição, ela não ultrapassa os limites deste grupo. Quando um período deixa de interessar ao período seguinte, não é um mesmo grupo que esquece uma parte de seu passado: há, na realidade, dois grupos que se sucedem. A história divide a sequência dos séculos em períodos, como se distribui o conteúdo de uma tragédia em vários atos. Porém, enquanto que numa peça, de um ato para outro, a mesma ação prossegue com os mesmos personagens, que permanecem até o desenlace de acordo com seus papéis, e cujos sentimentos e paixões progridem num movimento ininterrupto, na história se tem a impressão de que, de um período a outro, tudo é renovado, interesses em jogo, orientação dos espíritos, maneiras de ver os homens e os acontecimentos, tradições também e perspectivas para o futuro, e que se, aparentemente reaparecem os mesmos grupos, é porque as divisões exteriores, que resultam dos lugares, dos nomes e também da natureza geral das sociedades, subsistem. (HALBWACHS, 1990, p. 81)

Na perspectiva de Halbwachs, se há uma diferença clara entre memória e história, é devido ao fato de que no processo de apreensão da segunda ocorre uma descontinuidade entre o seu público e os diversos grupos, testemunhas ou atores nela abordados.

> Ela (história) obedece, assim fazendo, somente a uma necessidade didática de esquematização. Parece que ela considera cada período como um todo, independente em grande parte daquele que o precede e daquele que o segue, porque ela tem uma tarefa, boa, má ou indiferente, a cumprir. Enquanto essa obra não estiver acabada, enquanto tais situações nacionais, políticas, religiosas não tenham desenvolvido todas as consequências que comportavam não levando em conta as diferenças de idade, tanto jovens como os velhos se limitariam ao mesmo horizonte. Uma vez concluída, e que novas tarefas se ofereçam ou se imponham, a partir deste momento as gerações que vêm se encontram numa outra vertente diferente das precedentes. (HABLWACHS, 1990, p. 82-83).

Burke (2000) aponta, de forma verdadeira, mas não original, para a ruptura da visão historiográfica tradicional sobre as relações entre história e memória, segundo a qual o historiador era guardião de uma memória pública de grandes fatos e homens notáveis, e que dá lugar a uma nova perspectiva, não só fragmentária em diversas identidades e narrativas, mas também condicionada socialmente pela seleção consciente e/ou inconsciente e os desafios da interpretação.

Para Burke (2000), o avanço historiográfico em relação às ideias de Maurice Halbwachs, em que se mantém a perspectiva da construção coletiva, mas incorpora-se a diversidade, a fragmentação, a multiplicidade de discursos e atores sociais, possibilita pensar em uma "história social da memória" que dê conta dos processos conscientes e inconscientes dos testemunhos e tradições, assim como dos registros históricos - de modo que uma perspectiva histórica da memória deve considerar sua dimensão como fonte histórica e fenômeno histórico, assim como os princípios de lembrança e esquecimento entre diferentes grupos e tempos.

Se nos parece inquestionável a influência da sociologia durkheimiana no modelo explicativo de Halbwachs, no qual a memória individual é derivada de uma memória coletiva a partir do pertencimento grupal do indivíduo e da existência dos mecanismos de coesão social, isso não descarta a existência de conflitos, influências e negociações[28] por meio das quais o passado é transformado em "uma imagem engajada em outras imagens" (HALBWACHS, 1990, p. 75-78).

---

28 A dinâmica social da memória é percebida como fragmentária, múltipla, provisória, movente, pois é criada pelas relações entre diferentes grupos e "há tantos grupos quantas são as origens dos diferentes tempos. Não há nenhum deles que se imponha a todos os grupos" (HALWACHS, 1990, p. 113).

Torna-se enriquecedora a diferenciação entre memória, passado e história[29], em uma distinção que será posteriormente retomada por Nora (1993):

> A história não é todo o passado, mas também não é tudo aquilo que resta do passado. Ou, se o quisermos, ao lado de uma história escrita, há uma história viva que se perpetua ou se renova através do tempo e onde é possível encontrar um grande número dessas correntes antigas que haviam desaparecido somente na aparência. (HALBWACHS, 1990, p. 67)

Ou ainda:

> porque geralmente a história começa somente no ponto onde acaba a tradição, momento em que se apaga ou se decompõe a memória social. Enquanto uma lembrança subsiste, é inútil fixá-la por escrito, nem mesmo fixá-la, pura e simplesmente. Assim, a necessidade de escrever a história de um período, de uma sociedade, e mesmo de uma pessoa desperta somente quando eles já estão muito distantes no passado, para que se tivesse a oportunidade de encontrar por muito tempo ainda em torno de si muitas testemunhas que dela conservem alguma lembrança (HALBWACHS, 1990, p. 80)

É nas bordas de fronteiras entre história, memória e tradição que se percebem aproximações e afastamentos entre as leituras de Halbwachs (1990) e Nora (1993).

De certa forma, Nora (1993) se aproxima da afirmação de Halwachs (1990) de que "a história começa somente do ponto onde acaba a tradição", como se a história surgisse da deterioração da memória social, de certa forma radicalizando essa ideia ao identificar os "lugares da memória".

No entanto, se Halbwachs (1990) entende que a memória é incorporada pela história, de acordo com o desaparecimento dos grupos que a sustentam, Nora (1993) identifica, no processo de incorporação pela história, a causa da diluição da memória.

Nora (1993) estabelece um diálogo inevitável com Halbwachs (1990) ao discutir a forma como a memória é uma experiência de apropriação do vivido por diferentes grupos, sendo, portanto, afetiva, atual e criativa, em contraste com uma história que se corporifica no registro contido nas exigências de distanciamento e crítica, de forma racional, nostálgica e limitada.

---

29 Em relação à distinção entre a memória autobiográfica e a memória histórica, HALBWACHS (1990, p. 55) as diferencia, atribuindo à primeira uma relação de apoio em relação à segunda, pois toda história de vida faz parte da história em geral, mas adverte que se a segunda é mais ampla, também é resumida e esquemática, enquanto que a primeira nos apresentaria um quadro bem mais contínuo e denso.

> A história é reconstrução sempre problemática e incompleta do que não existe mais. A memória é um fenômeno sempre atual, um elo vivido no eterno presente; a história, uma representação do passado. Porque é afetiva e mágica, a memória não se acomoda a detalhes que a confortam; ela se alimenta de lembranças vagas, telescópicas, globais ou flutuantes, particulares ou simbólicas, sensível a todas as transferências, cenas, censura ou projeções. A história, porque operação intelectual e laicizante, demanda análise e discurso crítico. A memória instala a lembrança no sagrado, a história liberta, e a torna sempre prosaica. A memória emerge de um grupo que ela une, o que quer dizer, como Halbwachs o fez, que há tantas memórias quantos grupos existem; que ela é, por natureza, múltipla e desacelerada, coletiva, plural e individualizada. A história, ao contrário, pertence a todos e a ninguém, o que lhe dá uma vocação para o universal. A memória se enraíza no concreto, no espaço, no gesto, na imagem, no objeto. A história só se liga às continuidades temporais, às evoluções e às relações das coisas. A memória é um absoluto e a história só conhece o relativo. (NORA, 1993, p. 9)

Nora (1993, p. 7) aponta para a força com que o presente busca guardar traços e vestígios como forma de minimizar sua voracidade diluidora, diminuindo a distância entre a memória coletiva e a história em uma sociedade condenada ao esquecimento pela forma vertiginosa com que se transforma e pela insistência em registrar, arquivar e sintetizar a experiência passada, de modo tal que aquilo que é lembrado é apenas vestígio de algo "preservado", justamente porque deixou de existir.

Nora (1993, p. 8) contrapõe a manutenção de dinâmicas da memória que se mostram integradas e inconscientes de si mesmas, capazes de organizar espontaneamente o presente, a outras, nas quais o passado se dilui como herança no antigamente dos ancestrais e no tempo indiferenciado dos heróis, das origens e do mito, sendo que em ambas a "história" se converteu somente em "vestígio" ou "trilha".

Tal qual o sentido atribuído por Jorge Luis Borges à frase latina *magister dixit*, que expressava não a rigidez da palavra escrita, mas a flexibilidade da palavra falada[30], Nora (1993) positiva a relação direta entre experiência social

30 "Pitágoras não deixou uma linha escrita. Conjectura-se que não queria atar-se a um texto. Queria que o seu pensamento continuasse vivendo e se ramificando, na mente dos seus discípulos, depois de sua morte. Daí provém o *magister dixit*, que sempre é mal empregado. *Magister dixit* não quer dizer 'o mestre disse', e fim de discussão. Um pitagórico proclamava uma doutrina que provavelmente não estava na tradição de Pitágoras, por exemplo, a doutrina do tempo cíclico. Se alguém o atalhava 'isso não está na tradição', ele respondia m*agister dixit,* o que lhe permitia inovar. Pitágoras pensara que os livros atam, ou, para dizê-lo nas palavras da Escritura, que a letra mata e o espírito vivifica" (BORGES, 1999, p. 301-302).

e memória, que evolui na "dialética da lembrança e do esquecimento", na qual ocorrem deformações inconscientes e sucessivas, usos e manipulações, longas latências e revitalizações repentinas.

Justamente com base nesse movimento dialético torna-se socialmente necessária a construção coletiva e social dos "lugares de memória" que se convertem na manifestação material e simbólica de referências e identidades, nas quais se criam tensões entre tradição e experiência.

A guarda e a preservação da tradição se relacionam com duas dinâmicas diferentes, a experiência e intimidade da memória e a reflexão, que busca criar uma reconstituição a partir da produção historiográfica que converge em direção a uma herança consolidada, na qual

> os lugares de memória (museus, arquivos, cemitérios e coleções, festas, aniversários, tratados, processos verbais, monumentos, santuários, associações) nascem e vivem do sentimento que não há memória espontânea, que é preciso criar arquivos, que é preciso manter aniversários, organizar celebrações, pronunciar elogios fúnebres, notariar atas, porque essas operações não são naturais. É por isso a defesa pelas minorias, de uma memória refugiada sobre focos privilegiados e enciumadamente guardados nada mais faz do que levar à incandescência a verdade de todos os lugares de memória. Sem vigilância comemorativa, a história depressa as varreria. São bastiões sobre os quais se escora. Mas se o que eles defendem não estivesse ameaçado, não se teria, tampouco, a necessidade de constituí-los. Se vivêssemos verdadeiramente as lembranças que elas envolvem, eles seriam inúteis. E se, em compensação, a história não se apoderasse deles para deformá-los, transformá-los, sová-los e petrificá-los eles não se tornariam lugares de memória. É este vai-e-vem que os constitui: momentos de história arrancados do movimento da história, mas que lhe são devolvidos. (NORA, 1993, p. 13)

Outra perspectiva que poderia se somar as anteriores é a ideia de "memória subterrânea" elencada por Pollak (1989 e 1992) ao tratar das formas de manutenção da memória entre grupos que de alguma forma sustentam memórias marginalizadas, não como material extinto, mas como outra dimensão, que embora oculta significa um esforço de subversão no silêncio e na sutileza de suas manifestações, e que pode aflorar em momentos de crise através de sobressaltos bruscos e intensos.

Embora dialogando com as ideias de Halbwachs (1990), para quem as relações entre memória e história dar-se-iam pela incorporação da primeira pela última por meio das ameaças do esquecimento (ou porque fossem deixando de existir ou porque os grupos que a mantinham iriam desaparecendo), Pollak (1989) identifica a memória como campo de disputa entre uma elaboração oficial (da memória oficial ou nacional) e as chamadas "memórias subterrâneas", que sobrevivem em meio às camadas populares.[31]

Pollak (1989) identifica um processo de disputas entre a memória oficial e as memórias subterrâneas partindo da concepção de multiplicidade da memória de Halbwachs (1990) e superando-a ao incorporar o papel do conflito na análise do sistema social.

A memória ganha sua dimensão de campo de afirmação de identidades no qual as dimensões subterrâneas seriam a expressão de grupos marginalizados, silenciados, minoritários, que buscariam o reconhecimento de sua existência, a afirmação de seus direitos e a apropriação de sua historicidade.[32]

Pensar o biografismo como forma particular de memória, dialogando com as ideias de Halbwachs (1990), Nora (1993) e Pollak (1989), poderia oferecer pelo menos três questões que nos parecem dignas de reflexão.

A primeira deriva da constatação de que a existência de uma biografia supõe a ampla utilização de forças sociais pela manutenção de uma memória, ou de um certo tipo de memória, na qual um indivíduo é não somente uma unidade, mas parte de um grupo e representação de ideais e expectativas que já não são subterrâneas, mas que convivem junto a outras manifestações de superfície.

A segunda é desdobrada da constatação de que esse indivíduo, encarado como notável e por si só visto como diferenciado dentro do grupo e da sociedade da qual faz parte, não representando, *a priori*, grupos marginalizados, silenciados, minoritários, também está situado em um campo de disputa no qual memória e esquecimento se estabelecem em relação à sua trajetória e de outros de seu mesmo grupo, de tal modo que as transformações históricas e sociais podem privilegiar diferentes notáveis em diferentes contextos, de for-

31 Outro sociólogo francês também chamou a atenção para esse campo de luta, utilizando-se do conceito de "capital simbólico" – uma das dimensões da memória: "As diferentes classes e frações de classe estão envolvidas numa luta propriamente simbólica para imporem a definição do mundo social mais conforme os seus interesses, e imporem o campo das tomadas de posições ideológicas reproduzindo em forma transfigurada o campo das posições sociais. Elas podem conduzir esta luta quer diretamente, nos conflitos simbólicos da vida quotidiana, quer por procuração, por meio da luta travada pelos especialistas da produção simbólica (produtores a tempo inteiro) e na qual está em jogo o monopólio da violência simbólica legítima [...], quer dizer, do poder de impor – e mesmo inculcar – instrumentos de conhecimento e de expressão (taxionomias) arbitrários – embora ignorados como tais – da realidade social" (BOURDIEU, 1974, p. 11-12).

32 POLLAK (1989, p. 205) relaciona a construção da identidade aos critérios de aceitabilidade, admissibilidade, credibilidade, e por meio da constante negociação direta com os outros.

ma que a própria "memória oficial" se altera ou se mostra capaz de incorporar variantes ou mesmo contradições.

E, finalmente, a terceira, advém da percepção de que o biografismo é um objeto propício para se constatar a multiplicidade de significados e expectativas que uma mesma matéria narrativa, uma trajetória individual, pode assumir em diferentes obras/autores/épocas.

BIOGRAFIA E HISTÓRIA

> *A biografia é uma região muito bem definida, limitada ao norte pela história, ao sul pela ficção, a leste pelo obituário e a oeste pelo tédio* (Philip Guedalla)

Em um debate sobre biografias, Ruy Castro (que acabara de escrever sua obra sobre Garrincha) fez uma referência ao Cidadão Kane como modelo inevitável de cinebiografia, chamando a atenção para o fato de que quando Charles Foster Kane morre, encontra-se sozinho, de tal modo que a lógica do filme estaria quebrada ao se desenvolverem as pesquisas sobre o significado de "Rosebud", a enigmática última palavra pronunciada pelo magnata da imprensa.

Um psicanalista que estava na mesa do debate atentou para algo fundamental: havia alguém ali, o espectador, aquele que assiste e cuja curiosidade permite ao narrador restabelecer a lógica do filme.

A existência de uma biografia é sintoma dessa curiosidade que se manifesta quando diferentes espectadores e narradores se envolvem em concessões ao voyeurismo, pois, ao mesmo tempo em que o biografismo se situa como um sintoma de cultura, os processo de sua criação, manutenção, transformação e superação caracterizam-no como um reflexo da memória.

Essa curiosidade se corporifica como notoriedade ou como esquecimento, sendo construída de forma diferenciada ao longo do tempo e no interior de diferentes grupos, o que permite perceber, por exemplo, que muitos livros ou autores que gozam de igual prestígio em um mesmo período podem ter destino distinto ao longo do tempo, uma vez que uns conseguem manter vivo o interesse que despertam e levar à busca do aprofundamento e da renovação do conhecimento sobre si, enquanto outros se desgastam e são redimensionados de forma negativa e abandonados ao esquecimento ou à indiferença.

Construção, afirmação e desaparecimento de uma obra se relacionam com um tempo de apropriação, de definição de um cânone literário, no qual o tempo da memória, diferenciado do tempo cronológico, se relaciona com uma dinâmica dual de aproximação e afastamento – o autor e o texto são sacralizados, tornam-se referências obrigatórias, modelos e exemplos, mas passam a ser mais reverenciados do que lidos, mais imaginados do que conhecidos, domínio de uma monumentalidade que os afasta da realidade mundana e os transforma em produtos da imaginação criadora.

O mesmo ocorre com personagens que a história oficial acolhe como símbolos cívicos, em um processo de afirmação de valores e referências no qual as grandes datas e os grandes feitos se ligam aos homens extraordinários, permitindo ao passado legitimar o presente, em um processo de construção da memória que na maioria das vezes se distancia da "vigilância crítica e fidelidade ao passado".

Como observa Sarlo (2007, p. 13):

> Em contrapartida, a história de grande circulação é sensível às estratégias com que o presente torna funcional a investida do passado e considera totalmente legítimo pô-lo em evidência. Se não encontra resposta na esfera pública atual, ela fracassa e perde todo o interesse. A modalidade não acadêmica (ainda que praticada por um historiador de formação acadêmica) escuta os sentidos comuns do presente, atende às crenças de seu público e orienta-se em função delas. Isso não a torna pura e simplesmente falsa, mas ligada ao imaginário social contemporâneo, cujas pressões ela recebe e aceita mais como vantagem do que como limite.

O biografismo, como outros tipos de narrativas, sucumbe às armadilhas desse desejo de vínculo ao imaginário social contemporâneo, nas quais certas fórmulas explicativas (notadamente psicologizantes e culturalistas) estabelecem princípios teleológicos.

> Essa história de massas de impacto público recorre a uma mesma fórmula explicativa, a um princípio teleológico que garante origem e causalidade, aplicável a todos os fragmentos de passado, independentemente da pertinência que demonstre com cada um deles em concreto. Um princípio organizador simples exerce sua soberania sobre acontecimentos que a história acadêmica considera influenciada por princípios múltiplos. Essa redução do campo de hipóteses sustenta o interesse público e produz uma nitidez argumentativa e narrativa que falta à história acadêmica. Não só a história de massas recorre ao relato, como não pode prescindir dele (à diferença do abandono frequente e deliberado do relato na história acadêmica); portanto, impõe unidade sobre as descontinuidades oferecendo a ´linha do tempo´ consolidada em seus nós e desenlaces. (SARLO, 2007, p. 13-14)
>
> Seus grandes esquemas explicativos são relativamente independentes da matéria do passado, sobre a qual impõe uma linha superior de significados. A força organizadora desses esquemas alimenta-se do ´sentido comum´ com o qual coincide. A esse modelo também

> corresponderam as 'histórias nacionais' de difusão escolar: um panteão de heróis, um grupo de excluídos e réprobos, uma linha de desenvolvimento unitário que conduzia até o presente. A quebra da legitimidade das instituições escolares em alguns países e, em outros, a incorporação de novos perspectivas e novos sujeitos afetaram também as 'histórias nacionais' de estilo tradicional. (SARLO, 2007, p. 14)

Uma referência negativa recorrente ao biografismo se relaciona com sua imediata vinculação à narrativa apologética de homens da elite econômica, política ou religiosa que são retratados como extraordinários. Embora esse tipo de enfoque seja o mais tradicional, por si só se mostra o mais empobrecido dos enfoques possíveis, e resultado de um reducionismo há muito superado.

Certas práticas são compartilhadas entre os biógrafos com formação historiográfica e aqueles que prescindem dessa orientação, como a consulta a arquivos e documentação diversificada, a possível utilização da história oral, a utilização de hipóteses explicativas, entre outros aspectos, em meio a objetivos finitos, metas definidas e evidências e informações pertinentes e relevantes (RUBINSTEIN, 2011, p. 308-309).

O historiador, pelo seu processo de formação intelectual e profissional, sabe que precisa estruturar questões complexas, sutis e multifacetadas que devem se apoiar em evidências primárias e secundárias muito mais amplas do que aquelas utilizadas pelo diletante.

No entanto, a ausência de formação específica pode contribuir para alguns equívocos recorrentes nesse tipo de enfoque: o proselitismo, o julgamento moral, a pirotecnia, a ingenuidade e a descontextualização.

O proselitismo reflete as relações de pertencimento que ligam o biógrafo e o biografado[33], assim como o julgamento moral reflete o contraste entre as escolhas e valores do biografado e do biógrafo[34] (e de seu auditório, no sentido utilizado por Perelman), sendo ambos o resultado de uma avaliação ético-política do passado e daquilo que dele se pode ou se quer analisar.

---

33 Como ressalta RUBINSTEIN (2011, p. 311), em análise dos diletantes que estudam genealogia e que se aplica também aos biógrafos que mantêm vínculos de pertencimento com os biografados, "O contexto de fundo no qual um historiador de família escreve tende a ser mais bidimensional, apresentando só os grandes eventos da história, como guerras importantes. Até muito recentemente, os historiadores familiares costumavam evitar deliberadamente qualquer sinal de impropriedade sexual, financeira ou política da história de sua família, e muitas vezes se estendiam demais em qualquer conexão direta com os famosos e poderosos."

34 LAMBERT e SCHOFIELD (2011, p. 331-339) chamam a atenção para trabalhos com lastro historiográfico que, no entanto, foram reduzidos à prática de maus historiadores e ideólogos ou simples propagandistas a partir da validação pelos pares e de disputas judiciais, citando David Abraham e sua pesquisa sobre o envolvimento da Volkswagem com o nazismo, e David Irving, com sua abordagem revisionista do holocausto.

A pirotecnia, na maioria das vezes, surge da ambição literária do biógrafo que, em meio aos encômios e gabos, às proscrições e imputações, usa de maneira viciada as hipérboles e auxeses enquanto palra e chalreia em uma forma de narrativa que acredita ser ornamental e letrada como reflexo da sobrevivência de certos traços da cultura bacharelesca em alguns círculos ou em parte do imaginário popular.

A ingenuidade se manifesta como ambição de não só revelar um ou outro traço particular ou inédito do biografado, mas ainda de abarcar de forma completa sua vida e obra, reduzindo-a, na maioria das vezes, a uma exposição linear, coerente, teleobjetivada e unidimensional.

Por outro lado, o biografismo oferece, sem dúvida, uma oportunidade de ampliação do escopo historiográfico ao permitir a superação dos limites dos métodos quantitativos (reféns do excesso de técnica e distância da realidade da sociedade em transformação) e o questionamento das grandes elaborações teóricas (reféns do excesso de ambição explicativa, que é questionada pela história imediata), assim como a captação de vivências sociais, práticas e negociações das particularidades do sujeito para além do simplismo dicotômico indivíduo-sociedade, entendendo a prática humana como síntese dinâmica do contexto social.

Historiograficamente, tal abordagem permite uma escrita da história profundamente imbricada nas subjetividades, nos afetos, nos modos de ver, perceber e sentir o outro, assim como exige o redimensionamento da relação sujeito-objeto (ao falar do seu personagem, o biógrafo, de certa forma, fala de si mesmo, projeta algo de suas emoções, de seus próprios valores e necessidades) e o estabelecimento de um claro "contrato de leitura", de modo tal que se apresentem de forma clara aos possíveis leitores as razões da escolha do personagem biografado, a natureza objetiva do empreendimento, as metodologias de trabalho, as fontes, os conceitos e as perguntas ali presentes.[35]

Todo empreendimento intelectual dentro das "ciências do homem" trata-se não de uma questão de dogma, mas de doxa, que não se pretende método ou enfoque único, mas ferramenta analítica com limites e possibilidades que, usando expressões cunhadas por Geertz (1978), não se destacam pela "perfeição de consenso", e sim pelo "refinamento de debate".[36]

---

35 Esse contrato de leitura permite a distinção entre aquilo que ARENDT (1991) chamou de a "verdade dos fatos" e a "verdade da interpretação", pois a totalização almejada pelo biógrafo esbarra em limites pessoais e lacunas documentais, exigindo a utilização da psicologia e da imaginação ficcional.

36 Mesmo na antropologia existe uma ambiguidade em relação às histórias de vida, ocorrendo tanto reconhecimento e legitimação como desconfianças pelas características

Que tal refinamento permita a superação da desclassificação do biografismo por não ser "científico", não descarte o estudo das estruturas, possibilite a utilização legítima de metodologias "intensivo-qualitativas" e "extensivo-quantitativas", impeça a ilusão da criação de uma epistemologia do vivido sobre a do construído e não exija uma teoria única que apoie a prática da biografia.

Segundo Madelénat (1984, p. 34), as tradições narrativas das biografias refletem distintos modelos de subjetivação, pois em períodos históricos em que predominam a fé e o dogmatismo, o biografismo reforça o dedutivismo, o moralismo e as ambições didáticas; e quando predominam a dúvida e o ceticismo, fortalece o indutivismo, a crítica, o relativismo e o realismo.

Nessa perspectiva, o contraste proposto por Madelénat (1984), que distingue a tradição biográfica a partir de três vertentes – a clássica, a romântica e a moderna[37], sendo a primeira vinculada à história *magistra vitae*[38]; a segunda, buscando a representação "verdadeira" do personagem[39]; e a moderna, ligada às ambições psicologizantes e relativistas da literatura contemporânea[40] –, não é capaz de explicar a sobrevivência do modelo clássico na modernidade ou as formas de hibridismo em algumas experiências do biografismo.

As reservas de historiadores ao biografismo nascem, entre outros motivos, pelo seu exercício por não historiadores[41], que estariam mais sujeitos aos

---

desse modelo discursivo e suas aproximações e afastamentos com os paradigmas literários ou acadêmicos (CAPRANZANO, 1984).

37 A tradição moderna está ligada "estreitamente ao romance moderno, com seus jogos em relação aos pontos de vista e aos tempos, seus mergulhos na interioridade, sua disposição convergente das intrigas secundárias, seus leitmotive; ela se inspira igualmente da poesia, do jornalismo e do cinema (com sua predileção pelo espetacular e pelo sensacional). O biógrafo [...] (ambiciona ser um) artista completo, encenador de uma existência, acelera, atrasa, manipula o 'andamento'" (MADELÉNAT, 1984, p. 65).

38 Esse paradigma, localizado temporalmente entre a Antiguidade e o século XVIII, baseia-se na descrição de uma "vida exemplar" na qual se fazem necessárias a quantificação das realizações, as divisões estruturais na narrativa e algumas tradições temáticas que dotam os fatos e eventos de significado político, moral ou religioso.

39 A perspectiva romântica, localizada temporalmente entre os séculos XVIII e as duas primeiras décadas do século XX, incorpora o enfoque sobre a intimidade, a sensibilidade e a emoção, através das quais se caracterizaria uma "singularidade interior" (MADELÉNAT, 1984, p. 51-52), instalando-se como um novo paradigma que incorpora nuances da personalidade para além do modelo heroico anterior.

40 Biógrafos como Litton Strachey, Emil Ludwig, Stefan Zweig e André Maurois fixaram os referenciais da biografia moderna a partir da incorporação de questões estéticas da literatura, do historicismo alemão, da filosofia bergsoniana e nietzschiana e da psicologia freudiana, que resultaram na descrição multidimensional e complexa dos indivíduos.

41 Cabe lembrar que diversos intelectuais que não têm formação em História apresentam produções inestimáveis ao campo historiográfico, como Sérgio Buarque de Holanda,

"pecados mortais" do erro factual, do anacronismo e da ausência de reflexão, embora a demonstração de erudição, de acuidade analítica e de sólida base documental costumem ser motivos de flexibilização nas exigências de formação específica.[42]

A descrição de uma vida mediada por fontes documentais diversas, relatos orais, registros visuais e relatos de si não só exige exercícios de leitura, registro, análise, síntese e narração de natureza objetiva, mas também apreciações subjetivas de toda ordem.

Kopytoff (1986, p. 66-67) percebe de forma sutil a fetichização na construção da "biografia das coisas" e identifica similitudes com a "biografia da pessoa":

> In doing the biography of a thing, one would ask questions similar to those ano asks about people: What, sociallogically, are the biographical possibilities inherente in its ´status´ and in the period and culture, and how are these possibilities realized? Where does the thing come from and who made it? What has been its career so far, and what do people consider to be an ideal career for such things? What are the recognized ´ages´or periods in the thing´s ´life´, and what are the cultural makers for them? How does the thing´s use change with its age, and what happens to it when it reaches the end of is usefulness?

Não só a pessoa do biógrafo e sua subjetividade se expressam nas narrativas, mas também seus vínculos institucionais, que refletem estilos de escrita, convenções narrativas e expectativas grupais.

Sarlo (2005, p. 80), com base na análise de Hayden White sobre os *Anais de Saint-Gall*, indica que mesmo textos que parecem oferecer uma relação de transparência são produtos de operações retóricas e ideológicas, pois

> a estrutura simples dos Anais (uma coluna de anos à esquerda, uma coluna de ´fatos´ à direita) indica ao mesmo tempo regularidade temporal, uma linha contínua formada pelos anos, e a presença de uma hierarquia implícita que marca quais fatos merecem ser incorporados.

Evaldo Cabral de Mello, Alberto da Costa e Silva e Elio Gaspari, para citar alguns exemplos brasileiros.

42 Interessante exposição sobre a "história amadora" em língua inglesa feita por RUBINSTEIN (2011), e SARLO (2007, p. 13) aponta que "a história de grande circulação é sensível às estratégias com que o presente torna funcional a investida do passado e considera totalmente legítimo pô-lo em evidência. Se não encontra resposta na esfera pública atual, ela fracassa e perde todo o interesse. A modalidade não acadêmica (ainda que praticada por um historiador de formação acadêmica) escuta os sentidos comuns do presente, atende às crenças de seu público e orienta-se em função delas. Isso não a torna pura e simplesmente falsa, mas ligada ao imaginário social contemporâneo, cujas pressões ela recebe e aceita mais como vantagem do que como limite."

> Há anos em que não aconteceu nada, e diante disso é inevitável perguntar-se o que quer dizer nada para o analista: uma pergunta que remete aos problemas de construção da referência, e não só de relação entre texto e referência.

Assim, tanto a estrutura quanto o conteúdo da biografia apresentam características que espelham opções estéticas e políticas dos biógrafos e, consequentemente, do auditório ao qual se dirigem.

Veyne (1982), por sua vez, refere-se à impossibilidade de falar de um fato sem incluí-lo numa trama, numa narrativa construída não apenas em uma ordem cronológica, mas também em uma ordem de níveis de hierarquia, que definem a pertinência das inclusões e das exclusões.

> Os fatos não existem isoladamente, no sentido de que o tecido da história é o que chamaremos de uma trama, de uma mistura muito humana e muito pouco 'científica' de causas materiais, de fins e de acasos; de uma fatia da vida que o historiador isolou segundo sua conveniência, em que os fatos têm seus laços objetivos e sua importância relativa. (VEYNE, 1982, p. 42)

A trama, portanto, se constrói delimitada por certas orientações consensuais, como a sequência cronológica, causal e temática, a abstração conceitual, a separação sujeito-objeto (com as nuances de objetividade e autoconsciência) e a literalidade narrativa.

A reconstrução de uma trajetória individual (quer de outro ou própria) significa também a percepção de uma rede de relações a partir da ideia de individualidade, com diferentes temporalidades (o ontem e o hoje), vínculos e pertencimentos que dizem respeito a sobre quem se escreve, a quem escreve e para quem se escreve.

A temática do biografismo, um gênero narrativo no qual as ambições literária e historiográfica se fundem, desperta paixões e disputas, que envolvem inúmeras questões sobre "verdade", "representação", "ficção", "relevância", "estilo".

Entende-se como "biografismo" as práticas narrativas que envolvem a seleção, descrição e análise de uma trajetória individual com base em diversos enfoques e metodologias que permitem sua incorporação através do romance histórico, das memórias pessoais (autobiografias e testemunhos), da literatura escolar e das biografias propriamente ditas.

Gontijo (2005, p. 1), ao partir de uma reflexão sobre as biografias de Capistrano de Abreu, localiza justamente entre dois extremos – o nascer e o morrer – a matéria-prima que se constitui como a narrativa biográfica, que

> se estenderia (como) o 'fio' de sua vida, recuperando, através de detalhada costura, os momentos considerados importantes de sua

trajetória da infância à velhice. Pontos e bordados destacariam aspectos vistos como relevantes para a compreensão do personagem principal: seus encontros, escolhas, reveses, as encruzilhadas surgidas ao longo do caminho, por vezes, apontando um detalhe, um toque do destino capaz de explicar atitudes e opções.

Em meio às discussões teóricas sobre a legitimidade dos métodos e das ambições das biografias como manifestação da cultura, o biografismo tem sido pouco estudado no meio acadêmico, ou seja, a crescente demanda sociocultural pelas publicações de natureza biográfica, na qual intelectuais, políticos, aventureiros, cientistas, poetas, escritores e artistas e sua época passam a ser alvo da curiosidade pública sobre esses indivíduos ou sua época na esperança de encontrar no outro um reflexo de si mesmo não tem sido encarada como objeto.[43]

A produção bibliográfica do biografismo brasileiro tradicionalmente se vincula a uma humanização da história e à criação de uma pedagogia moral e cívica com um volume relativamente tímido – quando comparado com outros biografismos nacionais – de obras com base em metodologias e enfoques semelhantes na produção historiográfica, no romance histórico, nas memórias pessoais, na literatura escolar e nas biografias no sentido estrito do termo.

Como construção histórica, social e cultural, a escrita biográfica é tributária de seus condicionantes e, em meio às mitologias e alteridades que afirma, permite vislumbrar questões fundamentais entre os encantamentos e desconfortos que produz:

> Em primeiro lugar, perguntas sobre o próprio gênero. O que pensavam os contemporâneos sobre a forma e a função do que nós chamamos de "biografia"? Em segundo lugar, o que essas ideias e pressupostos sobre a biografia nos dizem sobre suas visões do indivíduo, ou sobre toda a sua cultura? Seguindo os conselhos de Robert Darnton, podemos usar nossa sensação de estranhamento como um ponto de partida para "captar a condição do outro", para explorar certas diferenças entre o presente e o passado, inclusive a mutante "categoria da pessoa. (BURKE, 1997, p. 3)

A narrativa biográfica, por sua vez, presa entre dois paradigmas clássicos (Suetônio e Plutarco)[44], enfrenta o desafio de transcender os limites da biogra-

43 Já em 1995, uma revista semanal apontava o crescimento desse segmento no mercado editorial, que só perdia para as publicações de "autoajuda" – tanto que, entre julho de 1994 e julho de 1995, haviam sido lançadas 181 biografias, o que significa uma a cada dois dias e quatro a cada semana (VEJA, 26/07/1995).

44 SUETÔNIO (69-141 d. C., autor de *Vidas dos doze Césares*), utiliza a sucessão de etapas como representação de uma vida (família, nascimento, infância, formação, ascensão, poder, decadência, morte), enquanto PLUTARCO (46 a 126 d. C., autor de *Vidas paralelas*) apresenta uma narrativa que se estrutura a partir de materiais agrupados com

fia representativa, na qual o indivíduo enfocado não é digno de reconstrução biográfica pelo que tem de singular, de excepcional, mas por sintetizar várias outras vidas e servir de passagem para a apreensão de marcos mais amplos e estudo de caso, sendo que, após o estabelecimento da análise macroestrutural da sociedade e dos quadros explicativos subjacentes, procede-se ao detalhamento biográfico com fins de ilustração da realidade mais ampla abordada, portanto, o indivíduo é exemplo, não problema.

Devemos perceber que, assim como na biografia, a cadeia de validação das fontes poderia ser infinita, o contexto cultural no qual o relato é produzido é tão importante quanto o personagem, e, se descartarmos o conforto da crença em verdades definitivas, sempre é resultado de uma invenção, de sua propagação e de sua ressignificação.

Nos limites deste trabalho não cabem as discussões sobre a separação ontológica entre memória, narrativa e imaginário, as questões de aproximação ou afastamento entre indivíduo e sociedade, geral e particular, e demais temas derivados da análise crítica do biografismo, mas somente o reconhecimento e a compreensão dos esforços interpretativos na construção do passado como reflexo de tradições históricas, sociais e culturais.

É com base nas dimensões culturais, sociais e historicamente determinadas que percebemos o biografismo como sintoma da cultura e que permeia diferentes áreas do pensamento.

---

base em categorias gerais ou temas. O modelo de Suetônio baseia-se na abordagem sincrônica e, por meio da linearidade, pretende estabelecer uma maior condução subjetiva do leitor, enquanto o de Plutarco, com sua abordagem diacrônica, de forma desigual e diversa, permite uma intervenção crítica do leitor.

Biografias de Clóvis Beviláqua (1859-1944)

Ilustre e desconhecido: a memória de Clóvis Beviláqua

Há, portanto, esperança de que a memória de um grande homem possa sobreviver-lhe por meio ano. (Shakespeare, nas palavras de Hamlet)

"O que quer que outro disser bem, é meu."

A frase de Sêneca parece antever o contínuo entreglosar que as citações denunciam. As citações são manifestações de erudição, concessões ao gosto médio, convites à cumplicidade, demonstrações de pedantismo, muletas da linguagem, sintomas de fraqueza de intelecto e exigências acadêmicas, entre outras possibilidades.

Uma dessas possibilidades é constatar, através da utilização de excertos de autores, a sobrevivência de suas ideias ou de suas imagens, por meio das quais uma constelação de nomes são consagrados e referenciados em um panteão estético, moral ou intelectual.[1]

Sobre esse aspecto, parece exato afirmar que a figura e a obra de Clóvis Beviláqua o caracterizariam como um personagem ilustre e desconhecido, no sentido de que é referenciado no campo jurídico e lembrado na história da literatura brasileira, mas suas obras não são reeditadas e seu nome não tem impacto fora dos círculos do direito.[2]

1 Os panteões, com seus heróis, notórios e notáveis, rende homenagem à marca, ao nome, que passa a representar um ideal a ser afirmado e reafirmado. Como disse BOURDIEU (1996, p. 187) sobre uma "individualidade socialmente constituída": "O nome próprio é o atestado visível da identidade do seu portador através dos tempos e dos espaços sociais, o fundamento da unidade de suas sucessivas manifestações e da possibilidade socialmente reconhecida de totalizar essas manifestações em registros oficiais, *curriculum vitae, cursus honorum*, ficha judicial, necrologia ou biografia, que constituem a vida na totalidade finita, pelo veredicto dado sobre um balanço provisório ou definitivo."

2 Em trabalhos anteriores sobre o legado de Rui Barbosa, chamamos a atenção para o descompasso entre sua memória cívica e sua memória intelectual, ou seja, pela forma como sua figura foi preservada ao longo do século XX, enquanto sua obra, vitimada por suas limitações ou pelo aspecto pragmático que a originou, foi esquecida (SILVA, 2007a E 2007b).

No caso de Clóvis Beviláqua, tanto a memória cívica quanto a memória intelectual se diluem ao longo do tempo, caminhando para o esquecimento, talvez pelo fato de a primeira se limitar a ser patrimônio de um limitado grupo profissional – os advogados – e a segunda, pela sua vinculação à época em que foi produzida e pela inexistência de instâncias de sua reelaboração, como instituições e grupos.

O personagem Clóvis Beviláqua não se insere na definição cunhada por Levi (1996) de "caso extremo", ou seja, uma experiência atípica, que pelo contraste com seus contemporâneos ilustra o contexto no qual se insere ao mesmo tempo em que permite identificar os espaços de trânsito individual em relação às estruturas.[3]

Ao contrário, a imagem do jurista se aproxima mais da ideia de "experiência" como instância de construção de uma identidade, a partir do construído, negociado, contado e narrado, de modo tal que a individualidade se expressa pelo exercício de explicação, contextualização e historicização.[4]

Clóvis Beviláqua é um personagem que se torna interessante por sua trajetória, por sua figura humana e por suas obras, como filho de padre; cultor de um modo de vida humilde e discreto que recusa inúmeras vezes títulos e honrarias; fundador da Academia Brasileira de Letras, que dela se retira após a não aceitação da candidatura de sua esposa para a instituição; jurista responsável pela confecção do primeiro Código Civil do país; polemista que enfrenta Rui Barbosa em relação às características desse mesmo código; especialista em Direito Internacional que prestou serviços a instituições internacionais e nunca fez uma viagem ao estrangeiro; entre outras realizações, situações e eventos que lhe valeram um grande reconhecimento em vida de seus méritos e que contrastam com o ocaso de sua memória após sua morte, como se não tivesse criado, nem por si mesmo nem por aqueles que influenciou, um conjunto de atos ou discursos direcionados à construção de uma "vida póstuma"[5].

---

3 Levi utiliza a referência ao "caso limite" da cultura cortesã, com o indivíduo moldado na ambição política, exemplo de ganância, convicções passionais, ódios pessoais, cinismo ou crença autêntica na ideologia da corte.

4 A ideia de experiência busca aproximar "condições de existência definidas, condições de designação de agentes e condições de exercício" e as "possibilidades de escolhas" dentre as oportunidades que se apresentam ao indivíduo como seus espaços de movimentação. Poderia se pensar aqui na forma de compreensão de ELIAS (1994, p. 50) sobre a relação entre sociedade e indivíduo, na qual a primeira, enquanto poder, era "uma expressão um tanto rígida e indiferenciada para designar a extensão especial da margem individual de ação associada a certas posições sociais, expressão designativa de uma oportunidade social particularmente ampla de influenciar a auto-regulação e o destino de outras pessoas."

5 Diversos relatos e textos biográficos sobre Clóvis Beviláqua enfatizam tanto seus méritos intelectuais quanto sua completa ausência de vaidade e grandeza moral, como

Propomo-nos a discutir a forma como essa "vida póstuma" se manifesta no campo biográfico, escolhendo, entre as obras escritas após a morte do jurista, quatro para análise, quer por seus méritos historiográficos, quer pelos aspectos conjunturais em que foram produzidas ou ainda pela divulgação que obtiveram, a saber: *Clóvis Beviláqua* (1956), de Lauro Romero; *Clóvis Beviláqua* (1960), de Raimundo de Menezes e Manoel Ubaldino de Azevedo; *Clóvis Beviláqua na intimidade* (1989), de Noemia Paes Barreto Brandão; e *Clóvis Beviláqua: sua vida, sua obra* (1990), de Silvio Meira.

A escolha dessas obras se justifica por diferentes aspectos, para além de sua qualidade literária, pois não só são resultado de uma historicidade do tema, como se diferenciam ou complementam de muitas formas, pela importância institucional (Raimundo de Menezes e Manoel Ubaldino de Azevedo foram vencedores de concurso público nacional sobre o tema proposto pelo Ministério da Educação e Cultura; além da considerável produção literária no gênero biográfico do primeiro autor, e dos vínculos institucionais com o direito, do segundo), a extensão dos levantamentos documentais (Silvio Meira) e a proximidade entre biógrafo e biografado (Lauro Romero – filho de Silvio Romero, intelectual que manteve forte relação com o jurista – e Noemia Brandão – amiga da família que na infância e adolescência conviveu com Beviláqua, e que propõe um enfoque memorialista e intimista). [6]

Por meio da análise da forma como esses autores construíram a memória de Clóvis Beviláqua, pretendemos romper com as simplificações que identificam o biografismo como um objeto impregnado pelo aspecto institucional, de natureza conservadora, fruto de parcialidade (tanto no sentido de ser incompleto quanto no de vínculo com algo mais amplo) e restrito a uma codificação cultural letrada e erudita.

---

o título de um desses textos sobre o jurista – uma brochura de 24 páginas, de autoria de Luiz Pinto, publicada em 1959 pela Editora Alba (RJ) –, que mostra a força dessa imagem e os exageros que ela provoca, *Clóvis Beviláqua: um gênio no saber, um santo na bondade*, ou ainda um discurso de Silvio Meira: "A imagem que hoje em dia se faz do jurista Clóvis Beviláqua, transmitida através de várias gerações, é daquele velhinho, sempre vestido de negro, mergulhado em enorme biblioteca, em convivência com os pombos que penetravam pelas janelas, voejavam pelas salas e pousavam sobre a mesa de trabalho, a fim de receber alimento de suas mãos. (...) Esta figura chegou a ser chamada, por méritos de seus admiradores, de ´santo leigo´ – como designava o meu saudoso amigo Pedro Calmon – ou ´meigo Clovis´, com a bondade a irradiar-se de seu olhos, a placidez permanente reveladora de intensa vida interior". (TAVARES, 1992, p. 40 *apud* NEDER, 2002).

6 Sobre as tradições narrativas do biografismo brasileiro, BOAS (2008) identifica certos "topos" obrigatórios: as questões da descendência, o fatalismo, a extraordinariedade, a ambição de verdade, a busca da transparência e a ordenação temporal. Mostrar-se-ia procedente perceber de que forma elas se fazem presentes de forma diferenciada nas biografias citadas.

Não que tal avaliação seja falsa, mas, com certeza, é incompleta, pois se mostra incapaz de reconhecer os níveis de interação entre as expressões culturais e as instituições, as dinâmicas de transformações internas da memória e dos anseios e insatisfações coletivas, assim como as particularidades de modelos, tradições e manifestações narrativas.

Kofes (2004) chama a atenção para o fato de que a trajetória do xamã Quesalid, descrita por Levi-Strauss em um texto clássico da antropologia ("O feiticeiro e sua magia"), recheada de disputas, deslocamentos, reconhecimento e triunfo, serve como base de reflexão sobre as relações entre etnografia, biografia, relações sociais e individualismo.

Assim como o xamanismo é, em última análise, uma relação dual, construída a partir da crença no feiticeiro, em seu poder de cura e no reconhecimento grupal desse poder[7], podemos questionar em que medida o reconhecimento de um "antepassado intelectual" por meio do biografismo não envolve mecanismos sociais semelhantes, com base nos quais se afirmam do indivíduo suas particularidades e habilidades, assim como o grupo as reconhece não só como características individuais, mas também como elemento constitutivo ou tipologia ideal.[8]

> Concretização de interesses de uma classe, ator estratégico, figura do habitus, os seres humanos são apreendidos como categorias relativamente estáveis – indivíduos, atores, agentes – pelas análises sociológicas da ação. Ou como realizando a trilha tecida pela história, ou pela sociedade, ou pela estrutura. Ou seja, como ator racional, como ser histórico, ou como agente socializado, tais discussões expressam os impasses entre categorias e interesses, atomismo e totalidade social, determinismo pela socialização, as leis históricas e/ou os princípios estruturais e o investimento da imaginação e da ação humanas na criação de mundos, de pessoas e da vida. (KOFES, 2004, p. 10)

Abordando a história das ciências sociais no Brasil, Corrêa (2003, p. 21) cunhou a expressão "notoriedade retrospectiva" para dar conta da forma como

---

7 LEVI-STRAUSS (1975, p. 194) chama a atenção para a relação baseada em três pontos que se estabelece nos processos de xamanismo: "a eficácia da magia implica na crença da magia, e que esta se apresenta sob três aspectos complementares: existe, inicialmente, a crença do feiticeiro na eficácia de suas técnicas; em seguida, a crença do doente que ele cura, ou da vítima que ele persegue, no poder do próprio feiticeiro; finalmente, a confiança e as exigências da opinião coletiva, que formam a cada instante uma espécie de campo de gravitação no seio do qual se definem e se situam as relações entre o feiticeiro e aquele que ele enfeitiça".

8 Na narrativa ocorreria então a ambivalência entre indivíduo e grupo, na qual, como profecia autorrealizada, a "persona" é um eu diferenciado, meritório, compreensível e coeso, e que ao mesmo tempo permite ao grupo reivindicar para si as mesmas características, como se a parte legitimasse o todo ou fosse o vínculo entre o todo e a parte composto por uma substância homogênea.

o presente é utilizado para explicar o passado, de "como o renome adquirido a partir de um certo momento pode iluminar a vida inteira de um personagem", sendo que a autora busca apontar a relevância dos personagens secundários, não excepcionais, que tiveram a mesma (ou maior) importância do que aqueles que foram alçados à notoriedade, entre embates de lembrar e esquecer.

Clóvis Beviláqua foi, dentro da tradição polivalente e erudita do século XIX, jurista, filósofo, historiador e literato, tendo atuado como promotor público, membro da Assembleia Constituinte, secretário de Estado, consultor jurídico do Ministério do Exterior, além de ter sido um dos fundadores da Academia Brasileira de Letras e membro do Instituto Histórico e Geográfico Brasileiro. Produziu uma significativa bibliografia, na qual abordou temas filosóficos, literários, históricos e jurídicos, destacando-se como autor do Código Civil Brasileiro de 1916.

Vale a pena constatar que na disputa entre intelectuais, entre 1910 e 1950, por legitimação para se posicionar sobre os rumos do país, como um embate entre "homens de letras" e "homens de ciência", a figura de Clóvis Beviláqua permitiria sua identificação como um "híbrido", ao ser não só "homem de letras" (porque ocupava cadeira na Academia Brasileira de Letras, escrevia livros, artigos e textos jornalísticos) como também "homem de ciência" (dedicado ao direito, às ciências sociais e ao magistério).

Sua memória, no entanto, sofre um ocaso em termos filosóficos e literários, mantendo-se por intermédio de sua obra jurídica, particularmente pela longevidade do Código Civil e das forças institucionais ligadas ao direito.

Assim como é possível a localização de uma dezena de biografias e ensaios sobre sua vida e obra, publicados ao longo do século XX, uma pesquisa na Plataforma Lattes (banco de dados criado pelo CNPq em data recente e que recebe constante atualização de pesquisadores e seus objetos) indica a quase inexistência de pesquisas vinculadas ao jurista – a inserção de seu nome na pesquisa do banco de dados aponta, salvo engano, algumas pesquisas em logradouros que o homenageiam e dois ou três trabalhos sobre sua vasta obra, sendo que um deles é uma dissertação de mestrado sob minha orientação que analisa a rede de relações de sua correspondência ativa e passiva.

Com base nesse vazio, propomo-nos a discutir o significado social, político e cultural da conversão do jurista e sua obra em personagem e enredo no teatro da memória, utilizando as biografias na condição de narrativas que nos falam tanto de uma trajetória individual quanto coletiva, ao retratar o jurista e os grupos com os quais desenvolveu convergências e divergências.

A abordagem das dinâmicas de memória e esquecimento em relação ao intelectual e sua obra com base em suas biografias permite o questionamento das práticas sociais da criação de um cânone intelectual, das formas de consagração grupais e coletivas, das redes de relações intelectuais entre os campos jurídico, literário e intelectual, entre diversos outros tópicos.

De qualquer forma, a biografia como manifestação da memória permite a discussão, em benefício da análise crítica: sobre os vínculos sociais e históricos que se relacionam com a forma como o autor teve sua obra e trajetória lembradas ou esquecidas ao longo do tempo; sobre a vinculação de seu nome a diferentes grupos e movimentos, com sua produção editorial, acadêmica e jornalística, o envolvimento de instituições, a promoção de diferentes eventos e acontecimentos específicos; além de caracterizá-la como manifestação política e cultural.

Toda análise representa sempre uma e apenas uma das possibilidades de um olhar instrumentalizado, também sócio-historicamente construído sobre um dado espaço; portanto, o estudo não pretende esgotar as possibilidades de interpretação e análise, mas estabelecer contribuições e questionamentos com base nas orientações de autores de diferentes áreas das ciências humanas que possam contribuir para uma análise multidimensional da memória e do biografismo e de seus condicionantes, com base em uma perspectiva cultural contextualizada histórica e socialmente.

A herança da admiração: o homem bom e justo, por Lauro Romero (1956)

> *Honrarás pai e mãe – aconselha-nos o Senhor. Que estranho e cruel verbo ele escolheu! Que necessidade melancólica sentiu de fazer um mandamento do que não está na força feroz da vida! Tem o verbo 'honrar' um delicado sentido fúnebre.* (Rubem Braga, Nascem Varões, 1949)

Aquele que é honrado sofre um deslocamento no espaço social para fora do grupo e, assim como se eleva, também é deixado à margem e afastado da vida.

Tal como em rituais de passagem nos quais o iniciado assume um novo papel social, sendo realocado no interior do grupo em uma nova posição, a memorização permite a apropriação de quem é lembrado conforme a narrativa evocada.

O livro de Lauro Romero, *Clóvis Beviláqua*, de 1956, é uma homenagem prestada doze anos após a morte do jurista e três anos antes que se completasse seu centenário.

A biografia, de 371 páginas, oferece uma estrutura de sete capítulos e três adendos, sendo estes compostos de indicações bibliográficas, obras consultadas e índice onomástico, além de nove imagens.[9]

9 Clóvis Beviláqua tem um número expressivo de fotos, sozinho, com a esposa, com a família, em diversas ocasiões, que foram tiradas em uma época onde era trabalhosa

Os capítulos são antecedidos de um prefácio, de Hermes Lima[10], e nomeados como: "Explicação indispensável", "O homem bom e justo", "Sua vida e sua obra", "O escritor", "O filósofo", "O jurista e o sociólogo". Há, ainda, três anexos: "Indicação bibliográfica de Clóvis Beviláqua", "Indicação das obras consultadas" e "Índice onomástico".[11]

O prefácio de Hermes Lima aponta as particularidades da obra: o grau de aprofundamento das informações e a proximidade entre o pai do biógrafo (Silvio Romero) e o biografado.

O prefaciador indica o caráter intelectual da obra do biografado, que não se deixou seduzir nem pela política nem pela advocacia, valorando a serenidade com que defendeu suas posições e que, por contenção íntima, não só evitou grandes polêmicas, mas também impediu a real valorização de sua importância.

De forma crítica identifica, com base na citação de texto de 1913 do jurista José Augusto César (1879-1938), a ausência de mecanismos de proteção dos trabalhadores nas relações trabalhistas por sua perspectiva liberal da "lei da liberdade de contrato", que permite abusos e limita a ação do Estado no Código Civil.[12]

---

e custosa a obtenção de retratos. Somos obrigados a concordar com MEIRA (1990) que essa, talvez, tenha sido sua única vaidade, e olhando as reproduções dessas fotos, percebe-se, pela seriedade dos rostos e da postura, a clara divisão entre o público e o privado, na qual o sorriso e a leveza parecem não dever ficar imortalizados – o que deveria ser agravado pelas dificuldades técnicas e pelos custos das fotos na época.

10 HERMES LIMA (1902-1978) foi político, jurista, jornalista, professor e ensaísta brasileiro, tendo participado da fundação da UDN e do PSB na década de 40 e se filiado ao PTB na década de 50. Foi membro de destaque do governo de João Goulart, sendo inclusive nomeado para o Supremo Tribunal Federal (1963), eleito imortal da Academia Brasileira de Letras (1968) e aposentado pelo AI-6 (1969). É autor de uma volumosa biografia de Anísio Teixeira, de quem era amigo íntimo.

11 Os capítulos possuem dimensões bastante diferentes, pois enquanto "O homem bom e justo", sobre o exemplo moral do jurista, tem 14 páginas, "Sua vida e obra", uma visão panorâmica de suas realizações, tem 74; "O escritor" tem 58; "O filósofo" tem 54; e "O jurista e o sociólogo", que encerra a biografia, tem 128. Assim, como a obra filosófica do jurista está diretamente vinculada à Filosofia do Direito, suas reflexões sociológicas e a dimensão jurídica de seu pensamento e obra ocupam ¾ do todo e o texto nesses capítulos específicos oferecem mais discussões advocatícias do que enfoque biográfico.

12 Cabe lembrar que o texto do Código Civil sofreu diversas e significativas alterações ao longo de sua *via crucis* legislativa, e a crítica do jurista não se dirigia particularmente a Clóvis Beviláqua, mas aos "redatores do projeto", que não incluíram mecanismos para a solução das questões sociais que tanto interessavam aos trabalhadores, aos modelos de organização jurídica da família, que não contemplavam os direitos dos pobres, e à manutenção da tradição das Ordenações do Reino, no que dizia respeito ao direito sucessório (ROMERO, 1956, p. 10-11).

Hermes Lima, no entanto, reconhece o compromisso político de Clóvis Beviláqua na defesa da liberdade e dos direitos liberais e democráticos ameaçados pela ascensão do nazifascismo, reafirmado enfaticamente nos seus últimos anos de vida.

Encerra o prefácio enaltecendo a coerência do jurista na junção de suas ideias sempre afirmadas de agnosticismo, evolucionismo e liberalismo, em consonância com seu exemplo moral e abertura intelectual.

Antes mesmo de iniciar o capítulo com a "Explicação indispensável", Lauro Romero, na dedicatória, explicita os vínculos de sua obra: "À memória de meus pais, que me ensinaram a admirar e respeitar Clóvis Beviláqua pelo exemplo de trabalho e de bondade, dedico êste livro" (ROMERO, 1956, p. 13).

O livro, portanto, surge não só como vínculo afetivo ou intelectual entre biógrafo e biografado, mas também como herança de admiração recebida dos pais a partir do convívio destes com o jurista, pois Silvio Romero, pai do biógrafo, declarou que Clóvis Beviláqua era um de seus "quatro evangelistas" e ainda o fez padrinho de uma de suas filhas (ROMERO, 1956, p. 19).

Embora não tenha sido possível confirmar dados biográficos do biógrafo, o destaque dado às questões jurídicas e à forma coloquial como tais questões são apresentadas permitem supor a formação jurídica deste, o que também caracteriza o discurso como um exercício de reconhecimento entre pares, uma homenagem prestada a um "antepassado venerável".

O biógrafo, portanto, nesse capítulo inicial, afirma que dois sentimentos o animam, o subjugam, forçando-o a esboçar um perfil do jurista: a admiração, espontânea e irresistível, pela ação benéfica do biografado na ciência jurídica e na cultura geral, e a gratidão pelo guia por suas magníficas lições e maravilhoso exemplo (ROMERO, 1956, p. 19-20).

A adjetivação desmesurada será uma constante ao longo do texto, e o autor reconhece que no livro "fala mais alto a voz do coração que a análise metódica e fria do crítico e o estudo sistemático devassador e muitas vezes indiscreto do biógrafo", afastando ambições de interpretação ou mesmo de esgotamento do tema, tratando-se de "simples trabalho compilatório, incompleto de dados sobre a vida e a obra de nosso maior jurisconsulto"[13],

---

13 O caráter compilatório, que oferece um empobrecimento por não enfatizar a análise, mas ao mesmo tempo apresenta a riqueza de apresentar algumas fontes de acesso mais difícil, aparece em citações extremamente extensas de textos do biografado, sobre o biografado e de temas do Direito, como, por exemplo: em um prefácio de ARARIPE JÚNIOR sobre Clóvis Beviláqua e Silva Jardim (p. 42-44); na carta convite de Epitácio Pessoa para o jurista fazer a codificação civil, assim como no aceite deste (p. 59-62); no artigo de MEDEIROS E ALBUQUERQUE defendendo o Projeto do Código Civil e atacando Rui Barbosa (p. 66-73); em diversos textos de Clóvis Beviláqua – sobre a

chegando a identificar trabalho de Macário Lemos Picanço como fonte privilegiada de informações sobre Clóvis Beviláqua na condição de literato, crítico, filósofo, sociólogo, jurista e educador, tendo o mérito de ter sido escrito antes do falecimento do biografado[14], o que não lhe permitiu, no entanto, vislumbrar "cena após cena, integralmente completas, as diversas fases de sua vida" (ROMERO, 1956, p. 20-21).

No capítulo intitulado "O homem bom e justo", que abre com a apreciação de que a "vida é bela e útil quando se firma no trabalho, a virtude a ilumina e o bem geral a conduz", busca caracterizar o jurista como exemplo moral e intelectual, em uma sequência de adjetivações como "sábio e simples", "sem vícios e sem defeitos", "caráter dos mais puros e uma bondade extrema", "sábio e bom", "varão reto", além de declarações sobre seu equilíbrio emocional e amplitude intelectual.

Aponta como exemplo de tolerância e civilidade a forma como Clóvis Beviláqua relevou o maldoso comentário de carta divulgada de Tobias Barreto a Silvio Romero, na qual o polemista e intelectual sergipano classifica, em 1888, o jovem jurista de "desfrutável", "pretensioso", arrivista, nulidade e plagiador[15],

---

estrutura escolhida para o seu projeto de Código Civil (p. 63-65), sobre "O Itamarati do meu tempo" (p. 76-80); em um parecer sobre o reconhecimento da nacionalidade polonesa, de 1918 (p. 89-91); em um artigo, de 1942, de louvor ao papel dos Estados Unidos na política internacional (p. 101-104); em um extenso excerto de "Fórmula da evolução jurídica" (p. 232-240 e 256-270); na carta convite em francês do Comitê de Juristas da Sociedade das Nações, de 1920, para que o jurista participasse da comissão que faria um Projeto de Corte Permanente de Justiça Internacional (p. 91-94), entre outras. Em relação à forma, além dos longos excertos, há uma repetição de trecho nas páginas 58 e 139, quando, falando sobre a mesma obra de Clóvis Beviláqua, *Juristas Filósofos*, afirma que esta "mostra as ideias de dois filósofos juristas antigos - Cícero e Montesquieu, dois contemporâneos estrangeiros - Ihering e Hermann Post, e dois nacionais - Tobias Barreto e Sílvio Romero".

14 A biografia, primeira escrita sobre o jurista e publicada ainda quando este vivia, motivou carta do biografado ao biógrafo: "Meu caro amigo Macário Picanço: Ao terminar a leitura do manuscrito que você consagrou à minha vida de trabalho em prol das letras jurídicas, em nosso país, dois sentimentos me empolgaram o espírito. Um, que lhe diz respeito, é a admiração sincera pela sua capacidade mental, ao mesmo tempo grave e entusiasta, enriquecida por leitura intensa e vária, tenaz na investigação e segura nos conceitos... Outro foi a emoção, que me produziu o fato de ser objeto de longo e substancioso estudo, por um moço do seu valor intelectual. É sentimento complexo. Avulta nele, destacando-se, o impulso muito simpático de agradecimento, que há de perdurar, indefinidamente, sempre vivaz". (BRANDÃO, p. 1989, p. 35)

15 A carta, divulgada inicialmente por Nelson Romero em meio à correspondência entre Tobias Barreto e Silvio Romero, em livro intitulado *Vários escritos*, causou enorme mal-estar, não só pelas críticas ao já consagrado jurista, mas também porque, em outras dessas correspondências, apreciações semelhantes sobre alunos e discípulos apareciam

ou sua atitude durante e após o embate gramático-filológico para o qual foi arrastado por Rui Barbosa depois da confecção de seu *Projeto de Código Civil*, em que conservou posição firme mas cortês em relação ao seu crítico.[16]

Também aponta uma face inusitada do trabalho do jurista, a de etnólogo, ao produzir o texto *Instituições e costumes jurídicos dos indígenas brasileiros no tempo da conquista*, em que analisa a organização social dos tupis a partir de referenciais como usos, costumes, parentesco, casamento, hospitalidade, guerra, paz, criminalidade, entre outros, assinalando a herança cultural indígena em diferentes regiões do país (ROMERO, 1956, p. 29).

O autor faz explanação panorâmica sobre a originalidade e a profundidade da obra do jurista em suas múltiplas facetas, comparando-o a Platão pela retidão e a Michelet pelo talento literário.

Ampliando a temática para além da "obra", incorporando a "vida", finalmente encerra o capítulo com referência à família e aos hábitos cotidianos citando impressões de Silvio Romero, Humberto de Campos e Euclides da Cunha sobre, respectivamente, o casal Beviláqua, o carinho da família pelos animais, e a sabedoria e santidade do jurista (ROMERO, 1956, p. 33-35).

O capítulo seguinte, "Sua vida e sua obra", apresenta o inevitável encadeamento cronológico de fatos pessoais e realizações profissionais que se inter-relacionam de forma coesa e harmoniosa.

Chama atenção a forma como algumas ideias sobre a personalidade e a obra de Clóvis Beviláqua aparecem no perfil construído por ROMERO (1956) por meio da junção de material diverso e esparso, e que passam a ser reafirmadas em biografias futuras.

Com base em excerto de artigo de natureza biográfica sobre Clóvis Beviláqua, de autoria de um dos contemporâneos de sua vida acadêmica na Faculdade de Direito de Recife, é afirmada a "tristeza meditativa" que o jovem estudante já apresentava e que o colega identifica como uma "influência herdada do berço":

---

com o mesmo grau de rancor e ferocidade. A carta é reproduzida na íntegra, assim como as apreciações de Nelson Romero sobre a discordância de Sílvio Romero em relação à avaliação do valor intelectual de Clóvis Beviláqua, em nota de pé de página (ROMERO, 1956, p. 25).

16 Destaque para excerto de Rui Barbosa, infelizmente sem identificação de fonte, comentando as contribuições de Clóvis Beviláqua, que classifica como reformadoras, e as de Andrade Figueira, que para muitos agia como seu alter-ego, classificando-as como conservadoras, contribuições essas que se complementaram nos trabalhos de confecção do Código Civil. Na bibliografia ao final do livro, é identificada entre as consultadas uma obra de Rui Barbosa que é a provável fonte, *O Código Civil no Senado*, embora sem maiores dados quanto a local, editora ou data (ROMERO, 1956, p. 26).

> Nascido no sertão cearense e tendo com o volver do tempo conhecido o flagelo que periodicamente desola a sua terra, 'de crer que os relatos ouvidos na infância, no lar, com respeito ao seu povo, sempre em luta com a inclemência do meio físico e telúrico, vendo-se como o hebreu obrigado a mudar de habitat para escapar à morte, sem jamais poder-se fixar definitivamente no solo querido, tão fácil aliás de reclamar a energia produtora ao contacto das primeiras gotas de chuva, quanto de abrasar-se à superveniência dos sóis escaldantes – é de crer, repito, que essas narrações se lhe gravaram n'alma com a persistência das linhas que formam o fundo emocional dos indivíduos e daí a notada nostalgia que a certo trecho repassava, as subitâneas manifestações do estudante, encurtando-lhe a duração. (ROMERO, 1956, p. 38)[17]

A delicada questão da paternidade de Clóvis Beviláqua, filho de padre, não aparece na biografia, sendo que José Beviláqua é identificado apenas como alguém que "foi durante muito tempo deputado provincial e cuja morte se verificou em 25 de agosto de 1905", e D. Martiniana Alves Beviláqua como uma "distinta senhora que se notabilizava pelos seus dotes de coração" (ROMERO, 1956, p. 39).

O determinismo racial aparece na identificação do avô, Ângelo Beviláqua, de origem italiana, que deu a Clóvis Beviláqua

> um pouco do sangue generoso daquele povo que, amante do direito nas tradições romanas, querido das artes nas belezas de Florença, amigo dos sonhos na quietude de Pádua, entusiasta da música no cantar alegre dos gondoleiros de Veneza ou nas óperas de Milão. (Macário Lemos Picanço, *apud* ROMERO, 1956, p. 39)

O autor faz um rápido retrato do menino e do jovem Clóvis Beviláqua, com referências ao trato com os animais e ao bom desempenho escolar, citando a rede de relações que cria na juventude com outros intelectuais que também se vincularam à escola de Recife.

Exemplo dessa rede de relações aparece em excerto de prefácio de Araripe Júnior para *Esboços e fragmentos*, livro do biografado publicado em 1899 no qual é evocada a primeira impressão causada por dois jovens a quem aplicou exames escolares em 1877: "um rapazinho baixo, moreno, pálido, atarracado, cabelo muito corredio e emboscado sobre a nuca, olhar meigo, melancólico, tímido; tipo de nortista", e outro, "trêfego, petulante, de uma vivacidade irrequieta e com um brilho nos olhos que mo assinalou por uma vez", e que eram Clóvis Beviláqua e seu amigo Silva Jardim, respectivamente (ROMERO, 1956, p. 42-44).

---

17 Essa criação de sinais recorrentes da memória do personagem aparece também, por exemplo, quando, sem a descrição de ROSAS (1916), essa mesma ideia também aparece em MEIRA (1990) e em MENEZES E AZEVEDO (1959).

Assim identificam-se vínculos de Clóvis Beviláqua também com Martins Júnior, Paula Ney, E. Bandeira, Pereira Franco, Arthur Orlando, José Carlos, João de Freitas, Afonso Cláudio, Clodoaldo Freitas, entre outros.

Em uma pequena concessão ao mundano, afirma que o biografado era um jovem "desconfiado, quase tímido, infenso às aventuras amorosas, de modo que seu nome não figurava nos fastos da boemia acadêmica", sendo descrito no artigo já citado da seguinte forma:

> Do seu trajo, o uso de sobrecasaca fechada a três botões, das botinas e calças de cor escura, do colarinho alto, foi sempre insuscetível de modificações. Onde ele transigia com a moda, era nas gravatas mais ou menos claras e no chapéu Lafaiete, este ainda preto, conforme o gosto dominante em 1878. Jamais vi-o nos teatros, menos ainda fazer concessões ao janotismo ou ao galanteio das damas; nas livrarias, sim, tinha assiduidade, pois era a atmosfera onde parecia gozar de todos os deleites e recreações prelustrando obras. (ROSAS, *apud* ROMERO, 1956, p. 46)[18]

Uma vez formado, o jovem bacharel vai para o Ceará e depois para o Maranhão, onde assume o cargo de promotor público em Alcântara, em 1883, e, no mesmo ano, volta a Recife para dedicar-se ao ensino particular.

Romero (1956, p. 49) condensa o ir e vir do recém-formado em um curto parágrafo, sem entrar nas causas dos deslocamentos, e omite a polêmica de Clóvis Beviláqua com o governador da Província do Ceará, Domingos Antônio Rayol, sobre o seu direito de ocupar um cargo público de promotor que era ocupado por um leigo, e que aparece como um raro episódio de ambição e arrogância do biografado.[19]

Essa ambição profissional aparece, inclusive, como uma contradição aparente não só com a personalidade de Clóvis Beviláqua, mas também com relação aos seus interesses, que antes da conclusão do curso eram mais filosóficos e literários, pois, conforme suas próprias palavras:

> Depois de concluído o meu curso de Direito foi que, por assim dizer, comecei a interessar-me por essa bela ciência, ao lado da qual passara cinco anos sem perceber os encantos. Devo a Tobias (Barreto) esse inestimável serviço de me ter aberto a inteligência para ver o direito. Durante o curso acadêmico, estudei apenas para cumprir as minhas

18 Curiosamente, em entrevista a João do Rio para a revista *Momento Literário*, do Rio de Janeiro, em 1904, o jurista afirma que até o terceiro ano de faculdade ainda não havia se encantado com o direito, o que só ocorreria após o contato com Tobias Barreto.

19 Tal polêmica é discutida por MENEZES E AZEVEDO (1959, p. 76-79) e MEIRA (1990, p. 68-71), embora identifiquem duas comarcas diferentes como objeto de disputa, o primeiro afirma ser Cascavel e o segundo aponta Aquiraz, ambas bastante próximas de Fortaleza.

> obrigações e transitar pelas solenidades escolares sem apoio estranho, mas não podia dedicar afeição profunda a uma ciência na qual não descobrira o influxo das ideias que me davam a explicação do mundo. (João do Rio *apud* ROMERO, 1956, p. 51)

Outro diferencial na exposição da trajetória e dos hábitos do jurista é o dimensionamento na vida deste do vínculo com a esposa, Amélia de Freitas, pois embora afirme que esta "teria notável influência, sempre suavizadora, na vida intelectual de Clóvis", além de ser "companheira admirável, também na atividade literária, pois revelar-se-ia escritora de mérito", essa influência não só não é apontada ao longo do livro, como, pelo contrário, a esposa aparece como personagem totalmente secundária e passiva, mesmo quando, por questões temáticas ou cronológicas, sua presença desempenhou papel de relevo - a vida doméstica, a produção intelectual conjunta ou a relação com a Academia Brasileira de Letras, para nomear algumas.

Sobre o casal, aponta a publicação conjunta, de Clóvis Beviláqua e Amélia de Freitas, do livro *Literatura e Direito*, de 1907, especificando os conteúdos e as partes escritas por cada um dos autores, assim como o lançamento da revista *Ciências e Letras*, em 1911, da qual identifica alguns colaboradores[20], mas sem apresentar maiores considerações (ROMERO, 1956, p. 81 e 83).

Mesmo um evento relevante, como a ruptura de Clóvis Beviláqua com a Academia Brasileira de Letras após a recusa da candidatura para ingresso de sua esposa na instituição em 1930, que originou polêmica jornalística, um livro e o afastamento do jurista (que era seu sócio-fundador) do convívio com os imortais não são explicados, sendo somente citados de forma mais que superficial como "carinhosa solidariedade à sua esposa D. Amélia de Freitas Beviláqua, que se zangara pela recusa de sua candidatura àquela agremiação" (ROMERO, 1956, p. 106).

Pela reduzida ambição de aprofundamento ou pelo esforço de síntese diversas questões que ofereceriam nuances da personalidade do biografado se fazem ausentes na explanação do biógrafo: o impacto intelectual da tradução de *Jesus e os Evangelhos*, de Soury, em 1886, que oferecia uma análise laica do líder religioso; a tensão política entre o republicanismo do jovem bacharel e a sua nomeação no concurso para docente da Faculdade de Direito, que em 1888 era efetivada pelo imperador; as disputas políticas durante sua atuação como

20 "Escreveram em 'Ciências e Letras' - João Ribeiro, Farias Brito, Mário Barreto, Rocha Pombo, Alberto de Oliveira, Afonso Cláudio, Clodoaldo e Lucídio Freitas, Solidônio Leite, o escrito francês Rauol de la Grasserie e sua esposa Mme. Grasserie e muitos outros homens de letras ilustres." (ROMERO, 1956, p. 83) Elencar os nomes serve para se perceber a rede de relações mutualistas que sustentavam as confrarias profissionais e intelectuais do início do século XX.

deputado e constituinte no Ceará, em 1889; as razões e os questionamentos de sua escolha para a confecção do Código Civil, em 1899; os motivos das recusas aos diversos convites para cargos e honrarias em diferentes momentos de sua vida, entre outras.[21]

Esse descompromisso com a análise e o desejo de síntese, por exemplo, faz com que, na página 57, seja apontada a premiação concedida em 1897 pela Faculdade de Direito do Recife ao livro *Direito de família*, do biografado, a partir de parecer emitido por comissão composta pelos professores Epitácio Pessoa, Augusto Vaz e Henrique Miller, mas nada é dito sobre o fato de que dois anos após o prêmio, tendo o governo como ministro da Justiça o mesmo Epitácio Pessoa, o jurista recebe o convite para a confecção do Código Civil.

Sobre a polêmica filológico-gramatical levantada por Rui Barbosa contra o projeto de Clóvis Beviláqua (que sofrera a revisão gramatical de Carneiro Ribeiro), o biógrafo transcreve – omitindo aspas em diversos trechos – excertos de famoso artigo, "Um censor censurável", de Medeiros e Albuquerque, defendendo o projeto e atacando o senador baiano.

Os trechos do artigo de Medeiros e Albuquerque (ROMERO, 1956, p. 66-73) apontam os erros e as contradições no parecer de Rui Barbosa sobre o Código Civil, atribuindo à vaidade ferida do jurisconsulto baiano o motivo da virulenta crítica de caráter gramático-filológico, que em sua ênfase chegou a criticar texto proposto como artigo, mas que utilizava estrutura gramatical de lei redigida pelo próprio Rui Barbosa:

> Tanta fúria pôs nessa tarefa, que foi danando, danando e acabou por se corrigir a si mesmo, sem sentir! Depois de maltratar e escarnecer dos colegas, maltratou-se a si mesmo, de si mesmo escarnece. Não lhes parece o caso desses animais que, num grande acesso de fúria, acabam por se morderem a si próprios? (...) Mas o Sr. Rui em alguns pontos exagerou, desceu a futilidades. Em outros, querendo emendar, errou crassamente. Pretendendo evitar todas as cacofonias, cometeu outras piores. Dêsse modo, não há um erro apontado por ele nos outros, que

21 Embora sem indicação bibliográfica, ROMERO (1956, p. 54) cita José Higino sobre o concurso de admissão para a cadeira de Filosofia, no qual Clóvis Beviláqua foi candidato e aquele participou da banca de seleção. Higino afirma que o jovem bacharel apresentou texto sobre o "Conceito antigo e moderno de Metafísica" com "delicadas qualidades de estilo, solidez de conhecimentos, uma inteligência lúcida de disciplinado e notável senso filosófico" e, como presidente da banca, afirma ter tido a honra de concorrer com o seu "voto para colocar o jovem candidato à cadeira de Filosofia no primeiro lugar." Esse mesmo concurso será alvo de meticulosa análise por MEIRA (1990, p. 133) na ambição de corrigir diversos dados divulgados por biógrafos anteriores, entre eles a data do concurso, 1888, e o empate entre os dois candidatos, Clóvis Beviláqua e Virgínio Marques (chamado por ROMERO, 1956, p. 53, de Virgílio), sendo que D. Pedro II escolheu, após ler as provas, o biografado.

também não existia ou no seu próprio parecer ou em trabalhos de sua lavra. (ALBUQUERQUE *apud* ROMERO, 1959, p. 67-68)

Entre a exposição linear das obras e realizações, com eventuais comentários de terceiros sobre estas, destaca-se informação de que, pela proximidade com o Barão do Rio Branco, na condição de consultor do Ministério das Relações Exteriores durante vinte e oito anos (1906-1934)[22], tinha planos de escrever uma biografia do ministro quando foi surpreendido pela morte (ROMERO, 1956, p. 76).

Uma outra característica recorrente da historiografia não acadêmica no que se refere ao biografismo é o desejo de maximizar os dotes e talentos do biografado, o que, em se tratando da produção artística e intelectual, no período da transição do século XIX para as primeiras décadas do século XX, sem grande definição de áreas de conhecimento em uma perspectiva acadêmica, não se torna difícil.

O trânsito intelectual, no qual o generalista tem destaque em contraste com o especialista, que só se afirmará nas décadas posteriores, permite a afirmação de um mesmo personagem como literato, crítico, sociólogo, etnólogo, historiador, jurista, filósofo e outras qualificações que se afirmam por meio da autoria de um ou dois textos panorâmicos e/ou compilatórios.

Esse apego à ideia romântica do humanista nos moldes renascentistas, ou do gênio, alimentado muitas vezes por um ufanismo oficial e extraoficial, é uma fantasia que se desdobra em pelo menos duas bases: a falta de concorrência literária e científica (que fomenta o ecletismo e a falta de autocrítica) e as redes de relações mutualistas (em que "confrades e pósteros" ampliam mutuamente os méritos de suas obras para legitimar distinções e privilégios diversos) (CANDIDO, 1975a, p. 236-237).

Não é diferente o retrato do "velho sábio, simples e puro", desdobramento inevitável do "menino estudioso, sentimental e bom", que é objeto da narrativa dessa biografia (ROMERO, 1956, p. 109).

No capítulo "O escritor", reafirma-se a perspectiva do biografado como um intelectual polivalente:

> Sob o ponto de vista cultural, Clóvis Beviláqua pode ser encarado sob quatro facetas principais: o literato, o filósofo, o sociólogo e o jurista, envolvidos e entrelaçados, naturalmente, pelo historiador paciente e pelo professor sereno, profundo e erudito. Difícil é afirmar qual dêsses aspectos de sua figura enciclopédica é o maior. (ROMERO, 1956, p. 111)

---

22 Durante os 28 anos de trabalho como consultor do Itamarati, Clóvis Beviláqua serviu nas administrações dos seguintes ministros: Lauro Müller, Nilo Peçanha, Domício da Gama, Azevedo Marques, Félix Pacheco, Octávio Mangabeira, Afrânio de Mello Franco e José Carlos de Macedo Soares (ROMERO, 1956, p. 80).

São essas quatro facetas que vão identificar os três capítulos que discutem de forma mais detalhada a produção intelectual do jurista, a saber: "O escritor" (p. 111-168), "O filósofo" (p. 169-222), e "O jurista e o sociólogo" (p. 223-350), o que, pela quantidade de páginas, nos faz identificar uma clara predominância do aspecto jurídico sobre o literário e o filosófico (que contém um significativo volume de Filosofia do Direito).

O biógrafo reproduz opiniões oriundas do determinismo racialista de Ronald de Carvalho sobre as limitações intelectuais do pensamento ibérico e, ainda piorado pela mestiçagem, por extensão, do brasileiro:

> Os brasileiros somos, geralmente, ensaístas de pouco preparo científico e cultural, historiadores de curto vôo e críticos de pouca profundidade. Na ciência, costumamos abordar os problemas pela rama; na história, confundimos a eloquência com a verdade; na crítica, misturamos o elogio ou a verrina com o senso de exatidão. O mal entretanto não é tão nosso quanto das condições étnicas, morais e sociais, que deram origem ao país. Descendemos diretamente para não mencionar o índio e o africano, cuja capacidade de observação é secundária, de povos da península ibérica que não se revelaram superiores por êsse lado. (ROMERO, 1956, p. 112)

A adoção de uma perspectiva determinista, tanto no viés racial quanto geográfico, é reafirmada de forma explícita mais adiante:

> É bem verdade que a obra literária recebe a tríplice influência da raça, do meio e do momento. Na raça estão as influências hereditárias do autor, o passado físico e moral, incorporados no mesmo; no meio somam-se as influências físicas vindas do clima, da terra, céu e paisagens, e influências morais, estado social, político, religioso, recebidas pelo homem desde o nascimento; no momento encontram-se o tempo em que vive o autor, a influência e a ação do passado sobre o presente, preparando o futuro, a intercomunicação humana que faz os hábitos e costumes similares – a civilização. (ROMERO, 1956, p. 123)

Em relação à crítica literária, Romero (1956, p. 114-115) alinha Tobias Barreto, Silvio Romero, Araripe Júnior, Arthur Orlando e Clóvis Beviláqua, que conseguiram ir além do "sistema absoluto de catar belezas tropológicas e de estacar o crítico perante um trecho qualquer com exclamações admirativas e arroubos entusiásticos" ou mantiveram a atividade de críticos de forma contínua[23].

Enaltece Tobias Barreto como a matriz analítica que serviu de inspiração a seus sucessores, e a partir da influência deste aponta a obra de Clóvis Bevilá-

---

23 Cita ainda José Veríssimo como exemplo dessa crítica qualificada.

qua como dotada de "magistrais argumentos" e "conclusões precisas", escritas em estilo "claro, límpido e corrente".

Segundo Romero (1956, p. 118-120), Clóvis Beviláqua, como crítico literário, "tem o privilégio, em nosso país, de não pertencer exclusivamente à sua geração, de não haver estratificado na rocha inerte dos preconceitos de um momento determinado, como a generalidade dos nossos escritores". O autor argumenta que seus erros gramaticais - das primeiras obras - encontram assemelhados em escritores de mérito como "Álvares de Azevedo, Casimiro de Abreu, Tobias Barreto, Fagundes Varela, Castro Alves, José de Alencar e outros".

Para afirmar o refinamento gramatical do jurista, cita João Ribeiro, que em artigo da revista *Ciências e Letras* avaliava: "Clóvis Beviláqua era um pensador sempre profundo, mas de forma descurada. Hoje é um escritor completo, de linguagem castra e fluente, com tôda a urbanidade de estilo que caracteriza os mestres das línguas" (ROMERO, 1956, p. 121).

As credenciais intelectuais de João Ribeiro - jornalista, crítico literário, filólogo, historiador, pintor, tradutor e membro da Academia Brasileira de Letras - legitimariam a avaliação positiva da melhoria na escrita do jurista, mas também cabe ressaltar que a revista na qual se publicou tal avaliação foi fundada e mantida pelo casal Beviláqua.[24]

O biógrafo faz, então, uma breve exposição sobre as obras de caráter literário do biografado: *Esboço sintético do movimento romântico brasileiro* (1882) e *Épocas e Individualidades* (1889), as duas contendo uma abordagem realmente literária; *Juristas filósofos* (1897)[25], *Esboços e fragmentos* (1899)[26], *Estudos jurídicos: historia, philosophia e critica* (1916), *História da Faculdade de Direito do Recife* (1927) e o discurso em homenagem a Pedro Lessa na Academia Brasileira de Letras (1927). Curiosamente, o livro sobre Silvio Romero com o nome do autor, de 1905, *O stereografo: estudo de crítica genética* (1937) e *Revivendo o passado: figuras e datas* (1937) não são analisados.

24 As relações de proximidade entre João Ribeiro (João Batista Ribeiro de Andrade Fernandes) e Clóvis Beviláqua não são somente de foro público, por ambos serem membros da Academia Brasileira de Letras, mas também privado, uma vez que o jornalista era amigo íntimo do casal, conforme relato de Humberto de Campos sobre o episódio da candidatura de Amélia Beviláqua para a ABL, em Diário Secreto, quarta-feira, 29 de maio de 1930, *apud* MENEZES e AZEVEDO, 1959, p. 311.

25 A inclusão desse volume no rol de trabalhos literários do jurista, a nosso ver totalmente equivocada, só se justifica pela inclusão, entre os seis filósofos abordados, dos nomes de Tobias Barreto e Silvio Romero e pela profunda admiração que o biógrafo demonstra pelos dois intelectuais, sendo um deles o seu pai.

26 Outra obra de natureza filosófica, com a discussão sobre as ideias e obras de Emílio Littré, Gustavo Le Bon, Ludwig Gumplowicz, Faria Brito.

Em meio à produção abordada, Clóvis Beviláqua estrutura críticas em relação ao romantismo, defende o naturalismo, aponta destaques nacionais (José de Alencar, com críticas; e Álvares de Azevedo e Aluízio Azevedo, de quem destaca *O mulato* como livro "sério, pensado, verdadeiro, moderno") e inova como pioneiro da crítica teatral (com grandes elogios à Agrário de Menezes e Martins Pena) e na avaliação do naturalismo russo (Tolstoi e Dostoiewski).[27]

A presença do livro *Juristas filósofos*, que contém perfis de Tobias Barreto e de Silvio Romero, como obra de natureza literária é justificada com base em citações e paráfrases de José Veríssimo, Hermes de Lima e outros sobre as obras e ideias dos dois intelectuais (ROMERO, 1956, p. 141-150).

No balanço geral da produção literária de Clóvis Beviláqua, o biógrafo, distinguindo as expectativas em relação ao crítico literário e ao divulgador (que poderiam ser apontados como semelhantes às diferenças entre o biografismo de natureza historiográfico e o de natureza diletante ou jornalístico), entende que este tinha

> tudo aquilo que hoje se exige do crítico – a capacidade de penetrar, situar, orientar; a simpatia no sentido sociológico. Os resumos mais ou menos adjetivados já não interessam a ninguém, mesmo porque esse aspecto da crítica literária caiu no domínio público editorial; caracteriza, hoje em dia, o noticiarista, o bibliografista, de quem não se solicitam cultura e ideias, mas, tão-somente, clareza de exposição e resumos, num estilo dia a dia mais jornalístico, menos expressivo. (ROMERO, 1956, p. 167)

Assim, como crítico, Clóvis Beviláqua seria "perfeito", pois "soube melhor do que ninguém, tirar de uma situação o que tinha ela de universal, de coletivo humano, frisando, também, o que ela apresentava de diferente, de individual" (ROMERO, 1956, p. 168).

No capítulo seguinte, "O filósofo", Romero (1956, p. 169) inicia o texto citando a avaliação de Tobias Barreto, de *Questões vigentes de Filosofia e de Direito* (1888), sobre a filosofia no Brasil: "não há domínio algum da atividade intelectual em que o espírito brasileiro se mostre tão acanhado, tão frívolo e infecundo como no domínio filosófico".

Mas, citando Eduardo (Ferreira) França (1809-1857), (Luís) Pereira Barreto (1840-1923), (José de Araújo Ribeiro) o Visconde do Rio Grande (1800-1879), (Domingos) Guedes Cabral (1852-1883), Tobias Barreto (1839-1889),

27 ROMERO (1956, p. 130-138) reproduz a crítica sobre Dostoiewski incluída em *Épocas e individualidades*, publicada originalmente em *O Domingo*, de setembro de 1888. Disponível em: <http://www.academia.org.br/abl/media/RB%20-%2049%20-%20GUARDADOS.pdf>. Acessado em: 14/04/2012.

Clóvis Beviláqua (1859-1944) e (Raimundo de) Faria Brito (1862-1917), afirma a superação desse quadro pessimista.[28]

No entanto, Clóvis Beviláqua merece destaque, pois

> tinha uma habilidade inexcedível para assimilar o que havia de bom nessas ideias novas, para pesar o valor de uma concepção, para pôr o dedo no ponto vulnerável de uma doutrina, embora a sua modéstia invencível o inibisse de ser um inovador, no sentido de formular uma sínteses que constituísse uma nova doutrina filosófica inteiramente sua. (...) Pôde, assim, condensar, enfeixar e metodizar os conhecimentos, os princípios, que existiam vagos e indefinidos, ou andavam dispersos, desassociados, pelas consciências individuais, em nosso mundo jurídico e social. (ROMERO, 1956, p. 170-171)

Depois de ser apontada a influência do positivismo na formação intelectual de Clóvis Beviláqua, lhe é atribuído o contato com "todos os sistemas e concepções filosóficas, lendo monistas e dualistas, cepticistas e moralistas, enciclopedistas e ideologistas, pessimistas e otimistas, ecletistas e sensualistas, teologistas e misticistas, quietistas e dogmatistas, positivistas e evolucionistas", destacando-se a afinidade com Darwin, Haeckel e Spencer. (ROMERO, 1956, p. 172)

Em seguida, Romero faz uma explanação sobre as características das escolas filosóficas com as quais o jurista travou contato e de que adotou ideias, utilizando-se de compilação de textos diversos de pensadores e divulgadores: Silvio Romero, Martins Júnior, Annibal Falcão, Miguel Lemos, Teixeira Mendes, Rocha Lima, Capistrano de Abreu, John Stuart Mill, Hermes Lima, Renan, Tobias Barreto, Herbert Spencer, Silvio Rabello, Leonel França, Ernst Haeckel, Wilhelm Wundt, entre outros.

Destaca-se a ampla utilização de autores do século XIX para dar conta da necessária contextualização do período, como se a época fosse melhor conhecida por seus contemporâneos do que por aqueles que lhes sucederam.

As referências historiográficas, como material de análise do período, são praticamente inexistentes, persistindo uma abordagem apologística ou memorialística, na qual os autores escrevem sobre o que viveram ou suas impressões.

---

28 O biógrafo identifica méritos em pensadores cuja metade produziu sua obra antes da publicação do texto citado de Tobias Barreto, e excluindo pensadores de destaque no período em que escrevia a biografia (década de 50), como o culturalista Djacir Menezes (1907-1996); espiritualistas, como o jesuíta Leonel (Edgard da Silveira) Franca (1893-1948), Alceu Amoroso Lima (1893-1983) e Leonardo Van Acker (1896-1986); marxistas, como Hermes Lima (1902-1978), João Cruz Costa (1904-1978) e Caio Prado Júnior (1907-1990); e Miguel Reale (1910-2006) e sua a fenomenologia, entre outros autores e escolas esquecidos ou omitidos.

Mesmo as impressões e ideias de Clóvis Beviláqua sobre essas "bases filosóficas" aparecem com enorme timidez, sendo utilizado um número bastante restrito de textos de divulgação ou análise escritos pelo jurista sobre o tema[29], de modo tal que a sua produção não aparece como diferenciada de outros divulgadores do período.

Sobre a obra do jurista no campo da filosofia, Paim (1979, p. 43) vaticina:

> Clóvis Beviláqua deixou-nos valiosos estudos sobre a filosofia no Brasil. Nestes aprecia o papel desempenhado pelas correntes aqui difundidas com o equilíbrio e a serenidade que são característica primordial de sua obra. Além disto, legou-nos trabalhos construtivos e não de simples crítica em torno às questões da teoria do conhecimento e da psicologia. Tinha mesmo o propósito de escrever um manual, que infelizmente não chegou a concretizar.

Mesmo afirmando a magnitude da obra do jurista, Romero (1956, p. 218-219) encerra a explanação com certos cuidados:

> Foi Clóvis Beviláqua, portanto, um livre-pensador (...) e se andou acertado ou não, não decidimos, uma vez que os diversos sistemas filosóficos continuam até hoje a disputar entre si a supremacia em busca da verdade. Preferimos deixar ao leitor seguir suas preferências do seu próprio juízo. Sua filosofia talvez se ressentisse das lacunas e vícios comuns a todas as filosofias que querem reduzir a concepção do mundo a um princípio uno e indivisível, a uma entidade.

Ou ainda:

> Foi Clóvis Beviláqua, portanto, coerente consigo mesmo, em toda a sua obra, na orientação filosófica que adotou, porque foi na filosofia que buscou, em suas elucubrações, as linhas mestras que orientam e norteiam o jurista no mar alto das realidades da vida. (ROMERO, 1956, p. 221)

Na realidade, a filosofia e a sociologia não podem ser abordadas de forma isolada na produção intelectual de Clóvis Beviláqua, mas justamente como as bases de reflexão da sua obra jurídica.

O último e mais longo capítulo, "O jurista e o sociólogo", oferece um mapeamento das inter-relações entre essas áreas do conhecimento, apresentan-

---

29 São feitas referências às seguintes obras do jurista: o artigo "Repercussão do pensamento filósofico sobre a mentalidade brasileira" (1896) e os livros *Silvio Romero* (1905) e *Esboços e fragmentos*" (1899) – deste, excertos dos capítulos "A ilosofia Positiva no Brasil" (originalmente publicado como artigo em 1883), "Sôbre a realidade do mundo externo" (originalmente publicado como artigo em 1897), e "Finalidade do mundo" (originalmente publicado como artigo em 1897).

do os mesmos vícios do restante da biografia: adjetivação, superficialismo, generalismo e compilação.[30]

Textos de Clóvis Beviláqua sobre a Sociologia Geral, a Filosofia do Direito e a História do Direito são aproximados de forma a justificar as concepções jurídico-legislativas do biografado e ao mesmo tempo enaltecer a Escola de Recife (principalmente na figura de Tobias Barreto e Silvio Romero).

São apresentados excertos de Clóvis Beviláqua de *A propedêutica político-jurídica de Arthur Orlando*, *História da Faculdade de Direito do Recife*, *A função sociológica do Direito Internacional Privado*, e *A fórmula da evolução jurídica* (de 1894, da qual são citados longos excertos que ocupam a totalidade do espaço nas páginas 256 a 270), além de outros de Teixeira de Freitas (*Introdução à Consolidação das Leis Civis*, de 1857, entre a página 23 e as páginas 232 a 240) e de Tobias Barreto (*Sobre uma nova concepção de Direito*, de 1882, entre as páginas 241 e 256).[31]

As longas citações transformam o texto em matéria de interesse exclusivo de quem é um especialista em História do Direito ou Filosofia do Direito, mesmo porque a ausência de análise acrescenta muito pouco à compreensão da gênese da obra de Clóvis Beviláqua, além de esta ser tratada de forma estanque em relação ao contexto social, político, econômico e intelectual do período.

A preocupação do jurista com os referenciais sociológicos e filosóficos advinha de seu receio de que sem essas perspectivas o indivíduo que se dedicasse ao direito pudesse ser "evolucionista em ciências naturais, metafísico em direito, e fetichista em religião", o que formaria um espírito "vacilante e desconjuntado" (ROMERO, 1956, p. 271).

Considerações ligeiras são feitas sobre a produção jurídica de Clóvis Beviláqua no Direito Comparado, no Direito Penal, no Direito Militar, no Direito Público, no Direito Constitucional, no Direito Comercial, no Direito Civil, entre outras áreas, como quem escreve não só para apresentar a obra para os iniciados, mas também para se legitimar perante os pares (ROMERO, 1956, p. 283-317).

---

30 Essas características atravessam todo o texto, refletindo uma certa concepção de conhecimento que se vincula também a uma "cultura de verniz", como se depreende do trecho: "Em suas 'Lições de Legislação Comparada', cuja primeira edição foi publicada em 1893, partindo do direito antigo, cujas raízes vislumbrava na Teocracia, chegou Clóvis Beviláqua até o direito vigente de nossos dias, metódico, luminoso e seguro no estudo comparativo das legislações de todos os povos civilizados do mundo, e até mesmo dos nossos silvícolas" (ROMERO, 1956, p. 283).

31 Os três pensadores e as obras longamente citadas seriam "os pontos culminantes do pensamento teórico, entre nós, nessa esfera do saber" (o direito) (ROMERO, 1956, p. 231). Também são apresentadas as preocupações do jurista com o Direito Internacional a partir do único texto anteriormente citado, que apresenta natureza generalista e especulativa em termos históricos e sociológicos, sendo longamente citado entre as páginas 272 e 282.

Nas considerações sobre o Código Civil, o biógrafo chama a atenção para a forma como a questão do divórcio foi encarada pelo jurista, embora anteceda a exposição de uma análise panorâmica na qual a família indissolúvel é apontada como instituição necessária desde a Antiguidade e a dissolução do casamento só apareceria como sintoma de crise e decadência social (nas sociedades antigas) ou excesso do individualismo burguês (nas sociedades contemporâneas)[32] (ROMERO, 1956, p. 327-330).

Após tais considerações, faz uma ponderação que o tempo tornou risível:

> É tão inconcebível, entretanto a sociedade humana sem a existência da família, quanto a estabilidade social sem o casamento uno e permanente, de onde resulta, principalmente o aperfeiçoamento da moralidade humana. A este fim se dirige o constante esforço para dar organização estável à existência doméstica, como demonstra marcha de nossa espécie, que, partindo da mais completa poligamia, tende para a monogamia perfeita. (...) A questão do divórcio, entre nós, sob o ponto de vista histórico, legislativo e social, não encontrou ambiente favorável, sendo motivo de acaloradas discussões em que tem saído vencedora a corrente contrária, porque ainda, como acentuou Clóvis ´a respeitabilidade com que é cercada a família brasileira, a honestidade de nossas patrícias, os costumes de nosso povo, enfim, dispensam o meio extremo do divórcio.´ (ROMERO, 1956, p. 330-331)

Curioso é o contraste entre essa e outras posições externadas tanto por Clóvis Beviláqua quanto por Amélia de Freitas Beviláqua, pois o jurista, em artigo publicado na *Revista da Faculdade de Direito de Recife*, em 1896, afirma-se contrário ao divórcio, mas o justifica quando utilizado com "parcimônia, nos casos graves e taxativamente limitados pela lei, interdizendo-se ao cônjuge culpado contrair novas núpcias" (MENEZES e AZEVEDO, 1959, p. 172); e a escritora, sua esposa, em seu livro *Impressões*, aponta as dificuldades de se manter uma união na qual não existe respeito mútuo, afeto e atenção, mas resiste em se manifestar publicamente sobre um tema controverso e espinhoso, afirmando necessária "uma ciência especial para falar nesse assunto", sobre o qual só possui precários recursos (BEVILÁQUA, 1929, p. 117).

Lauro Romero faz uma curiosa referência à Alexandra Kollontay e seu romance *Os caminhos do amor*, no qual as heroínas, ao longo de três gerações após a Revolução de Outubro de 1917 na Rússia, enfrentam sofrimentos diversos "à proporção que as afeições ganharam liberdade e perderam constância",

32 Faz referência ao esforço de Nelson Carneiro na década de 50 pela aprovação de lei que instituía o divórcio no Brasil, sendo que tal projeto somente foi aprovado em 1977, vinte e seis anos depois de sua proposição inicial.

avalizando parecer de Helene Deutsch de que o divórcio corrompe a sociedade e o casamento indissolúvel induz os cônjuges à reconciliação.[33]

Romero (1956, p. 333-334) reconhece que o número de países com divórcio é muito maior do que de países sem essa figura jurídica, e elenca razões que poderiam justificar a adoção da medida: "a impotência, as deformidades genitais, ou sexuais, as moléstias graves e transmissíveis por contágio ou herança, que, anteriores ao casamento e ignoradas do outro cônjuge, fundamentem sua anulação", e que, sendo uma opção, "não seria usado pelos casais felizes nem utilizado pelos infelizes católicos".

As concepções de Direito de Família de Clóvis Beviláqua possuem clara inspiração germânica[34], sendo que, no caso do Direito das Sucessões, que diz respeito às diferentes formas de testar, essa influência determinou claros limites à liberdade de testar.[35]

Essa aproximação com as concepções germânicas do direito, que seriam mais inovadoras em relação à tradição brasileira, afrancesada, é apontada como uma das causas do contraste entre as propostas do jurista e as do Conselheiro Lafayette[36].

Segundo Romero (1956, p. 348-349), representam "ambos, dois tipos de mentalidade: Lafayette, a conceitual e epidermicamente jurídica; Clóvis Beviláqua, a científica e experimental", em um contraste entre tradição/formalismo/positivismo jurídico e inovação/interpretacionismo/ relativismo jurídico, sendo que o ecletismo do biografado garantir-lhe-ia, portanto, o devido desta-

33 ROMERO (1956, p. 331-333) faz referência à escritora soviética e à cientista também soviética a partir de reprodução de citação de trecho de um artigo alheio (GUIMARÃES, Hahnemann. "Sobre o divórcio", In: A Época, nº. 181, abril de 1947), o que permite (assim como o prefácio de Hermes Lima) intuir a proximidade (ou mesmo vinculação) do autor com membro do PCB, em um período em que o partido era ainda legal e a influência dos comunistas se fazia de forma mais explícita do que nas décadas seguintes.

34 ROMERO (1956, p. 335-344) aponta tal influência em aspectos do direito de propriedade e do direito autoral no Código Civil de 1917.

35 O Projeto de Clóvis Beviláqua limitava a liberdade de testar a uma terça parte da herança, que poderia ser disposta da forma que conviesse ao testador, mas o Código Civil aprovado pelo Legislativo elevou esse valor para cinquenta por cento, em seu artigo de 1576 (ROMERO, 1956, p. 343).

36 LAFAYETTE RODRIGUES PEREIRA (1834-1917), jurista e político brasileiro que é autor das obras *Direito de Família* (1869) e *Direito das Coisas* (1877). Foi também autor do livro *Vindiciae* (1899), no qual defende a obra de Machado de Assis das críticas feitas por Silvio Romero no livro *Machado de Assis*, de 1897, sendo eleito posteriormente membro da Academia Brasileira de Letras.

que como o maior jurisconsulto brasileiro, encerrando, assim, a biografia com essas considerações sobre o embate entre as duas concepções jurídicas.

Dessa forma, o texto de Lauro Romero (1956) se insere na "herança da admiração", tanto pelo aspecto familiar (pela proximidade entre o pai do biógrafo, Silvio Romero, e o biografado) quanto profissional (suposta pela familiaridade do biografado com os temas do direito e que pode caracterizar o texto como um exercício de reconhecimento entre pares por meio da homenagem a um "antepassado venerável").

Já no prólogo, essa herança se faz presente pela declaração dos vínculos afetivos entre biografado e biógrafo e a escolha do mesmo título (embora no singular) de texto escrito por Silvio Romero como homenagem e apresentação da obra de Tobias Barreto em uma coletânea intitulada *Vários escritos.*

A adjetivação desmesurada será uma constante ao longo do texto, e o autor reconhece que no livro "fala mais alto a voz do coração que a análise metódica e fria do crítico e o estudo sistemático devassador e muitas vezes indiscreto do biógrafo", afastando ambições de interpretação ou mesmo de esgotamento do tema, tratando-se de "simples trabalho compilatório, incompleto de dados sobre a vida e a obra de nosso maior jurisconsulto".[37]

O biógrafo chega a identificar trabalho de Macário Lemos Picanço como fonte privilegiada de informações sobre Clóvis Beviláqua como literato, crítico, filósofo, sociólogo, jurista e educador, tendo o mérito de ter sido escrito antes do falecimento do biografado, o que não lhe permitiu, no entanto, vis-

37 O caráter compilatório, que oferece um empobrecimento por não enfatizar a análise, mas ao mesmo tempo apresenta a riqueza de apresentar algumas fontes de acesso mais difícil, aparece em citações extremamente extensas de textos do biografado, sobre o biografado e temas do Direito, como, por exemplo: um prefácio de Araripe Júnior sobre Clóvis Beviláqua e Silva Jardim (p. 42-44); a carta convite de Epitácio Pessoa para o jurista fazer a codificação civil, assim como o aceite deste (p. 59-62); o artigo de Medeiros e Albuquerque defendendo o Projeto do Código Civil e atacando Rui Barbosa (p. 66-73); diversos textos de Clóvis Beviláqua – sobre a estrutura escolhida para o seu projeto de Código Civil (p. 63-65) e sobre "O Itamarati do meu tempo" (p. 76-80); o parecer sobre o reconhecimento da nacionalidade polonesa, de 1918 (p. 89-91); um artigo de 1942 de louvor ao papel dos Estados Unidos na política internacional (p. 101-104); um extenso excerto de "Fórmula da evolução jurídica" (p. 232-240 e 256-270); a carta convite em francês do Comitê de Juristas da Sociedade das Nações, de 1920, para que o jurista participasse da comissão que faria um Projeto de Corte Permanente de Justiça Internacional (p. 91-94), entre outras. Em relação à forma, além dos longos excertos, há uma repetição de trecho nas páginas 58 e 139, em que, falando sobre a mesma obra de Clóvis Beviláqua, *Juristas filósofos*, afirma que esta "mostra as ideias de dois filósofos juristas antigos – Cícero e Montesquieu, dois contemporâneos estrangeiros – Ihering e Hermann Post, e dois nacionais – Tobias Barreto e Sílvio Romero".

lumbrar "cena após cena, integralmente completas, as diversas fases de sua vida" (ROMERO, 1956, p. 20-21).

O livro se insere, como os outros três analisados, na larga seara da história não acadêmica na qual a biografia encontra amplo repasto, refletindo as tensões e disputas sobre memória entre diferentes grupos e os méritos e vícios do enfoque diletante.[38]

Tais vícios de origem aparecem ao longo do livro de Romero (1956), mas também se descobrem certas virtudes inquestionáveis: o texto é original sob três aspectos: por representar uma homenagem intelectual e afetiva de alguém que se vincula de forma muito próxima a Clóvis Beviláqua; por ser o primeiro trabalho de natureza biográfica após a morte do biografado (e publicado três anos antes de seu centenário, o que despertou um inevitável sentimento hagiográfico); e por refletir significativa pesquisa documental e bibliográfica, apresentando dados e documentos pouco conhecidos até então, oferecendo um balanço significativo da obra do jurisconsulto.

Finalmente, é possível, através do texto, vislumbrar na trajetória do biografado a contenção íntima e a serenidade nos debates intelectuais que contribuíram para uma limitação da amplitude de sua própria obra, que em termos políticos afirma a defesa das liberdades e dos direitos liberais e democráticos por meio de referenciais de agnosticismo, evolucionismo e liberalismo.

Memória entre pares: o jurista-filósofo por Raimundo de Menezes e Manoel Ubaldino de Azevedo (1959)

> *A sociedade competitiva exalta seus heróis, a hierarquia exalta seus patriarcas e a seita, seus mártires.* (DOUGLAS, 1989, p. 95)

A publicação do livro de Raimundo de Menezes e Manoel Ubaldino de Azevedo foi resultado de um concurso público de monografias estabelecido pelo Ministério da Educação e Cultura para as comemorações do centenário do jurista.

A Lei n.º 3.426, de 10 de julho de 1958, assinada pelo presidente Juscelino Kubitschek, determinava providências para a comemoração do centenário de nascimento de Clóvis Beviláqua, afirmando que o "preito de homenagem ao grande jurisconsulto pátrio" seria coordenado por uma comissão com-

38 Sobre as particularidades e contribuições da história não acadêmica, o texto de Rubinstein (2011) sobre estudos genealógicos e de "história pública" (que no Brasil poderia ser identificada como institucional ou empresarial) é uma leitura recomendada por seu aspecto didático e pelas considerações sobre sua prática em uma realidade sociocultural em que estas encontram significativa expressão, ou seja, a tradição anglo-saxônica.

posta por "representantes dos Ministérios da Justiça e das Relações Exteriores, Conselho Federal da Ordem dos Advogados do Brasil, Instituto da Ordem dos Advogados, Academia Brasileira de Letras, Supremo Tribunal Federal, Universidades do Brasil e do Ceará e Instituto Histórico e Geográfico Brasileiro", havendo a reedição e distribuição gratuita para bibliotecas públicas, centros de estudo e magistrados em exercício das obras completas do homenageado, sendo também instituído um concurso de monografias sobre a vida e a obra do jurista.[39]

Em parágrafo único do artigo 4 de tal lei, é afirmado:

> A reedição das obras completas de Clóvis Bevilácqua far-se-á mediante normas a serem fixadas por uma subcomissão organizada pelo Ministro da Educação e Cultura e subordinada à comissão de que trata o art. 2º desta lei, composta de juristas de renome, de forma que contenha as mesmas anotações destinadas a atualizar a doutrina da obra do mestre e referências à legislação brasileira atual.

Por sua vez, a obra de Raimundo Menezes e Ubaldino de Azevedo (1959) apresenta uma clara vinculação institucional, tendo sua origem em um concurso público.

A obra de Clóvis Beviláqua é afirmada como uma reserva intelectual de natureza forense, que deveria ser cuidada e atualizada por membros da elite jurídica, em um ritual de reverência e endogênese da obra e de sua memória.[40]

A comissão julgadora do prêmio era composta por advogados[41], assim como os biógrafos laureados possuíam formação jurídica, e o título da obra

39 A lei previa, além de prêmios para monografias de universitários sobre a vida e a obra de Clóvis Beviláqua em cada Universidade ou Faculdade de Direito, a inauguração do Fórum Clóvis Beviláqua, na cidade de Fortaleza (CE), que constaria de uma cripta em que deveriam "ser depositados os despojos do grande jurisconsulto", da realização de um Congresso de Direito na mesma cidade e da emissão de selo postal comemorativo.

40 "No século XVIII, com o desenvolvimento das academias, o elogio domina a eloquência biográfica; ele tem, de saída, a função de celebrar, numa espécie de culto laico, uma corporação por intermédio de um de seus membros dado como exemplo de ciência ou de moralidade; depois se torna uma espécie de dissertação, frequentemente proposta como tema de concursos promovidos pelas academias. Tais biografias oscilam entre a narração e o discurso retórico" (MADELÉNAT, 1984, p. 49).

41 A comissão julgadora foi formada por: Edgard Costa (1887-1970), advogado carioca que exerceu diversos cargos públicos, entre eles o de ministro do Supremo Tribunal Federal; Mário Guimarães (1889-1976), jurista paulista que foi presidente do Tribunal de Justiça do Estado de São Paulo, do Tribunal Regional Eleitoral e do Supremo Tribunal Federal; e Guilherme Estelita (1917-1965), jurista cearense que foi desembargador do Tribunal de Justiça do Estado da Guanabara, professor da Universidade do Brasil e ministro do Tribunal Superior Eleitoral.

reforça de forma clara uma memória profissional: *Clóvis Beviláqua: jurista-filósofo – ensaio bio-bibliográfico.*42

Assim, a obra possui uma dimensão institucional e corporativa, nascida de uma demanda específica e de um momento particular: um concurso público e uma efeméride ligados a um grupo profissional interessado em reafirmar sua importância e prestígio com base no exemplo de um de seus mais destacados membros.

Entre os advogados, reconhecer uma memória grupal é panteonizar Teixeira de Freitas, Tobias Barreto, Rui Barbosa, Clóvis Beviláqua, entre outros, de modo tal que se estabelece uma genealogia que é recortada, prolongada e uniformizada, na medida em que as situações públicas e institucionais nas quais essa panteonização ocorre funcionam como uma declaração de pertencimento.

No entanto, as mudanças estruturais da sociedade brasileira e do próprio cânone jurídico produzem aquele desgaste da memória no qual, em um primeiro momento, tais autores são somente citados, mas não lidos, e um segundo, em que são simplesmente esquecidos.[43]

Se na década de 50 não são mais os bacharéis uma elite hegemônica em termos políticos e intelectuais, a figura de Rui Barbosa[44] (que já faleceu há

---

42 Embora a lei estabelecesse a premiação de três monografias, devendo a primeira colocada receber o valor de Cr$200.000,00 (duzentos mil cruzeiros) e sua publicação, e a segunda e a terceira, Cr$150.000,00 (cento e cinquenta mil cruzeiros) e Cr$20.000,00 (vinte e mil cruzeiros), respectivamente, a Comissão Geral só premiou uma obra, de Menezes e Azevedo (1959), pois as demais, apesar do "louvável esforço", "não satisfizeram (...) condições estabelecidas" (MENEZES e AZEVEDO, 1959, p. 5).

43 DOUGLAS (1998, p. 95) oferece uma explicação interessante sobre as mudanças no cânone, relacionando-as de forma direta ao nível de competitividade no interior de uma área, pois "a competição afasta alguns participantes e coloca os novatos no topo, além do que, a cada mudança de dinastia, a memória pública necessariamente se rearranja. Em contraste, a sociedade hierárquica complexa precisará evocar muitos pontos de referência do passado. No entanto, a lista dos pais fundadores será apenas tão longa quanto a lista das unidades sociais que eles fundaram" e, acrescentamos nós, dos que sobrevivem ao processo de mudança social e institucional.

44 As comparações entre Rui Barbosa e Clóvis Beviláqua são recorrentes, como, por exemplo, no trecho: "No panorama intelectual do país não se divisa outra figura, com tantos e tão honrados atributos. Só Rui Barbosa, com justiça, disputar-lhe-á o lugar de destaque. É possível que Rui tenha tido maior projeção sobretudo nas campanhas políticas, na evangelização cívica e no incomparável triunfo de Haia. Mas a obra silenciosa e modesta de Clóvis nada fica a dever ao imortal baiano. [...] [Vivia Rui Barbosa] para as glórias do mundo, para o arruído das campanhas políticas, para os triunfos oratórios; [...] [vivia Clóvis Beviláqua] para o seu mundo interior, para as tarefas da paciência e da tenacidade, para as cogitações impessoais da cultura. [...] a Rui se admira, mas Beviláqua, admira-se e ama-se. [...] Um era o causídico, sempre pronto a invocar o

mais de 30 anos) torna-se símbolo de um estilo retórico e de uma concepção de cultura superados pelos valores e pela estética modernista, assim como a redemocratização pós-Vargas prescinde de um paladino do liberalismo em meio ao populismo.[45]

A partir de *Os Nuer*, de Edward Evans-Pritchard, Douglas (1998, p. 85) constata que a lembrança e o esquecimento possuem uma dimensão institucional:

> É clássico o estudo de Evans-Pritchard de como os processos cognitivos dos Nuer se prendem a suas instituições sociais. No contexto de sua tecnologia muito simples, é notável que eles, em geral, consigam lembrar-se de nove a onze gerações de seus ancestrais. Será, porém, que se recordam de tudo isto quando, na luta, empregam apenas lanças e porretes? Um estudo mais detido mostra que eles mais se esquecem do que se lembram. Em se tratando de suas genealogias pessoais eles alegam remontar ao início dos tempos, mas o intervalo de onze gerações sequer chega a dar conta de sua história na região que habitam. Tem havido muito esquecimento. Outro fato curioso é que, apesar do contínuo surgimento de novas gerações, o número de progenitores conhecidos permanece constante. Em algum momento, ao longo das gerações, muitos ancestrais são eliminados da lista. Em algum momento, depois do fundador da tribo, de seus dois filhos, de seus quatro netos e de seus oito bisnetos, a memória tribal criou um buraco sem fundo e múltiplos ancestrais estão caindo dentro dele de ponta-cabeça. Eles não estão sendo esquecidos assim, sem mais nem menos. As forças e as fraquezas da recordação dependem de um sistema mnemônico que é toda a ordem social. O estudo sobre os Nuer foi uma demonstração explícita de como as instituições dirigem e controlam a memória.

---

direito violado e buscar as suas sanções; outro, o artífice, o sistematizador de preceitos, o construtor de doutrinas" (MENEZES e AZEVEDO, 1959, p. 18-19).

45 Uma consulta a um levantamento bibliográfico organizado pelo Centro de Documentação do Pensamento Brasileiro constata a desigual produção de obras dos juristas Rui Barbosa e Clóvis Beviláqua, totalizando 162 obras próprias do baiano e 261 textos de seus comentadores, em contraste com 51 obras próprias e 31 textos de comentadores do cearense, embora a distribuição temporal informe que 44% das obras sobre Rui Barbosa são escritas entre 1920 e 1951, enquanto 77% das obras sobre Clóvis Beviláqua, entre 1951 e 1980 (CDPB, 1999). A distribuição temporal do material sobre o jurista baiano demonstra que só 10% das obras estão localizadas até 1920 (quando já havia participado da Conferência de Haia, sido candidato a presidente em 1910 e comemorado seu jubileu cívico), 44% entre 1921 e 1950 (falecimento e centenário do jurista), 26% entre 1951 e 1980 e, finalmente, 15% entre 1981 e 1998 (caracterizando o ocaso do mito), enquanto, em relação ao jurista cearense, no entanto, 13% se inserem no período contemplado pela sua morte (1944) e 78% se localizam no período de seu centenário (1959). Tal contraste entre números absolutos e a distribuição temporal das publicações apontam para a forma diferenciada como a memória de ambos os juristas foi incorporada pela sociedade brasileira.

Estudando-se as intrincadas relações de parentesco e a forma como a riqueza (o gado) circula no interior da sociedade Nuer, torna-se possível a percepção de que as instituições exercem uma coerção na lembrança e no esquecimento.

> A herança os obriga a deixar clara sua lealdade para com o grupo. Suas coalizões políticas se baseiam no princípio da descendência de quatro gerações de um ancestral fundador, de seus filhos, netos e bisnetos, cada um dos quais fundou uma unidade política. O nível de sua organização intensifica ainda mais a recordação que eles têm de seus ancestrais. O reconhecimento e uma fidelidade política, que passa de uma geração para outra, registra o nome de quatro a seis gerações afastadas. A estratégia destinada a operar reivindicações individuais registra cinco gerações próximas, num reconhecimento que parte da direção oposta, de baixo para cima. Naquele ponto de intersecção, situado entre o limite mais baixo de uma geração e o limite mais alto da próxima geração situa-se o vácuo no qual sucessivas gerações de ancestrais vivem desaparecendo (DOUGLAS, 1998, p. 87)

Douglas (1998) aponta que essa dinâmica de lembrança e esquecimento dentro de uma área de conhecimento foi estudada por Robert Merton, tendo como eixo a ideia de originalidade ou pioneirismo científico:

> A análise demonstra que os cientistas que alcançaram o *status* de estrelas, normalmente afáveis e generosos, renegam furiosamente uma descoberta anterior ou convergente, pois suas paixões são movidas pelo modo como a ciência é organizada. Merton liga a emoção, a cognição e a estrutura social a um sistema. Na ciência, as grandes recompensas vão para a inovação a que se dá crédito. O conceito de descoberta original está incrustado em todas as formas da vida institucional, juntamente com os prêmios e a designação das plantas, animais, medidas e até mesmo doenças, por parte dos cientistas. As relações interpessoais dos cientistas são governadas por uma competição institucionalizada, na qual todos perdem algo: acadêmicos que, em outros contextos, se mostram magnânimos, são amesquinhados por seu próprio ódio destrutivo ao saberem que um competidor reivindica precedências; mostram-se desconcertados ao se deparar com fatos discordantes que não se adequam às suas próprias categorias; a profissão sofre uma perda devido a práticas ligadas ao segredo, o que contradiz a abertura intelectual; a política da ciência é induzida em erro pela falácia de que a duplicação é evitável e constitui um desperdício. Mantendo-se calmamente fora da controvérsia, Merton demonstra como uma ordem social distinta gera os próprios padrões de valores, engaja os corações de seus membros e cria uma miopia que, certamente, parece ser inevitável. (p. 88-89)

E ainda afirma:

> Os pensamentos dos cientistas se mantêm sob o controle da rigorosa instituição da ciência, assim como os nossos se mantêm sob o controle de outras instituições. Eles não conseguem refletir calmamente sobre essa questão e nós também não. Precisamos de uma técnica que nos possibilite afastarmo-nos de nossa própria sociedade, transformando o pequeno modelo cibernético em um grande modelo com vários compartimentos que lidam com as paixões inerentes às diferentes formas de organização social e que demonstrem o controle que as motivações socialmente reforçadas exercem sobre a visão individual. (p. 89)

Assim, para além do anacronismo como uma manifestação cultural, os Nuer, os cientistas e os advogados desenvolvem dinâmicas semelhantes:

> Os ancestrais esquecidos e as descobertas científicas esquecidas encontram-se na mesma situação. Os precursores científicos desaparecem de vista porque jamais tiveram a oportunidade material de abrir caminho até a superfície da memória pública. Os descobridores esquecidos são como muitos ancestrais esquecidos. O padrão de seu malogro não é aleatório. As estratégias destinadas a validar as reivindicações dos cientistas usam a originalidade como o principal critério para a concessão de prêmios e atribuições. A crença em um primeiro descobridor nada é sem os prêmios e o renome. (DOUGLAS, 1998, p. 91)

Na década de 50, não são mais os bacharéis uma elite hegemônica em termos políticos e intelectuais, fazendo-se necessária a afirmação de uma nova face para representar, em substituição ao símbolo cívico já desgastado de Rui Barbosa, um paladino do liberalismo em meio ao populismo.

Assim, a patrimonialização da memória de Clóvis Beviláqua nesse contexto pode ser pensada como uma ação dos bacharéis na condição de grupo em meio às demandas e tensões políticas do presente.[46]

O livro, de 350 páginas, é dividido em cinco partes com 45 capítulos, sendo que na primeira parte (com dez capítulos) o indivíduo é apresentado por meio

---

46 Douglas (1998) utiliza-se de trabalhos de Robert Merton e Edward Evans-Pritchard para discutir os processos de construção da memória e do esquecimento no interior das instituições, afirmando que: "O primeiro ficou intrigado ao observar que as múltiplas descobertas científicas eram continuamente esquecidas; intrigou ao segundo o fato de fixar-se com toda segurança na memória um número tão grande de nomes que abrangiam incontáveis gerações de ancestrais. Ambos tomavam o sistema social como sua unidade. Merton considerava o esquecimento sistemático como parte integral da organização da ciência; Evans-Pritchard achava que a lembrança contínua fazia parte integral da organização de um povo pastoril no Sudão. Que cientistas e que ancestrais são lembrados é a mesma questão geral" (p. 84-85).

de sua "Formação Moral e Intelectual"; na segunda (com nove capítulos), o intelectual é identificado por seu "Pensamento Filosófico e Político"; na terceira (com oito capítulos), as contribuições nos diversos campos do direito são elencadas em "Trabalhos Jurídicos"; na quarta (com doze capítulos), o "Código Civil Brasileiro" é o tema; e, na quinta (com seis capítulos), ambiciona-se revelar "O Jurista na intimidade".[47]

Como uma das epígrafes iniciais do livro, é utilizado trecho de conferência proferida em 1944 por Antônio Carneiro Leão, o gramático que, junto com Clóvis Beviláqua, enfrentou a polêmica jurídico-gramatical criada por Rui Barbosa quando foi apresentado o *Projeto do Código Civil*:

> O trabalho, êsse refúgio consolador, que nos ajuda a envelhecer, foi a sua maior recompensa, a lei suprema de sua vida. Ele não conheceu o declínio. Morreu de pé, em pleno combate. Desdenhava a glória. Era demasiado modesto para desejá-la. Para ele apenas contavam os horizontes de seu mundo interior e, em nosso século de aço, utilitário e mecânico, no qual a ciência destruiu quase tanto quanto construiu, Clóvis Beviláqua realizou, longa e serenamente, uma obra forte e durável.

As palavras do gramático pernambucano servem de pista, mesmo que involuntária, para a principal perspectiva da narrativa biográfica construída por Menezes e Azevedo (1959), ou seja, a ênfase na obra, que ocupa dois terços do livro (a primeira e a quinta partes, infância e intimidade, são retratadas em 144 páginas, enquanto a segunda, a terceira e a quarta partes, sobre produção intelectual e jurídica, são desenvolvidas em 194 páginas).

Já na apresentação, os autores afirmam sobre o biografado os "múltiplos aspectos do seu fascinante espírito, no acentuado pendor para as indagações filosóficas, nas tendências literárias, no domínio quase absoluto do saber jurídico, no beneditino trabalho de aprimoramento das instituições do direito pátrio" e seus atributos pessoais, como "a bondade, a indulgência, a mansuetude, a modéstia", "a fortaleza de caráter, o patriotismo", "o desinteresse incomum pelas coisas materiais, o idealismo", entre outras qualidades daquele que é recorrentemente qualificado como "santo".[48]

---

47 O texto ainda oferece uma apresentação, uma cronologia, uma bibliografia, fontes para estudo, anexos e dezoito fotos – sendo que, entre essas, duas são do jurista na infância, uma ao lado da mãe e outra sozinho, outras três são do jurista sozinho em diferentes fases da vida e duas são com a esposa, logo após o casamento e na velhice.

48 É recorrente a referência à santidade de Clóvis Beviláqua, como quando Euclides da Cunha o qualificou como "Sábio e Santo", ou Pedro Calmon utilizou a expressão "Santo Leigo", e em diversas outras referências em discursos e textos sobre o jurista nos quais essa perspectiva hagiográfica aparece. NEDER (2002) tem uma explicação original sobre essa forma de adjetivação, acreditando que, além do fato de o jurista ter nascido no dia da morte de São Francisco de Assis, de ter levado uma vida sem luxos e de

Existem notas de rodapé, embora nem sempre com o detalhamento devido, ocorrendo na maioria delas omissões de características bibliográficas (local, editora, ano e página).

O contraste com Rui Barbosa é abordado na introdução de forma cuidadosa:

> No panorama intelectual do país não se divisa outra figura, com tantos e tão honrados atributos. Só Rui Barbosa, com justiça, disputar-lhe-á o lugar de destaque. (...) a Rui se admira, mas Beviláqua, admira-se e ama-se. (...) Um era o causídico, sempre pronto a invocar o direito violado e buscar as suas sanções; outro, o artífice, o sistematizador de preceitos, o construtor de doutrinas. (MENEZES e AZEVEDO, 1959, p. 18-19)

Os autores fazem referência à carta de Tobias Barreto a Silvio Romero, publicada postumamente, na qual Clóvis Beviláqua é classificado como "o mais pretensioso da nova geração", pensador que "não vale nada" e que qualquer "coisa melhor que escreve é plagiada", e que uma vez divulgada foi elegantemente abordada pelo jurista cearense como momento de indiscrição, impertinência e azedume de uma grande figura (MENEZES e AZEVEDO, 1959, p. 19-20).

Formação moral e intelectual

A primeira parte se inicia com "Terra e gente do Nordeste", em que os autores afirmam um perfil intelectual que caracterizaria, na forma de contraste, "os filhos das regiões setentrionais", que vivem em uma realidade paupérrima, mas produzem "figuras de grandeza incomparável".[49]

Para o biógrafo, Clóvis Beviláqua sintetiza essa realidade, por ter um "espírito de sertanejo" que o coloca como um "expoente da raça" – embora seja uma exceção, pois "situou-se no termo intermediário", nem "proprietário ru-

franquear o interior de sua casa a animais domésticos diversos, se somaria uma luta político-ideológica: "As lutas políticas pela implantação de um código civil no Brasil sempre esbarraram na resistência cultural, política, ideológica e afetiva, da Igreja e dos pensadores católicos brasileiros, inscritos desde o último quartel do século XIX no terceiro escolaticismo, neo-tomista. (...) As acusações de impiedade e anti-clericalismo que eram imputadas aos codificadores dos códigos civis (em Portugal e no Brasil; Visconde de Seabra, em Portugal foi muito atacado publicamente, sobretudo por Alexandre Herculano), fez com que os admiradores de Clóvis Bevilácqua o protegessem com uma aura de sacralidade, exatamente para neutralizar os adversários das reformas e preservar no nome do civilista brasileiro."

49 Dentro do clima desenvolvimentista e cientes de que se trata de monografia que poderá ser publicada pelo governo federal, ao qual a Comissão Julgadora e os autores estão ligados pelas funções públicas que ocupam, referem-se à falta de escolas e mestre, ausência de livros e ao pauperismo como traços do passado: "é obvio que não se alude aos tempos atuais, quando acentuadas melhorias e progresso considerável se vêm manifestando, também naquelas regiões do país" (p. 26).

ral" nem "pária, egresso da grei humílima e desprotegida", e desfrutou de "doces e bonançosos dias da infância" (p. 27-28).

Inclusive, adiante, Menezes e Azevedo (1959, p. 54-55) questionam artigo biográfico sobre o jurista escrito por Afonso Cláudio de Freitas Rosa, "Bosquejo Biográfico de Clóvis Beviláqua", publicado na *Revista do Instituto do Ceará*, em 1916, que classificava a "tristeza meditativa" do personagem como herança de um membro sensível de uma sociedade de homens que sobreviviam em um meio adverso, o sertão do Nordeste. Os autores negam tal perspectiva, afirmando que:

> As razões apresentadas para fazê-lo participante do drama do sertão não procedem. As condições da família Beviláqua, que eram confortáveis, preservaram o rapaz das angústias que assaltam os nordestinos, quando a seca desola as regiões e reduz a um mínimno quase insuportável, as condições de vida. (...) (E) na região onde viveu Clóvis, na risonha Viçosa, erguida nas fraldas da Ibiapaba, que se descreve como oásis verdejante, encravado nas ásperas e devastadas regiões do Ceará, não era encontradiço o espetáculo doloroso, a ronda sinistra de criaturas tangidas pela miséria e pela fome. (p. 55)

Dentro do mesmo capítulo "Origem dos Bevilácqua", o determinismo geográfico se une ao determinismo racial, em um personagem que carrega sangue italiano, lusitano e possivelmente tapuia, sendo que a "ascendência peninsular" teria influenciado na formação intelectual do personagem, assim como a conhecida "aptidão italiana para a jurisprudência".[50]

O delicado tema da paternidade de Clóvis Beviláqua, filho do padre José Beviláqua, é abordado através da expressão "união irregular", atribuindo a essa condição parte da "melancolia do jovem cearense" pela "tristeza dessas origens", elencando ainda comentário do jurista ao artigo 358 do Código Civil no que se refere à necessidade de reconhecimento indistinto de filhos ilegítimos.

O padre José Beviláqua é descrito como homem culto, bom conhecedor do francês e do latim, militante do Partido Conservador (tendo sido inclusive deputado) e dotado de significativos recursos financeiros:

> Era homem de negócios, endinheirado, fazendo toda espécie de transações mercantis. (...) Fazia penhores de joias, brincos e anéis.

50 O texto trabalha com alguns referenciais intelectuais já superados no momento de sua construção, como o determinismo geográfico e racial, embora incorpore a ideia de miscigenação pelo "prodigioso encontro de raças que teve por cenário a terra brasileira". Chamam atenção algumas considerações sobre a necessidade do estudo sobre a imigração para o país e em particular a italiana, ainda pouco estudada, que afirmam ter ocorrido "sem embaraços, dada a unidade de raça, e o tronco comum".(MENEZES E AZEVEDO, 1959, P. 29-34). Na pág. 56 afirmam ainda: "Não desconhecemos a influência do ambiente, por ação direta, sobre o indivíduo, ou transmitido pela hereditariedade."

> Tinha a mania de consertar relógios e a casa, em consequência, era cheia dêles. Operador, extraía dentes, e arrancou a língua do preto Agripino, filho da escrava Catarina. Realizou com êxito uma operação de bubinho no ovário de uma mulher. Era homem destemido. (...) Fazia registro das terras, registro imobiliário, ou registro eclesiástico. (MENEZES e AZEVEDO, 1959, p. 37-38)

O casal José Beviláqua e Martiniana Maria de Jesus (ou Aires) teve oito filhos, dos quais somente cinco sobreviveram, tendo recebido o sobrenome do pai e seu reconhecimento em testamento público, sendo que os três varões ainda tiveram educação de nível superior.

Menezes e Azevedo (1959, p. 40) afirmam que há uma "inanidade de preconceitos e inconsistência de prevenções" contra filhos ilegítimos, e identificam a moralidade de Clóvis Beviláqua como prova de que seu pai foi capaz de montar um lar feliz, com "atmosfera propícia ao desenvolvimento das virtudes domésticas".

Em "Nascimento do jurista" há um conjunto de considerações sobre Viçosa, terra natal do biografado, e em "Infância e juventude" a vida escolar ganha destaque, do internato ao liceu.

O jovem Clóvis Beviláqua se destaca por supostos dotes literários, amor aos estudos e por uma melancolia ("parecendo que o temperamento plácido estivesse dominado por permanente tristeza ou precoce desengano") que o tornava quieto e retraído (MENEZES e AZEVEDO, 1959, p. 54).

A amizade com Silva Jardim, que durará toda a vida, nasce na época do preparatório, no Rio de Janeiro, entre 1876-1878, para a Faculdade de Direito de Recife.

Em "Recife e a famosa Escola de Direito" tecem elogios aos antecessores de Clóvis na Faculdade de Direito e apontam a ligação deste com alguns de seus contemporâneos (Castro Alves, Tobias Barreto e Graça Aranha, entre outros); em "Currículo acadêmico", analisam a experiência do curso jurídico, na qual não se destacou intelectualmente nem se tornou notório como boêmio, tendo se dedicado às preocupações literárias (fundando jornais, escrevendo críticas e artigos – alguns com cunho abolicionista).[51]

Após a formatura, voltando a Viçosa, sua terra de origem, busca colocar-se profissionalmente e enfrenta "Ardorosa polêmica jornalística", título que se refere, na verdade, à disputa entre Clóvis Beviláqua e Domingos Antônio

51 Entre os diversos livros de Clóvis Beviláqua, dois têm enorme importância para os biógrafos, *História da Faculdade de Direito do Recife* (1927) e *Revivendo o passado: figuras e datas* (1937), por trazerem significativa carga de memorialismo, por meio do qual o jurista reavalia suas experiências, sendo que a experiência discente ocupa relativo destaque em ambas.

Rayol, governador do Ceará, por um cargo de promotor em Cascavel que era ocupado por um leigo e ambicionado pelo jovem causídico.

Menezes e Azevedo (1959, p. 76-79) reproduzem na íntegra o artigo de Clóvis Beviláqua (do jornal *Constituição*, de 21 de janeiro de 1883) denunciando a manutenção do leigo e a recusa ao seu preito, em que a defesa em causa própria se mistura à reivindicação de justiça e ao cumprimento da lei; e o artigo em defesa de Rayol (do jornal governista *O Cearense*, de 24 de janeiro), com argumentos diversos e oferecendo outro cargo ao recém-formado advogado (p. 80-82); e ainda o último artigo de Clóvis (no jornal *A Constituição*, de 28 de janeiro), no qual recusa outros cargos e reafirma a injustiça e ilegalidade da recusa sofrida (p. 82-87).[52]

Menezes e Azevedo (1959, p. 87) chamam a atenção para o rechaço a cargos públicos pelo jurista a partir desse episódio, e diversos biógrafos defendem que o desgaste do embate e a injustiça sofrida criaram uma desilusão permanente que se manifestou como uma humildade que se confundia com uma total falta de ambição.[53]

Em "Primórdios humildes e vitórias iniciais" surge o casamento, em 5 de maio de 1883, e os primeiros sucessos.

Caracterizam-no como "eterno enamorado", destacando sua verdadeira adoração pelos dotes literários de Amélia Beviláqua:

> Não admitia quaisquer restrições às prendas da companheira. [...] Tolerava, de bom grado, críticas que se fizessem a seus trabalhos jurídicos. Defendia-os, sem se irritar com os censores. Mas, que não se pretendesse diminuir o valor da "senhora de meu lar" como costumava chamá-la. (MENEZES e AZEVEDO, 1959, p. 89-90)

A aprovação em concurso para a cadeira de Filosofia do Direito, em 1889, no qual derrotou Virgínio Marques, e o fato de que políticos cearenses tentaram impedir sua nomeação com acusações de republicanismo radical e votos de desconfiança pela amizade com Silva Jardim, culminou com sua escolha pelo Imperador e a possibilidade de destaque no meio jurídico.[54]

---

52 MEIRA (1990, p. 70-71) também chama a atenção para o estilo de Clóvis Beviláqua em seus dois artigos em defesa do pleito ao cargo de promotor: "repleto de palavras que inventava, neologismos ou arcaísmos desenterrados dos dicionários, como ´simpatias esquivosas´, a ´lógica desanamorou-se´ do Cearense, ´sorriso aristofânico´, ´arguicioso`. Mais tarde modificaria a maneira de escrever, acossado pelas críticas terríveis de Rui Barbosa."

53 Em uma de suas biografias, MAIA (1961), há um capítulo sobre essa característica de Clóvis Beviláqua, com um título muito feliz: "A celebridade em tom menor".

54 O salário como professor da Faculdade de Direito de Recife era de nove contos anuais (MENEZES e AZEVEDO, 1959, p. 94).

Finalmente, em "República, caminho de novos triunfos", é caracterizado o período republicano como apogeu de suas realizações.

O entusiasta da república, que enfrentou dificuldades profissionais quando reivindicou o cargo de promotor e na investidura como professor da Faculdade de Direito de Recife, é agora nomeado professor de uma nova disciplina, Legislação Comparada, em 1891.

A produção intelectual na área jurídica se consolida: traduz *Hospitalidade no passado*, de Ihering (1891); escreve *Lições de Legislação Comparada* (1893), *O Direito da Família, O Direito das Obrigações* e *Criminologia e Direito* (todos em 1896), sendo que essas três últimas obras continham a gênese do futuro Código Civil.

Uma segunda parte da obra, "Pensamento filosófico e político", trata justamente da produção intelectual do jurista, embora não se aproxime de uma abordagem de história intelectual ou das ideias[55], restringindo-se a uma listagem de áreas, obras e temas com um enfoque sem dissociação entre vida e obra.[56]

A importância dessa parte é justamente converter a biografia em instrumento de reconhecimento e legitimação grupal e pessoal, em que a hagiografia e a panteonização permitem não só afirmar uma memória do passado grupal, mas também filiar-se ao grupo e mostrar-se em destaque em seu interior – falar sobre um de nós, extraordinário, é lembrar quem somos e também nos tornarmos incomuns

A obra filosófica e forense de Clóvis Beviláqua reforça a imagem dos bacharéis como um grupo privilegiado e busca reafirmar um destaque intelectual que esse grupo perdera justamente pela transformação social do século XX, que rompeu com o monopólio letrado exercido pelas "profissões imperiais" no século anterior.[57]

---

55 Sobre a história das ideias na Europa e nos Estados Unidos, vide FALCON (1997), e na América Latina, vide CARVALHO (2011).

56 "Nessa concepção saint-beuveana de talento, que jorra como fonte inesgotável desde o início do tempo de uma vida, não há por que se colocarem perguntas para o artista e sua obra, uma vez que para fazer uma 'história natural dos gênios', a inteligência da obra e a natureza de seu talento estão, previamente, determinadas pela biografia do homem, pela história de sua família e por suas particularidades" (PROUST *apud* WERNECK, 1996, p. 74).

57 Em trabalho primoroso, COELHO (1999) analisa a dinâmica social de constituição das três "profissões imperiais", as tradicionais formações profissionais (medicina, advocacia e engenharia) que monopolizavam o controle da saúde, da tecnologia e das instituições ao longo do século XIX e nas primeiras décadas do seguinte, sendo que se destacam como diferenciais analíticos a percepção da relação entre grupo profissional e Estado – na "qual as profissões emergem como uma condição de formação do Estado e a formação do Estado como uma condição maior da autonomia profissional – onde esta última

É motivo de destaque a percepção da ausência de uma análise crítica e de um excesso de adjetivação em relação aos primórdios do pensamento intelectual brasileiro que foi forjado pelos bacharéis, sendo, portanto, repetitivos os "momentos sublimes", as "conquistas empolgantes", as "grandes teorias", as "significativas renovações", os "construtores do pensamento", os "pregoeiros das ideias novas", e toda uma série de hipérboles de retórica não só para dar cores à narrativa, mas também para justificar uma concepção de mundo.[58]

Nesse sentido, biografia e autobiografia se interpenetram, no sentido que a construção biográfica é estabelecida por meio da relação entre dois polos, o biografado e seu biógrafo, ou, como afirma Werneck, com base em suas leituras de Lejeune:

> Para Lejeune, enquanto a identidade é um fato estabelecido ao nível da enunciação, para ser aceito ou recusado, a semelhança se produz a partir de uma relação, em que uma das pontas localiza-se no enunciado, estando sujeita a margens mais fluidas de aferição que a identidade. Se para definir a identidade opera-se com três termos: narrador e personagem - localizados no interior do texto - e autor - o referente do sujeito de enunciação -; para definir a semelhança recorre-se a um quarto termo, um referente extratextual ou modelo. (WERNECK, 1996, p. 88)

Assim, esses dois polos, biografado e biógrafo, projetam-se no interior de um "sistema de leitura", ou seja, num conjunto de relações de autorreferenciação definido por meio de critérios e convenções sobre o que é ou não memorável.

Na trajetória intelectual do biografado, os autores buscam assinalar a densidade da obra do jurista, negando ou superando com vantagens quaisquer críticas a supostas limitações, como nos episódios já citados da carta de Tobias Barreto a Silvio Romero (classificando-o como pretensioso, insignificante e plagiador)[59] ou no parecer de Rui Barbosa sobre o Código Civil (que afirma ser o projeto de tal forma mal escrito que se constituía em obra daqueles que são incultos, preguiçosos, ignorantes e de mau gosto).[60]

No primeiro tópico, "Jurista filósofo", busca-se marcar a relação próxima, na obra jurídica, de Clóvis Beviláqua com a história, a sociologia e a filosofia

---

exista" (p. 54) - e a discussão sobre a existência ou não de um projeto profissional de mobilidade coletiva entre os juristas brasileiros.

58 Um exemplo, entre muitos possíveis, desse fraseado "jurídico-filosófico" é a avaliação que MENEZES E AZEVEDO (1959, p. 119) fazem da obra de Comte: "Sua repercussão está patente, na prodigiosa colheita de conhecimentos, no gigantesco progresso da ciência, em vésperas de devassar os recônditos segrêdos dos espaços siderais."

59 MENEZES E AZEVEDO, 1959, p. 19-20.

60 MARTINS, 1983, p. 358.

dentro da ambição de legitimar o direito como "ciência social", pois em sua obra soube "aproximar as modernas doutrinas" e produzir "a renovação do direito nacional", que tem no Código Civil seu grande momento.

Em "Discípulo de Aristóteles", reafirma-se a intelectualidade do biografado, e ainda se contrasta sua vida com a de outros intelectuais do período:

> A existência de Beviláqua não se caracterizou por lances apaixonantes. Transcorreu suavemente, sem incidentes ou tropeços, confinada nos gabinetes de trabalho, na tarefa beneditina do estudo e das reflexões. Não frequentou, como tantos outros escritores, a vida boêmia. Não perpetrou trocadilhos, nem enriqueceu o anedotário nacional. Não participou da política. Não sofreu perseguições, nem experimentou – como Rui – as amarguras do exílio. Não se bateu em duelo, como Bilac. Não teve desafetos, nem se envolveu em incidentes de monta. E a própria morte, a recebeu, suavemente, como dádiva de Deus, em plena ancianidade vigorosa. (MENEZES e AZEVEDO, 1959, p. 112-113)

O contraste marcado pelas negativas (sem comportamento condenável, sem concessões à vulgaridade, sem paixões políticas, sem inimigos e sem escândalos) e a aproximação marcada pelos nomes próprios (tão grande quanto foram Rui e Bilac) justificam a biografia exemplar de caráter intelectual, pois

> Os episódios – pitorescos ou trágicos – que condimentam as biografias dos homens de espírito, não estão presentes na existência tranquila de Beviláqua. No mundo interior, porém, quanto tumulto e fecundidade! Que filões maravilhosos do pensamento e que universos fascinadores percorreu! (MENEZES e AZEVEDO, 1959, p. 113)[61]

Busca-se contextualizar a contribuição do biografado, influenciado pelo materialismo, o positivismo e o evolucionismo, para o mundo intelectual do período em textos curtos, extremamente panorâmicos e panegíricos: "O positivismo no Brasil", "A teoria de Spencer", "Escola germânica do Recife", "Filosofia no Brasil", "Pensamento filosófico", "Pensamento político" e "Movimentos sociais no Brasil".

Em "O positivismo no Brasil", uma linha de ligação entre Comte, Laffite, Lettré, Taine, Bena (assim como no evolucionismo entre Spencer e Darwin) e Clóvis Beviláqua é estabelecida, embora descartando sua ortodoxia de cunho

61 A herança clássica, greco-romana, presente em um grupo profissional que transformou o latim em jargão se manifesta na citação dos filósofos Platão, Sócrates e Aristóteles e dos juristas e legisladores Sexto (Publio) Papyrios, Gaio, (Emílio) Papiniano, (Erênio) Modestino (romanos), Triboniano, Teófilo e Doroteu (bizantinos) como interlocutores do jurista.

religioso, que teria sido a matriz de pensamento responsável pela formação de um pensamento filosófico nacional.[62]

Na realidade, o ambiente intelectual do final do século XIX e do início do XX oferecia um conjunto limitado de autores, que eram lidos e entreglosados por todos que possuíssem ambição intelectual. Veríssimo (1963, p. 302-303), por exemplo, definindo a linhagem intelectual de Silvio Romero, afirma:

> Mas o primeiro dos escritores brasileiros que, de parte um breve e malogrado excurso pela poesia, fez obra copiosa de crítica geral e particular, é o Sr. Sílvio Romero, simultaneamente discípulo, por Tobias Barreto, dos alemães e, muito mais diretamente, dos franceses por Taine e Scherer, pelo que é da literatura propriamente dita, e de Spencer, Haeckel, Noiré e Ihering, pelo que é da filosofia e pensamento geral.

Segundo Costa (1956a, p. 60):

> Todavia, o positivismo representou também, na nossa cultura do século XIX, o advento das ideias modernas. O bacharelismo, caturra, coimbrão, livresco, foi lentamente substituído por uma visão nova dos fatos. O latinório fradesco deu lugar à pesquisa científica; o silogismo, à matemática e à técnica. Só isto bastaria para os homens que representaram o positivismo no Brasil receberem o nosso respeito.

Como exemplo de como as trocas intelectuais se processavam na passagem do século XIX para o XX, temos um episódio particularmente curioso, quando Clóvis Beviláqua, em "A filosofia positiva no Brasil", identificou Antônio Ferrão Moniz de Aragão como o primeiro divulgador de Comte no Brasil, no entanto apontando certas limitações no trabalho do professor baiano. Tais críticas o fizeram receber uma carta do neto de Ferrão Moniz pedindo que o jurista refletisse sobre sua afirmação, levando em consideração as limitações da época – o jurista respondeu com uma carta desculpando-se por sua falta de generosidade e prontificando-se a corrigir tal "engano" assim que fosse possível (Mário Torres *apud* MENEZES e AZEVEDO, 1959, p. 122).

---

62 MENEZES E AZEVEDO (1959. p. 118) citam Gilberto Amado sobre a recepção do positivismo entre os intelectuais do período: "Nenhum de meus contemporâneos, ao que me recordo, queria ser positivista de igreja, nenhum queria adorar o Grande Sêr e Clotilde de Vaux. Do mesmo modo, as vinculações políticas do comtismo com o Rio Grande do Sul, suas pretensões autoritárias, espantavam o liberalismo brasileiro, bacharelesco e palrador, e aumentavam o medo de ditadura a elas inerente." Sobre o tema leitura fundamental é LINS (1964), no qual o autor utiliza depoimentos, pesquisa documental e extensa bibliografia para, em suas palavras, entender a dinâmica da filosofia de Comte no país, "sem ódio nem amor, isto é, sem ranger de dentes e sem ditirambos apologéticos".

Em relação ao evolucionismo, em "A teoria de Spencer", os biógrafos apontam a aproximação, por Clóvis Beviláqua, das ideias do filósofo inglês com as propostas do jurista alemão Rudolf von Ihering na "ciência jurídica", chegando a afirmar que este teria sido "o primeiro a aplicar ao direito a doutrina darwinista", em um esforço intelectual característico de uma época, para dotar o direito enquanto fenômeno social de explicações semelhantes às utilizadas para o mundo físico.

Em "Escola germânica do Recife" essa é definida como "empolgante conquista da cultura jurídica brasileira" ao permitir a superação do vácuo produzido pelo desgaste tanto da tradição romanística, mesclada com princípios canônicos e escolásticos, quanto da ortodoxia positivista.

A figura de Tobias Barreto aparece, de forma recorrente, agigantada (embora seja apontada a sua ortodoxia) ao transformar o germanismo não em movimento filosófico, mas jurídico, no qual as obras de Rudolf von Ihering e Hermman Post influenciavam uma nova forma de se pensar o direito, pois o idealismo alemão ofereceria instrumentos para a superação do atraso e do tradicionalismo da cultura brasileira, presa ao conservadorismo católico e à herança lusitana, sendo que Clóvis Beviláqua conciliou os excessos do germanista com as necessidades da doutrina no processo de codificação.

Omitem os autores, em todo o texto, quaisquer formas de análise crítica, e o fato de que a "escola teuto-sergipana" de Tobias Barreto – este, mais do que incensado, foi reduzido a uma paráfrase dos autores alemães – é algo totalmente inexistente, reproduzindo não a avaliação da crítica literária ou da história do pensamento social brasileiro, mas a autoimagem lapidada pelos bacharéis na constituição da memória de seu grupo.

Por sua vez, Costa (1956b, p. 290) aponta os limites dessa idealização intelectual, que ao mesmo tempo em que propunha de forma enfática a necessidade de se transplantar para o Brasil as instituições germânicas, poupava-se de oferecer um projeto de como fazê-lo:

> As ideias alemãs, recomendadas inicialmente por Tobias Barreto como capazes de nos dirigirem no caminho da verdade, acabaram empolgando de tal modo o professor sergipano que, como ele mesmo reconhecia mais tarde, transformaram-no num maníaco da Alemanha. O seu entusiasmo, a sua fé teutônica, levá-lo-iam ao ridículo de publicar numa cidadezinha, em que o número de analfabetos devia ser elevado, um jornal em língua alemã, o Deutscher Kämpfer escrito e composto por ele e, muito provavelmente apenas por ele lido... E isso, numa cidade onde (o próprio Tobias Barreto denunciaria esse fato) a justiça estava às ordens dos senhores rurais como instrumento da sua arbitrariedade, revelando o lamentável atraso da terra... Tal é o resultado a que chegam aqueles que crêem isolar-se do meio em que vivem e que se alimentam

de fantasias exóticas.[63]

O tópico "Filosofia no Brasil" reafirma já em seu início a dimensão jurídico-filosófica da perspectiva dos biógrafos, afirmando que "o positivismo, o evolucionismo e o germanismo foram as principais correntes do pensamento que, na renovação do direito brasileiro, maior influência exerceram", como se filosofia e direito fossem sinônimos nesse contexto (MENEZES e AZEVEDO, 1959, p. 133).

De forma pontual, no entanto, é apresentada a afirmativa de Clóvis Beviláqua da importância ínfima do pensamento de Kant no Brasil e sua contestação por Reale (1949a), particularmente no que se refere ao pensamento jurídico-filosófico de São Paulo, embora o jurista paulista afirme que a absorção do pensamento do filósofo alemão tenha sido superficial e vitimada pelas "recepções fáceis".

A europeização intelectual de Clóvis Beviláqua e de seus contemporâneos é demonstrada em alguns excertos nos quais, como em um exagero de Tobias Barreto, se afirma o estado "tão acanhado, tão frívolo e infecundo, como no domínio filosófico", sendo que o próprio biografado afirma que o Brasil, a América Latina e os Estados Unidos, por causa de heranças históricas diversas, eram incapazes de criar grandes teorias filosóficas por falta de maturidade filosófica (MENEZES e AZEVEDO, 1959, p. 136-136).[64]

É dentro dos vícios e das virtudes da abordagem da trajetória intelectual até aqui exposta que tópico específico é dedicado ao "Pensamento filosófico", embora reconhecendo que "Beviláqua foi, antes de tudo, um jurista. Seu pensamento filosófico dirigia-se à ciência do direito, alvo de porfiadas investigações" (MENEZES e AZEVEDO, 1959, p. 139).

Os autores apontam uma trajetória dinâmica na qual, ao longo da vida do biografado, ocorreu sua adesão crítica ao positivismo, à concepção evolucionista aplicada ao direito, ao idealismo como forma de humanismo e ao "neotomismo", sobre o qual afirma em carta a Alípio Silveira:

---

63 O jornal *Deutscher Kämpfer* (*Lutador Alemão*), editado por Tobias Barreto em 1876, na cidade de Escada, em Pernambuco, por razões óbvias, teve pouca repercussão e existência curta.

64 Os biógrafos avalizam tal perspectiva: "Não há desdouro para o Brasil, em afirmar-se que ainda está por surgir o seu ´grande filósofo´. Já se disse que a nossa filosofia tem sido artigo de importação. Os que se rotulam de ´filósofos´, não passam de expositores de doutrinas que estudaram e cujas teorias aderiram; ou, na melhor das hipóteses, de críticos de sistemas, que acreditam ter construído, através do ecletismo, teoria original." Essa afirmação entra em contradição com a adjetivação tantas vezes empregada na descrição de diversos pensadores que são citados na narrativa da biografia, o que talvez se justifique pelo fato de a obra ser resultado de um trabalho a quatro mãos, o que pode ter significado uma divisão "setorial" de escrita e análise.

> O movimento ´neo-tomista´, surgiu, penso eu, de duas causas principais: a) a forma evoluída da filosofia católica e o catolicismo é, ainda, força espiritual considerável; b) a diminuição do prestígio dos grandes sistemas, fundados na ciência, como o positivismo e o evolucionismo, que dominaram as altas esferas da inteligência humana. Essa diminuição de prestígio dos grandes sistemas filosóficos, por sua vez resulta de duas causas: 1º.) a orientação que tomou a ciência que absorvida em suas surpreendentes pesquisas particulares, desinteressou-se das especulações filosóficas, criadoras da unidade racional do saber e da vida, no indivíduo e na espécie; 2º.) ainda que não tenha desaparecido a raça dos filósofos, nenhum é, atualmente, gênio universal, de tão alto poder iluminante, como Aristóteles, Kant e Comte, capaz de sintetizar os conhecimentos de seu tempo e, com esses conhecimentos, elaborar uma construção filosófica, em condições de operar a convergência dos espíritos. E, como a inteligência humana é atraída para as generalizações superiores, que organizam concepções de mundo, o espiritualismo renovado veio ao encontro dessa necessidade mental e, ao impulso da Escola de Louvain, abriu esanchas para o neo-tomismo (MENEZES e AZEVEDO, 1959, p. 147)

Paim (2000, p. 10-11) assim explica o surgimento do neotomismo no Brasil:

> A proclamação da República logo a seguir (1889), promovendo a separação da Igreja do Estado, levou a que o tradicionalismo assumisse feição nitidamente política. Graças à ação do então Cardeal Arcebispo do Rio de Janeiro, D. Sebastião Leme (1882-1942) e de Jackson de Figueiredo (1891-1928), nos anos vinte, a situação da Igreja é de grande prestígio no meio intelectual. Verifica-se então, entre as décadas de trinta e cinquenta, um curioso fenômeno denominado surto tomista, consagrador de uma situação absolutamente artificial. Aparece no Brasil uma corrente de filosofia dita neotomista, que domina o ensino da disciplina na Universidade, alimenta significativo movimento editorial e reúne uma quantidade de pessoas como nunca se vira nessa esfera do saber, tendo um pesquisador arrolado cerca de 150 "filósofos" dessa vertente. Nos anos sessenta o fenômeno desaparece sem deixar rastro. (...) Na verdade, tratava-se de uma instrumentação da filosofia para fins políticos.

Essa vinculação de Clóvis Beviláqua ao neotomismo não pode ser comprovada somente pelo teor da carta, e não encontramos respaldo em nenhum outro autor[65] (PAIM, 2000, p. 102-132; COSTA, 1956a e 1956b).

---

65 PAIM (2000), com capítulo específico sobre o tema do tomismo e neotomismo no Brasil, escolas filosóficas ligadas ao pensamento católico, enumera, entre seus destaques, Leonardo van Acker, Urbano Zilles, João de Scantinburgo (adepto de Blondel), Monsenhor Emílio Silva, José Pedro Galvão de Sousa e Don Odilão Moura.

Em “Pensamento político”, chama-se a atenção para o desinteresse de Clóvis Beviláqua pela política partidária – notando que, na única vez em que ocupou cargo eletivo, foi como deputado na Assembleia Constituinte do Ceará, em 1891, tendo renunciado ao mandato por não aceitar a recusa pela maioria do Legislativo para realizar um plebiscito no estado após a derrubada do governador José Clarindo de Queiroz por Deodoro da Fonseca, em 1892 (MENEZES e AZEVEDO, 1959, p. 149-150).

Os biógrafos comparam tal característica presente no jurista e em Machado de Assis, identificando ambos como escritores e justificando o desinteresse pela supremacia da tarefa criadora, um no direito, outro nas letras.

Tal desinteresse não caracteriza simples absenteísmo, pois como jurista foi um convicto liberal, defensor do sistema republicano, da democracia e das liberdades, se não como um arrebatado militante, como um sereno e firme “apóstolo” (MENEZES e AZEVEDO, 1959, p. 152).

A última parte do capítulo, “Movimentos sociais no Brasil”, elenca as tensões e mudanças do final do século XIX e início do XX que marcaram a formação do biografado.

Os biógrafos se utilizam de dois momentos, um “de formação” e outro “de madureza”, para caracterizar o envolvimento do personagem com o seu tempo em termos políticos: a Guerra do Paraguai e a Revolução de 1930.

A escolha desses dois momentos é um reducionismo simplista que reflete certo vício de um paradigma de biografia infelizmente recorrente de que uma vida é, usando uma analogia visual reduzida de uma pintura, um exercício de “ligue os pontos” em que as sutilezas e as densidades da imagem são desconsideradas e, a partir da ligação hierarquizada entre certos aspectos e fatos (pontos privilegiados), se obtém uma imagem na qual se perderam as cores (as nuances e os vários significados que um mesmo aspecto ou fato podem oferecer) e a perspectiva (a percepção de que qualquer objeto é contemplado de forma diferente de acordo com a posição do observador).

Dentro dessa perspectiva, a Guerra do Paraguai ampliou as contradições internas do regime monárquico, o que explica no jovem Clóvis Beviláqua a defesa do abolicionismo e do regime republicano; e a Revolução de 1930 permite ao maduro jurista se manifestar a favor da democracia e da ordem constitucional.

Com certeza, como indivíduo, cidadão e jurista, a percepção política do biografado não se justifica ou se manifesta somente nesses dois momentos – e a própria biografia aponta isso em diferentes passagens, como na renúncia à Constituinte do Ceará, que se relaciona com o autoritarismo da República da Espada; nas discussões internas sobre o Código Civil e que carregam sentido político e social; na recusa ao cargo de ministro do Supremo, durante o governo Hermes da Fonseca, que poderia se relacionar com valores civilistas, entre outros; mas poderia (e deveria) ser resgatada sua relação com momentos como Canudos, o cangaço, a Revolta da Vacina, o civilismo, o Contestado, a Revolta da Chibata, as greves de 1917, o tenentismo, entre outros eventos, para ficarmos naqueles já tradicionalmente destacados nos bancos escolares, para pelo menos fazer jus ao título do tópico.

No que se refere à Revolução de 1930, a narrativa dos biógrafos é francamente antivarguista: "a agitação se processara e vencera, sob inspirações personalistas, cifrando-se de mera substituição de homens que disputavam o poder", e alguns "reformadores institucionais", que "agiram de boa fé", na realidade foram seduzidos por "enganosas miragens que incipiente preparo alimentara" (MENEZES e AZEVEDO, 1959, p. 159).[66]

Com base no texto de uma palestra, apresentada durante a Conferência Nacional de Juristas, em 1933, pontuam-se restrições de Clóvis Beviláqua ao fortalecimento do Executivo ("não podemos hesitar entre a democracia e o estatismo"), ao corporativismo (a representação classista "não tem visão geral dos interesses coletivos [...] porque o sentimento particular sôbre elas atua mais fortemente do que o geral"), ao domínio tecnocrata no governo ("a função dos técnicos é meramente informativa"), ao fascismo ("absorção do indivíduo pelo Estado", "supressão da liberdade, como perturbadora da harmonia social"), ao comunismo (em que "os dominados passam a ser dominantes, com rigor maior no exclusivismo; porque no chamado Estado burguês, os operários exercem direitos políticos e, nas repúblicas soviéticas os burgueses não são eleitores, nem elegíveis"), e à defesa da "democracia liberal, federativa, orientada pela justiça" (MENEZES e AZEVEDO, 1959, p. 161-162).

Em artigo intitulado "Reflexões de um jurista", de 1937, quando a ANL e a AIB se digladiavam, Clóvis Beviláqua afirma:

> Muitos entendem que a crise social se há de dominar pelo estatismo, pela ditadura, pelo sacrifício da liberade civil e política, asfixiando o indivíduo, em nome de altos interesses da coletividade, submentendo o povo à vontade de um chefe, mais ou menos discricionária, de um chefe.

---

66 Essa leitura do passado pode refletir a valorização da redemocratiização pós-Vargas ou a memória institucional do período mantida pelos grupos jurídicos o que seria curiosamente contraditório, pois a profissionalização e o modelo de gestão do grupo pela Ordem dos Advogados do Brasil surge a partir de 1930, quando André de Faria Pereira, Procurador-Geral do Distrito Federal e sócio do Instituto dos Advogados, apresentou a Osvaldo Aranha, Ministro da Justiça de Vargas, a necessidade de modificar a organização da Corte de Apelação, para maior agilidade da prestação jurisdicional e incluiu dispositivo criando a OAB, e o Consultor-Geral da República, Levi Fernandes Carneiro, que também era o Presidente do Instituto dos Advogados Brasileiros, emitiu parecer que foi aprovado sobre a regulamentação da mesma. (MATTOS, 2011)

Mas não pode estar certo êste modo de ver. (MENEZES e AZEVEDO, 1959, p. 162-163)

Em termos grupais, morto Rui Barbosa[67] em 1923, Clóvis Beviláqua torna-se o grande símbolo de identidade e legitimação dos advogados como elite intelectual e parte integrante do jogo político no país, e se suas ações institucionais não permitem de forma plena essa identificação, sua produção intelectual poderia oferecer tal legitimação.

No ano de seu centenário, entre as diversas comemorações e homenagens, a Biblioteca Nacional organizou uma grande exposição, de 28 de setembro a 10 de outubro de 1959, para honrar a memória do jurista, sendo elaborado um cuidadoso catálogo que apresentava a documentação e a bibliografia sobre as origens, a produção bibliográfica em Filosofia, Literatura e História, suas cartas, assim como diplomas e medalhas que ainda não foram explorados por pesquisadores interessados.[68]

Temos, ainda, "Trabalhos jurídicos", em que, em 52 páginas, os biógrafos expõem as contribuições do jurista ao Direito de Família, das Sucessões e das Obrigações, à Teoria Geral do Direito, ao Direito Internacional e ao Direito das Coisas.[69]

A produção do jurista nessas áreas se espalha em livros, pareceres, artigos e apreciações, formando um significativo volume de fontes.

Direito de Família, título de livro lançado em 1896, foi a obra que lhe deu destaque inicial como sistematizador do direito, e tinha como objetivo rever e atualizar alguns conceitos de obra clássica sobre o tema (e com o mesmo títu-

---

67 Sobre a panteonização e o ritual fúnebre de Rui Barbosa, ver GONÇALVES (2000).

68 A exposição foi organizada por Ilda Centeno de Oliveira (documentação) e Lygia Fernandes da Cunha (iconografia), estando o catálogo disponível no acervo digitalizado da instituição: <http://objdigital.bn.br/acervo_digital/div_iconografia/icon1285803.pdf>. Acessado em: 06/01/2012.

69 Os ramos do direito buscam estabelecer regulamentação sobre temas correlatos, assim, o Direito da Família define e regulamenta relações jurídicas ligadas à estrutura, organização e proteção da família, como filiação, casamento, divórcio e temas afins; o Direito das Sucessões se refere à transmissão de bens, direitos e obrigações em decorrência da morte, abrangendo particularmente questões de filiação, testamento e herança; o Direito das Obrigações, por sua vez, define os vínculos jurídicos entre credor e devedor; a Teoria Geral do Direito busca traçar conceitos que possam ser aplicados a todas às áreas jurídicas; o Direito Internacional ou Direito Internacional Público discute as relações externas dos atores que compõem a sociedade internacional, ou seja, as formas de interação dos Estados Nacionais entre si e com as organizações internacionais – observe-se que a disciplina dedicada ao estudo do conflito de leis no espaço é chamada Direito Internacional Privado; e, finalmente, o Direito das Coisas é um ramo do Direito Privado que define os direitos de propriedade e sua transmissão.

lo), de autoria de Lafayette Rodrigues Pereira, escrita em 1869, quando no país ainda não havia o casamento civil.

O livro, um trabalho de legislação comparada, tendo como elemento estrutural a abordagem histórica e comparativa, recebeu premiação da Faculdade de Direito do Recife pela inovação no método e a possibilidade de sua utilização para ensino e estudo.

Uma inovação significativa é a discussão sobre o divórcio, pois embora se manifeste como antidivorcista, ao final do texto publicado na *Revista da Faculdade de Direito de Recife*, em 1896, transige e admite a sua existência: "Com a máxima parcimônia, nos casos graves e taxativamente limitados pela lei, interdizendo-se ao cônjuge culpado contrair novas núpcias" (MENEZES e AZEVEDO, 1959, p. 172).[70]

Direito das Sucessões, o livro homônimo de Clóvis Beviláqua, é incensado como obra monumental (juntamente com os outros dois livros: *Direito de Família* e *Direito das Obrigações*) que antecipou algumas das ideias do Código Civil de 1917, como, por exemplo, a garantia da sucessão do cônjuge sobrevivente e o limite do arbítrio do testador ao estabelecer princípios que privilegiam minimamente certos herdeiros ascendentes e descendentes (MENEZES e AZEVEDO, 1959, p. 173-178).

Elogios também são usados em *Direito das Obrigações*, pois o livro homônimo, de 1895, era voltado aos "catecúmenos" (substantivo que alguns dicionários identificariam como "indivíduos que acabaram de ser admitidos em algum círculo ou instituição; neófitos") e a obra apresentaria clareza e inovação no que se refere ao contrato como autonomia das vontades e segurança das relações jurídicas – embora na época de seu lançamento, o livro tenha colhido algumas críticas pelo excesso de teoria e filosofia em contraste com o "direito vivo" (MENEZES e AZEVEDO, 1959, p. 179-184).

---

70 O tema delicado do divórcio também aparece no livro *Impressões* (1930), de Amélia Beviláqua, que reproduz entrevista da autora para jornalista sobre o tema, sendo que a entrevistada não se posiciona de forma clara, equilibrando-se entre a defesa da independência das feministas e o cuidado em não afrontar os preconceitos da época, fazendo a apologia da família bem constituída e da união pelo bem dos filhos. E, novamente, em conferência proferida em 22 de outubro de 1931, Amélia Beviláqua discorre sobre o voto feminino, mas ao final de sua exposição "faz um relato pitoresco sobre um cliente que procurou seu marido para separar-se de sua mulher. Segundo Amélia, ele era louco, falava mal da mulher, mas não a largava... De fato, o leitor fica sem saber qual a posição de Amélia quanto ao divórcio. Ora afirmava que, se a mulher era tudo aquilo de ruim que o homem dizia dela, era melhor se divorciarem. Por outro lado, Amélia revelou em público que Clóvis afirmara na ocasião em que foi procurado pelo marido desgostoso que não se metia em negócios de família" (NEDER, 2002, p. 14).

No tópico "Teoria Geral do Direito", chamam a atenção para o livro do autor intitulado *Teoria geral do Direito Civil*, de 1908, em uma coleção de trechos compilados de elogios desmedidos que atribuem ao texto epítetos e adjetivos como ""maravilha de cristalinidade e limpidez", "palavras (...) que podem ser pesadas como diamantes", "clareza solar", "simplicidade sem plebeísmo", "castiça compostura de expressão", entre outros.

A importância do texto estava em dissipar algumas das críticas recebidas pelo *Projeto do Código Civil*, que fora tão duramente criticado por Rui Barbosa, reafirmando os aspectos doutrinários do texto para uso dos aplicadores e intérpretes da lei (MENEZES e AZEVEDO, 1959, p. 185-190).

Clóvis Beviláqua foi consultor jurídico do Ministério das Relações Exteriores entre 1906 e 1934, tendo sido autor de uma obra publicada em dois volumes com mais de mil páginas em 1910 e 1911, intitulada *Direito Público Internacional* (MENEZES e AZEVEDO, 1959, p. 191-202).

Essa obra, dedicada ao Barão do Rio Branco, com quem mantinha vínculos de amizade, afirma o Direito Internacional como resultado de costumes jurídicos, tratados, convenções e acordos que se estabelecem entre Estados regularmente organizados, defende a autodeterminação dos povos e a igualdade de direitos e obrigações para todos os Estados perante a comunidade internacional.

Em 1920, por meio do Ministério das Relações Exteriores, foi convidado para participar do comitê de juristas encarregados pela Sociedade das Nações de preparar o projeto da Corte Permanente de Justiça Internacional, que se reuniria em Haia entre junho e julho daquele ano, sendo que Clóvis Beviláqua se dispôs a colaborar com o envio de trabalhos, mas se disse impossibilitado de sair do país, enviando posteriormente um projeto de constituição da Corte de Justiça Internacional.[71]

O Direito Internacional Privado, que se diferencia do Direito Internacional Público por seu objeto, pelo sujeito das relações jurídicas, pelas suas fontes e por seus processos, nos quais os interesses privados (individuais) são tratados, é tema de livro específico, publicado em 1906 (MENEZES e AZEVEDO, 1959, p. 203-209).

Essa área do direito regularia, por exemplo, a vida dos imigrantes que vieram para o Brasil e conservaram a cidadania de origem, embora vivendo no país. Clóvis Beviláqua reconhecia claros limites legais para o Estado e para o indivíduo nessa situação, permitindo o cunho de extraterritorialidade

71 Mediante a recusa de Clóvis Beviláqua em participar, o Brasil enviou Raul Fernandes, jurista e diplomata que já atuara representando o Brasil como delegado plenipotenciário na Conferência de Paz de Paris (1919), na Comissão de Reparações (1919-1920) e na Assembleia da Sociedade das Nações. Posteriormente, Raul Fernandes foi ministro das Relações Exteriores do Brasil nos governos de Dutra e de Café Filho.

às leis pessoais do estrangeiro, ou seja, aquelas que se referem à capacidade civil, aos direitos de família, às relações pessoais dos cônjuges e ao regime de bens no casamento.

E, finalmente, há *O Direito das Coisas*, livro homônimo editado somente em 1941, com quase 800 páginas divididas em dois volumes que tratam das teorias da posse, da propriedade, do direito autoral, dos direitos de gozo sobre coisas alheias, dos direitos reais de garantia em geral, do penhor, da consignação de rendimento, da hipoteca e do registro de imóveis (MENEZES e AZEVEDO, 1959, p. 211-215).

O inevitável capítulo sobre o Código Civil Brasileiro faz referência ao processo de codificação civil levado a cabo pelo jurista no início do século XX, tema abordado no capítulo 2 do presente trabalho.

Menezes e Azevedo (1959, p. 219-304) abordam o tema e descrevem o processo de aprovação do Código Civil Brasileiro ao longo dos quinze anos de trâmites em doze capítulos: "As ordenações do reino", "O consolidador das leis civis", "Infrutíferas as tentativas", "Afinal o codificador", "Das codificações do Direito", "A unificação do Direito Privado", "De abril a outubro de 99", "Tramitações legislativas: autêntica *via crucis*", "Debates finais na Câmara", "Ruidosa perlenga gramatical", "Marcha penosa no Senado", "Coroada a obra".

Em "As ordenações do reino" é apresentada a forma como a legislação lusa ("esparsa, antinômica, desordenada e numerosíssima") se manteve sendo utilizada no país após a independência, pela inexistência de codificação específica, devido a "delongas legislativas" (MENEZES e AZEVEDO, 1959, p. 219-225).

Na ausência de um código civil e de um código criminal, a legislação local eram as *Ordenações filipinas*, que foram promulgadas em 1603 por Felipe III, reformando a legislação manoelina, e que continha cinco livros que versavam sobre, respectivamente: a organização judiciária, relações entre Igreja e Estado, processo civil, direito civil e direito criminal.[72]

A codificação criminal e do processo criminal no Brasil foi feita na década de 30 do século XIX, com mudanças significativas, como a eliminação de penas atrozes como o tormento, a tortura, as mutilações, as marcas de fogo, os açoites, o degredo, a condenação de apóstatas, hereges e blasfemos, entre outros aspectos.[73]

Em "O consolidador das leis civis", os autores narram a tentativa de codificação levada adiante por Teixeira de Freitas, desde a Consolidação do Direito Privado, entre 1855 e 1858, até o gigantesco esboço de um projeto,

72 O Código Civil Português, superando as Ordenações Filipinas, foi promulgado em 1867.

73 O Código Criminal é de 1830; o Código do Processo Criminal, de 1832; o Código Comercial, de 1850; e o Regulamento 737, sobre o processo comercial e civil, também de 1850.

com quase cinco mil artigos, que foi descartado após rescisão de contrato do jurista com o governo, em 1872.

Clóvis Beviláqua reconheceu o mérito do trabalho, mas criticou a minúcia, reflexo da ambição de "traduzir as relações de direito, em todas suas infinitas variedades, por um preceito legal", que foi mais longe do que convinha a uma obra legislativa (MENEZES e AZEVEDO, 1959, p. 230).

A dificuldade atribuída à codificação civil por Teixeira de Freitas se relaciona ao *status* da questão escravista, que para o jurista deveria receber uma codificação especial[74], no entanto, embora não tenha conseguido produzir um novo código, a *Consolidação* e o *Esboço* (o projeto) vão contribuir para o processo.

Em "Infrutíferas tentativas", os esforços de codificação de Nabuco de Araújo, Felício dos Santos e Coelho Rodrigues são abordados de forma panorâmica. O primeiro veio a falecer antes do término da tarefa, o segundo criou um texto "Apontamentos para o Projeto do Código Civil Brasileiro" não condizente com o necessário, e o projeto do terceiro não foi aceito pelo governo de Floriano Peixoto (MENEZES e AZEVEDO, 1959, p. 235-239).

Sobre o projeto de Coelho Rodrigues, que recusado pelo Executivo foi submetido como projeto de lei ao Senado, sendo aprovado condicionado a receber revisão para ajustes, Clóvis Beviláqua avalia que era: "Trabalho de incontestável merecimento, estava perfeitamente, nas condições de se converter em lei, depois de revisto, nos têrmos da resolução do Senado" (MENEZES e AZEVEDO, 1959, p. 238).

É após essas tentativas, que "desafiaram a capacidade e o esforço de várias gerações de juristas", que cabe o convite do governo Campos Sales, por meio do ministro da Justiça, Epitácio Pessoa, a Clóvis Beviláqua para a construção do Código Civil, o que é tratado em "Afinal o codificador" (MENEZES e AZEVEDO, 1959, p. 240-246).

O convite coloca Clóvis Beviláqua, reconhecido mais por aqueles oriundos da faculdade de Direito do Recife, em evidência e este recebe críticas de Inglez

---

74 Durante o século XIX, em um ambiente no qual ocorriam vários processos de codificação na América Latina, quatro tentativas de codificação civil não foram bem-sucedidas no país, incluindo três do Império, como os projetos de TEIXEIRA DE FREITAS (1859), NABUCO DE ARAÚJO (1872) e FELÍCIO DOS SANTOS (1881), e uma já na República de COELHO RODRIGUES (1893). A historiografia jurídica e a historiografia política brasileiras tendem a identificar diferentes causas para explicar a dificuldade de codificação, com ênfase na questão da escravidão e na análise do processo legislativo. Sobre codificação e escravismo no século XIX, vide FONSECA (2006), GRINBERG (2002), LACOMBE (1985) e PENA (2001).

de Souza e de Rui Barbosa,[75] ambos juristas e membros da Academia Brasileira de Letras, sendo que o primeiro acusava as codificações civis de "admiráveis instrumentos de tirania", afirmando ser desnecessário o Código Civil e classificando Clóvis Beviláqua como "emérito jurisconsulto-filósofo, mais filósofo que jurisconsulto", que faria uma junção entre preceitos italianos e alemães, distantes da realidade brasileira; já o segundo afirmava que a escolha do jurista cearense "foi um rasgo do coração, não da cabeça", pois mesmo com "as suas prendas de jurisconsulto, lente e expositor, não reúne todos os atributos, entretanto, para essa missão, entre todas melindrosa", pois falta-lhe madureza, consagração, autoridade e a ciência da linguagem (MENEZES e AZEVEDO, 1959, p. 244-245).

A polêmica e suas origens já foram abordadas em capítulo anterior do presente trabalho, portanto, conservar-nos-emos limitados aos aspectos que Menezes e Azevedo (1959, p. 245-246) trazem desse embate, classificando a crítica de Rui Barbosa como "iníqua e infundada catilinária" nascida a partir da antipatia pessoal contra Epitácio Pessoa, do viés oposicionista no campo político-partidário, ou ainda, do orgulho ferido de ser preterido na escolha.

Em "Das codificações do Direito", os autores apresentam alguns pontos da polêmica sobre a necessidade ou não de uma codificação civil, com trechos de dois textos de Inglez de Souza contrários e dois de Clóvis Beviláqua favoráveis à ideia (MENEZES e AZEVEDO, 1959, p. 247-252).

A "unificação do Direito Privado" se refere à ideia presente entre juristas brasileiros que defendiam um único código que incorporasse o Direito Civil e o Direito Comercial, desde a proposta de unificação feita por Teixeira de Freitas. E, posteriormente, em 1910, durante a tramitação do projeto de Clóvis Beviláqua, o ministro da Justiça, Rivadávia Côrrea, incumbiu Inglez de Souza de elaborar um Código de Direito Privado dedicado a matérias comerciais e civis (MENEZES e AZEVEDO, 1959, p. 255), sendo que Clóvis Beviláqua defendeu a existência independente das duas codificações, tendo sido sua perspectiva vitoriosa, mostrando tal proposta como uma "involução" e "questiúncula superada e incômoda" (p. 256-260).

"De abril a outubro de 99" é tópico sobre a contextualização do texto construído nesse período, justificando, a partir de apresentação intitulada "Observações para o esclarecimento do Código Civil Brasileiro", que o jurista fez acompanhar o projeto, a própria codificação, a estrutura escolhida e os conteúdos doutrinários afirmados pelo legislador.

Menezes e Azevedo (1959, p. 266-268) atribuem ao projeto um caráter doutrinário "nitidamente progressista", embora outros analistas tenham feito críticas di-

75 Ambos formados pela Faculdade de Direito de São Paulo, embora Inglez de Souza (assim como Rui Barbosa) tenha começado o curso em Recife.

versas. Não há dúvida de que, em comparação com o direito anterior, foram apresentadas inovações, como a proposta de equiparar a "mulher casada" ao marido, retirando-lhe a incapacidade relativa; a inclinação pelo reconhecimento indistinto de filhos ilegítimos; a não permissão do divórcio no país, mas o reconhecimento da dissolução do vínculo matrimonial quando legalmente efetuada no estrangeiro; a proposição da "perpetuidade do direito autoral"; a prioridade hereditária do cônjuge sobrevivente em relação aos colaterais, entre outros pontos.

O capítulo "Tramitações legislativas, verdadeira *via crucis*", trata das apreciações diversas a que foi submetido o "Projeto Beviláqua". Após revisão efetuada por comissão específica nomeada pelo Ministério da Justiça, o projeto foi enviado ao Congresso, o que deu início a disputas sobre tramitação, na qual parte do Legislativo tentava afirmar sua autonomia em relação ao Executivo.

Diversos pareceres apresentaram-se, dentro e fora do Legislativo, como alguns originados no Instituto de Advogados Brasileiros, de Nina Rodrigues ("O alienado no Direito Civil Brasileiro" e "Apontamentos Médico Legais"); nas Faculdades de Direito de Minas Gerais e do Rio de Janeiro, de Coelho Rodrigues; de tribunais diversos, entre outros.

Entre os diversos pareceres, o de Antonio José Rodrigues Torres Neto, presidente do IAB entre 1892 e 1893, sobre a parte geral do texto, embora enumerasse detalhes inexpressivos, foi extremamente crítico:

> É pesaroso devo dizer que, antes as Ordenações, a despeito de três séculos de existência, do que o projeto, que, apresentado ao govêrno, foi objeto de exame: deficiente, obscuro, com redação gramatical e jurídica detestáveis, sendo cópia sem crítica, deste ou daquele código, não haverá exagero em se asseverar que o referido projeto será tudo menos um projeto do Código Civil. [...] O projeto não poderá ser corrigido, tais os seus defeitos. (MENEZES e AZEVEDO, 1959, p. 272-273)

Uma comissão de notáveis, com 21 membros do Legislativo, foi escolhida para estudar e rever o projeto apresentado, sendo que a corrente tradicionalista liderada por Domingos de Andrade Figueira, deputado, jurista e conselheiro do Império, defendia a presença de elementos das ordenações; e a corrente progressista, liderada pelo próprio Clóvis Beviláqua, defendia novas ideias e a adaptação de leis já em uso por outros Estados.

É pelo embate entre essas duas tendências que o texto se define, o que não permite atribuir qualquer perfil conservador ao projeto, somente ao trabalho do jurista cearense.[76]

---

76 NEDER (2002, p. 8) afirma: "Clóvis Bevilácqua elaborou um projeto nada retrógrado; sendo mesmo avançado para a época. Continha disposições sobre trabalho doméstico, filiação natural, situação da mulher, casamento e outros. Segundo Sílvio Meira, as resistências, sobretudo do Conselheiro Andrade Figueira, fizeram perder um pouco

A comissão de notáveis enviou o resultado de seu trabalho para a avaliação do Congresso em janeiro de 1902, sendo o texto aprovado com ligeiras modificações em março do mesmo ano, quando foi remetido ao Senado para nova apreciação.

O Senado, por sua vez, será palco da "Ruidosa perlenga gramatical", quando uma comissão de senadores, que recebera o texto em 22 de março, vir a apresentação, em 3 de abril, por seu relator, Rui Barbosa, de um alentado parecer com mais de 500 páginas com numerosas emendas de redação destinadas à correção de deslizes gramaticais, neologismos, cacófatos, galicismos, entre outros ajustes vernaculares e literários, o que dará início à intensa disputa filológica e política (MENEZES e AZEVEDO, 1959, p. 281-290).

O parecer de Rui Barbosa ganha notoriedade, dá início à enorme polêmica que envolve legisladores e extrapola o ambiente jurídico, espalhando-se no meio cultural e literário, obtendo apoio do gramático português Cândido de Figueiredo, que elogia a iniciativa do senador baiano com artigo intitulado "Lição aos legisladores".

Anísio de Abreu, membro da comissão de notáveis, publica texto em que critica veementemente o parecer de Rui Barbosa, elencando questões de ética, de trâmite legislativo e de linguagem, e o eminente filólogo Eduardo Carneiro Ribeiro, que havia assessorado a comissão de notáveis, produz longo e erudito trabalho no qual afirma que ao jurista baiano faltam os mais simples requisitos de estilo, clareza, atualidade, gramática e ortografia, apontando erros no parecer e em obras anteriores deste.

O crítico literário José Veríssimo ironizou a contenda como exercícios de "pura gramatiquice e decinorice", que somente demonstravam a inconsistência, incoerência, indisciplina, desordem e anarquia da gramática da língua portuguesa.

Clóvis Beviláqua, por sua vez, escreve "Em defesa do Projeto do Código Civil". Ele defende o restabelecimento da discussão da dimensão jurídica do texto, para além das questões bizantinas da gramática, sendo "inconsequência injustificável preterir a essência pela forma".

Posteriormente, Francisco Cavalcanti Pontes de Miranda, em seu *Fontes e evolução do Direito Civil brasileiro* (1928), vaticina:

---

sua força renovadora. Sublinhe-se que Silvio Meira poupa Rui Barbosa de críticas mais duras. De fato, a tática de Rui Barbosa funcionou e seu ataque à qualidade da redação do código teve pregnância social e a maioria dos juristas brasileiros admite que o texto final do código ficou muito melhor redigido e correto, do ponto de vista jurídico. E, neste caso, o Conselheiro Andrade Figueira aparece como o pólo de maior resistência ao projeto de Clovis, preservando-se a imagem pública de Rui Barbosa."

> Espanta que um homem que viveu de sua profissão e de sua oratória parlamentar, em lutas e questões jurídicas, pudesse chegar a esse extremo de insensibilidade às ideias, às regras, qual o de rever o projeto do Código Civil, como relator do Senado, e escrever o parecer e a réplica nos repositórios preciosos da boa linguagem portuguesa, sem se preocupar com o conteúdo dos dispositivos da futura lei civil. Daí a sua flagrante responsabilidade em errados entendimentos de artigos, como se por absurda cisão, àquele estilista, onduloso e opulento, só a forma fôsse sensível, como se as palavras fossem para ele fim puro e não meio. (MENEZES e AZEVEDO, 1959, p. 289)

Indiferente às causas do parecer de Rui e ao embate filológico e gramatical, o projeto teve "Marcha penosa no Senado", criando um relativo mutismo no mais alto nível do Legislativo, sucedendo-se comissões específicas que nada produziram[77] (MENEZES e AZEVEDO, 1959, p. 291-296).

Somente em 1915 foi "Coroada a obra", quando os esforços de codificação foram retomados, aprovando o Congresso o texto que foi promulgado pelo presidente Wenceslau Braz, em 1916, para ser o Código Civil dos Estados Unidos do Brasil a partir de 1917 (MENEZES e AZEVEDO, 1959, p. 297-302).

O texto, bastante alterado pelos legisladores ao longo dos anos, recebeu elogios elencando os méritos do projeto de Clóvis Beviláqua e críticas apontando a incompetência e ignorância dos políticos, sendo o resultado final traduzido para o inglês, o francês e o alemão.

Finalmente, a quinta parte do livro, "O jurista na intimidade", se propõe a oferecer uma visão da vida doméstica e cotidiana do jurista, transitando pela descrição de sua casa, a relação afetiva com a esposa, a forma de vida humilde, a questão religiosa, os cargos e honrarias rejeitados e o fim da vida.

A casa modesta, no bairro pobre do Andaraí, é descrita como rodeada por um jardim mal cuidado, refúgio de um homem simples e "desataviado" que se manteve constantemente enamorado de sua esposa.

O episódio da candidatura de Amélia Beviláqua à Academia Brasileira de Letras é tratado de forma superficial e descritiva, sendo caracterizada a escrito-

77 MENEZES E AZEVEDO (1959, p. 293-296) chamam a atenção para os esforços de Hermes da Fonseca, que derrotara Rui Barbosa em 1910, para que o Projeto do Código Civil fosse aprovado, sendo produzidos alguns avanços em relação ao texto final no período. Destaque-se que a tensão eleitoreira talvez também tenha contribuído para o convite do presidente a Clóvis Beviláqua para ocupar cadeira do Supremo Tribunal, convite esse do qual o jurista declinou.

ra como beletrista provinciana (pertencente à Academia Piauiense de Letras), que deixou perplexa e embaraçada a instituição com sua reivindicação.[78]

Os imortais ficaram divididos entre aqueles que entendiam que de acordo com o regimento institucional somente literatos do sexo masculino deveriam ser aceitos (como na Academia Francesa, Gouncourt e Italiana), e os que defendiam a inclusão de brasileiros – homens ou mulheres – com obras de destacado valor literário. Votaram e, por catorze votos a sete, negaram a Amélia Beviláqua o direito da candidatura.

A descrição da votação feita por Humberto de Campos mostra, mesmo que de forma ligeira e distorcida, algumas das tensões e paixões presentes na discussão:

> Aberta a sessão. Aloísio de Castro, presidente, submete à apreciação dos estatutos da casa a preliminar: deve-se, ou não, diante dos estatutos, fazer a inscrição de um candidato do sexo feminino? Há opiniões, favoráveis, em virtude de compromissos tomados recentemente em entrevistas à imprensa, quando procuraram tornar-se amáveis com as mulheres. Adelmar Tavares é desse número. Luis Carlos confessa: Que hei de fazer, meu velho? Eu sou contra; mas já disse publicamente que era a favor. Agora, tenho que sustentar o que disse... Afonso Celso é favorável porque Maria Eugênia, sua filha, é candidata. Sincero, unicamente Augusto Lima, que se apega, aliás, a um argumento digno de sua mentalidade, formada em Minas em 1882: descobre ele que, gramaticalmente, quando se diz "brasileiros", significa indivíduos de ambos os sexos nascidos no Brasil. Constancio Alves lê um voto contrário, interessantíssimo e virtuoso. Dou a minha opinião: Não se trata de interpretação gramatical, mas de interpretação histórica. Urge, pois, que os fundadores da Academia, sobreviventes, informem o espírito com que foi redigido aquele artigo dos estatutos. Coelho Neto informou que, num encontro com Lúcio de Mendonça, este, referindo-se à pretensão de uma poetisa do tempo, lhe dissera que a Academia era séria, e não admitia mulheres. Silva Ramos, na sua qualidade de membro da primeira diretoria, depõe, batendo nervosamente na mesa da sua bancada: Eu posso dizêre, e afirmáre, que, quando votamos os estatutos, e escrevemos a palavra brasileiros," nos referimos unicamente a brasileiros "macho"! Riso alegre, de todos. E a inscrição de D. Amélia

78 RODRIGUES (2003) analisa os primeiros anos da Academia Brasileira de Letras (1896-1913), identificando as tensões decorrentes de disputas políticas e estéticas que produziram "insuperáveis discordâncias e ácidas recriminações". FANINI (2009) estuda a perspectiva "androcêntrica" da relação da Academia Brasileira de Letras com as mulheres escritoras, entre 1897 e 2003, abordando desde a exclusão de Júlia Lopes de Almeida do rol de agremiados por ocasião da fundação da instituição (1897), passando pela negativa a Amélia Beviláqua (1930), chegando à alteração dos estatutos para a aceitação da presença feminina (1976), até a presença de Rachel de Queiroz, Dinah Silveira de Queiroz, Lygia Fagundes Telles, Nélida Piñon, Zélia Gattai e Ana Maria Machado (2003).

> é recusada por quatorze votos contra sete, com grande alivio mesmo dos que votaram a favor (CAMPOS, Humberto. "Diário secreto". *O Cruzeiro*, v. 2, 1954, p. 29-30)[79]

O episódio permitiu diversas manifestações de descaso, chacota e sexismo por parte dos imortais, como no diálogo narrado por Venâncio Filho (2006, p. 16), entre Roquette-Pinto e Ataulfo de Paiva, no qual o primeiro se diz favorável ao ingresso de mulheres na ABL, desde que maiores de 45 anos, e o segundo pergunta onde seria possível encontrar mulheres que confessassem ter mais de 45 anos; ou, segundo Fanini (2009, p. 213-216), também quando Constâncio Alves e Silva Ramos defenderam a fundação de instituições exclusivamente femininas (fazendo um paralelo com os conventos), e Rodrigo Octávio definiu a situação como uma "consulta saial", ou Olegário Mariano perguntou qual vestimenta as mulheres usariam se fossem admitidas (colocando o hábito de freira ou o quimono japonês como opções).

MENEZES e AZEVEDO (1959, p. 310) afirmam que, em relação ao valor literário da produção de Amélia Beviláqua entre a crítica literária, "há os que a louvavam, exageradamente, e os que opõem restrições aos temas, inexpressivos ou por vezes ingênuos"[80], embora a reconheçam como uma das pioneiras de literatura feminina no país (juntamente com Úrsula Garcia, Júlia Lopes de Almeida, Alba Valdez, Gilka Machado, Rosália Sandoval, Maria Clara da Cunha Freire, e outras).

Os elogios e as ressalvas não permitem uma avaliação dos reais méritos da obra, que mesmo incensada por Silvio Romero, Araripe Júnior ou Rocha Pombo, foi criticada por Humberto de Campos e Agripino Grieco, entre outros.

---

79 João Ribeiro, em seu livro *Crítica*, afirma que na votação sobre a aceitação de Amélia Beviláqua na ABL votaram a favor Afonso Celso, Augusto de Lima, Ademar Tavares, Fernando de Magalhães, Laudelino Freire, Felix Pacheco, Medeiro de Albuquerque, Luís Carlos e o próprio João Ribeiro, totalizando nove votos contra quinze ou desesseis, enquanto a autora, em seu livro sobre o tema (assim como Humberto de Campos em seu *Diário Secreto*) registra sete votos a favor e quatorze votos contra (MENDES, 2006, p. 171). FANINI (2009, p. 212) afirma que votaram a favor da elegibilidade feminina "Laudelino Freire, João Ribeiro, Augusto de Lima, Ademar Tavares, Fernando de Magalhães, Luiz Carlos e João Ribeiro", e contrários "Aloísio de Castro, Gustavo Barroso, Olegário Mariano, Afrânio Peixoto, Alberto Oliveira, Coelho Neto, Constâncio Alves, Dantas Barreto, Goulart de Andrade, Humberto de Campos, Luís Guimarães Filho, Ramiz Galvão, Roquette-Pinto e Silva Ramos".

80 FALCI (2001) afirma que "[a obra de Amélia] É uma produção ficional [sic], tida como feminista, de carácter bem independente que nada se assemelha a que está sendo produzida pelas mulheres na época. [...] Fosse influenciada ou não por Clóvis, o certo é que a produção de Amélia era nitidamente superior às que estavam em moda e escrita pelas mulheres e dedicadas às mulheres." (p. 2-3)

É possível a percepção de duas dimensões importantes: a questão de gênero, sendo a literatura feminina vista como algo menor[81], e as formas de sociabilidade do mundo literário da Belle Époque no país, em que a avaliação subjetiva da apreciação ou depreciação da obra se ligava tanto aos vínculos de afeto ou desafeto quanto a aproximações institucionais ou disputas políticas e estéticas.

Como exemplo da forma como essas relações se processavam, muitas vezes podemos utilizar o relato de Humberto de Campos sobre o episódio da candidatura de Amélia Beviláqua para a ABL, no qual o acadêmico João Ribeiro haveria dito:

> Vejam vocês se podem salvar a Academia, votando contra, porque eu sou obrigado a votar a favor. (...) O diabo da mulher é muito minha amiga, cerca minha família de muito carinho, e eu não quero fazer novas inimizades..." ("Diário Secreto", quarta-feira, 29 de maio de 1930, *apud* MENEZES e AZEVEDO, 1959, p. 311)[82]

Ou, ainda, na descrição feita por Adolfo Caminha sobre os rituais de apresentação do literato para seus pares:

> Há quase sempre, direi mesmo sempre, má vontade para os que ousam estrear na literatura sem uma carta, sem um bilhete de apresentação, uma formalidadezinha diplomática, um pedido afetuoso, alguma causa oficial e solene. O poeta deve se mostrar humilde, "bom mancebo", um pouco tímido sem parecer tolo demais, e confessar imediatamente as suas culpas, isto é, dizer-se idólatra do Sr. Silvio Romero, admirador absoluto do Sr. Valentim Magalhães, e discípulo do Sr. Luiz Delfino. Atualmente é um bom conselho dizer o que pensa em matéria de política republicana. A política já vai penetrando no domínio da literatura e das artes. (CAMINHA, 1999, p. 18-19)[83]

---

81 Outro vício de origem na avaliação de literaturas "periféricas" – de mulheres, negros, colonizados etc. – é a utilização limitadora da ideia de "excepcionalidade", em que o indivíduo que se destaca é de tal forma uma anomalia que esta justifica a exclusão do grupo, restringindo sua visibilidade à manifestação de "dons individuais" (FANINI, 2009, p. 28).

82 Curiosa é a forma como Humberto de Campos começa a narrar o episódio: "Ao chegar à Academia, uma notícia sensacional: havia estado ali, acompanhada pelo marido, o pobre Clóvis Beviláqua, D. Amélia Freitas Beviláqua, que ali fora levar a sua carta regimental, comunicando... ser candidata à vaga de Alfredo Pujol." Porque o adjetivo "pobre" atribuído a Clóvis Beviláqua? Por ser submisso à esposa, já que esta era um "diabo de mulher" (como a adjetivara João Ribeiro)? Impedir o seu ingresso seria "salvar" a ABL de quê?

83 Na íntegra desse ensaio, intitulado "Protetorado de Midas", de 1894, CAMINHA (1999, p. 18-19) afirma que existiam três tipos de escritores: os nulos, os medíocres e os talen-

Os preconceitos de gênero que parecem ser despertados por Amélia Beviláqua também se manifestaram contra outras escritoras, destacando-se por seu nível de violência os ataques contra Gilka Machado, poetisa que enveredou pela poesia erótica e despertou rancores e ressentimentos de diversos literatos da época[84] (GOTLIB, 1982; PAIXÃO, 1990).

Trata-se do reflexo, no campo literário, das tensões do campo social, no qual uma sociedade, em acentuada transformação econômica e social devido à dinâmica de urbanização e industrialização em contraste com o século XIX, busca manter a mulher na esfera privada, espaço culturalmente afirmado como "feminino", em oposição ao espaço público, domínio do "masculino".

Nesse contexto, despertam amplas expectativas que se mostram muitas vezes contraditórias, como o fato de que a mesma mulher deve manter uma aparência agradável para o marido, administrar o lar, ser mãe dedicada e capaz de instruir suas crianças, manter o recato, controlar a frequência das relações sexuais e ser submissa (MALUF e MOTT, 1998, p. 396).

Em um período no qual pouquíssimos literatos eram capazes de viver exclusivamente da produção de obras autorais, e a imensa maioria dependia de uma rede de relações capaz de oferecer uma "base de sustentação" financeira e intelectual, a carreira literária se ancorava em três sustentáculos: "a colaboração continuada na imprensa (jornais e revistas ilustradas), a produção de obras autorais, e a inserção no serviço público em condições de interferir o mínimo possível nas atividades propriamente intelectuais" (MICELI, 1996, p. 18).

Se esses são os únicos caminhos possíveis para o sucesso artístico e/ou literário, as mulheres, em sua maioria reduzidas à condição de esposas e donas de casa, terão de se utilizar de diferentes estratégias para se moverem no interior desses limites institucionais, tendo suas obras avaliadas dentro de um gradiente que inclui referências de condescendência e misoginia.

---

tosos, caracterizando-se os dois primeiros grupos por não seguirem modelos literários já consagrados, por buscarem de forma prioritária a aceitação popular e por se submeterem ao protetorado dos autores já estabelecidos.

84 "Poetisa de imaginação ardente, transpirando paixão carnal nos seus nervos, a Sra. Gilka Machado é, contudo, segundo nos informa o Sr. Henrique Pongetti e proclamam os que lhe conhecem a intimidade, a mais virtuosa das mulheres e a mais abnegada das mães." Ou ainda, em seu *Diário Secreto*, aponta pesadas críticas a Gilka Machado de Afrânio Peixoto, descrevendo seu encontro com aquela que seria "uma mulatinha escura, de chinelos, num vestido caseiro", e que vivia "naquela alfurja, onde tudo respirava pobreza e quase miséria", ou Lindolfo Gomes, que atribuíra a sensualidade da poetisa a uma "tara da família", ou "ela é mais vitima do marido do que do sangue do avô ou do pai. Ele é um tipo repugnante e pelo que sei, é por exigência sua que a mulher escreve aqueles versos escandalosos" (PAIXÃO, 1990, p. 57-59).

A literatura feminina, identificada como fruto da intuição, do improviso e da espontaneidade, em contraste com o engenho, a técnica e o talento, que seriam atributos masculinos, enfrentou "vazios institucionais" que resultaram em "esquecimentos" que, para além das qualidades das obras, refletem a distribuição desigual de prestígio e poder de uma sociedade "androcêntrica" e de seu cânone.

Nesse sentido, o espaço privado seria o de predomínio do afetivo, em contraste com o público, em que predominaria o intelectual, sendo que a literatura feminina era percebida e desqualificada como produto circunstancial, manifestação de um capricho, esforço inútil ou simples perda de tempo (TELLES, 1997, p. 403).

Mendes (2006, p. 168-177) fez minucioso levantamento da avaliação da obra literária de Amélia Beviláqua na história literária do país[85], e constata que, no século XIX, Silvio Romero, José Veríssimo e Afrânio Peixoto não mencionam a escritora em suas obras[86]; Araripe Júnior[87], João Ribeiro[88] e Humberto de Campos[89] tecem comentários diversos; e no século XX, todos os críticos

85 "(...) selecionaram-se as Histórias literárias do século XIX, como as de Sílvio Romero, História da literatura brasileira; e de José Veríssimo, História da literatura brasileira: de Bento Teixeira (1601) a Machado de Assis (1908); Araripe Junior, Obra Crítica; João Ribeiro, Crítica e Humberto de Campos, Crítica - Primeira Série. As do século XX foram as de Ronald de Carvalho, Pequena história da literatura brasileira; Lúcia Miguel Pereira, História da literatura brasileira: prosa de Ficção. (1870-1920); Afrânio Coutinho, A literatura no Brasil; Antonio Candido, Formação da literatura brasileira (momentos decisivos); Massaud Moisés, História da literatura brasileira: das origens ao Romantismo e Literatura brasileira através dos textos; Nelson Werneck Sodré, História da literatura brasileira; Alfredo Bosi, História Concisa da Literatura Brasileira; Lúcia Miguel Pereira, História da Literatura Brasileira: prosa de ficção (1870-1920); Wilson Martins, História da inteligência brasileira e Luciana Picchio Stegagno, História da literatura brasileira" (MENDES, 2006, p. 15-16).

86 "No caso de Veríssimo e Sílvio Romero, é surpreendente a não citação do nome da autora em suas histórias, principalmente o último, pois, em várias passagens da vida da escritora, no relato de sua bibliografia, a figura do escritor é sempre mencionada, bem como a crítica positiva que ele fazia de suas obras" (MENDES, 2006, p. 168).

87 "Inicia o comentário sobre Amélia, enaltecendo o papel de esposa do jurisconsulto Clóvis Beviláqua, e o afago do lar que compartilha com os amigos. Sempre se refere à escritora como a autora de *Vesta* que, para ele, é pernambucana" (MENDES, 206, p. 168).

88 Dedica várias páginas à autora, embora com maior destaque para a vida privada da escritora, limitando-se, como crítico, a observações sobre o livro *Impressões*, no qual a autora tece considerações sobre os literatos que a haviam inspirado (entre eles o próprio João Ribeiro) e sobre o veto à Academia Brasileira de Letras.

89 Caracteriza a escritora como pouco original e o livro *Impressões* como "obra curiosa e interessante", por ser a autora esposa do famoso jurista Clóvis Beviláqua (MENDES, 2006, p. 173-174).

consultados não citam a autora, exceto Wilson Martins, que sobre o marido, Clóvis Beviláqua, aponta: "A fraqueza inocente desse homem extraordinário consistia em considerar a esposa uma escritora de talento", e sobre esta se refere ao episódio da candidatura à Academia Brasileira de Letras.

Trecho do prefácio do livro *Alcione*, de Amélia Beviláqua, assinado por Araripe Júnior, apresenta um exemplo dessa forma condescendente como a literatura feminina era tratada naquele período:

> Os pequenos contos que a Exma. sra. D. Amélia Beviláqua, por excessiva delicadeza permitiu-me ler, si nenhuma preocupação literária revelam, vêm, todavia confirmar aquele juízo; a espontaneidade de seu espírito feminil, comovido diante dos fatos que penetrando a fantasia, transformam-se no relato da ficção, mostram evidentemente onde pode chegar, o seu talento, quando assíduo nesse gênero de literatura."ARARIPE JUNIOR" (MENDES, 2006, p. 169)

E ainda Humberto de Campos, destilando misoginia em seu *Diário secreto*, avalia a literatura feminina com base na candidatura de Amélia Beviláqua para a Academia Brasileira de Letras:

> Em verdade eu não sei de nada mais parecido com um livro de uma mulher do que outro livro de mulher." [...] [Diz ainda] "a escritora e a ficção, por maior que seja o seu talento, por mais masculino que se afigure a sua mentalidade, por menos femininos que lhe nasçam os pensamentos, denunciam fatalmente as inteligências menos perspicazes a sua condição" (*apud* MENDES, 2006, p. 173-174)

Em 1929, um ano antes de se candidatar à Academia Brasileira de Letras, Amélia Beviláqua publicou um livreto intitulado *Impressões*, conjunto de textos nos quais a autora discorre sobre obras de João Ribeiro, Alberto de Oliveira, Araripe Júnior, Silvio Romero e Rodrigo Octavio, entre outros.

Embora já na apresentação a autora identifique as obras e os autores analisados como representantes de suas últimas leituras, convém assinalar que tais escolhas contemplam um número expressivo de escritores que eram membros da ABL e amigos do casal Clóvis e Amélia, e que o tom elogioso do texto coloca a obra como uma ação proposital de reafirmação de vínculos afetivos e de legitimação intelectual para preparar a sua candidatura, buscando consolidar alianças e desencorajar resistências.

Avaliando o livro *Impressões*, Humberto de Campos o qualifica como mais um "dos livros em prosa que aparecem frequentemente no Brasil sob a amável responsabilidade ou a encantadora irresponsabilidade de um nome de mulher", sendo que "dez ou vinte outras senhoras escrevem, norte a sul do país, com a mesma singeleza e o mesmo vocabulário romântico, respingado, parece em Joaquim Manuel de Macedo", considerando a obra de Amélia Beviláqua superior às outras somente porque nenhuma delas é esposa de Clóvis Beviláqua, tornando a obra um conjunto de reminiscências do casal e "o testemunho da esposa sobre uma das personalidades mais respeitadas no meio jurídico e intelectual brasileiro do século XIX e início do XX" (CAMPOS, Humberto de. Crítica – primeira série. Rio de Janeiro: José Olympio, 1935. p. 272-284, *apud* MENDES, 2006, p. 173-174).

Conclui finalmente:

> As Impressões não são, assim, uma obra literária, mas um despretensioso manual de sentimento. Livro de amizade e de intimidades, desperta, naturalmente, em quem lê um sorriso de afetuosa simpatia. E eu acredito que, na santidade da sua vida, na modéstia das suas aspirações, vivendo do afeto e para o afeto, a sra Amélia de Freitas Beviláqua não espera da crítica se não esse breve sorriso amigo, – 'que é pequenina moeda de ouro em que se faz, no mercado das letras, o comércio do coração'" (CAMPOS, Humberto de. Crítica – primeira série. Rio de Janeiro: José Olympio, 1935. p. 272-284, *apud* MENDES, 2006, p. 175)

Como afirma Fanini (2009, p. 202-203), as "considerações encomiásticas" de Amélia podem ser consideradas uma inegável "moeda de troca", pois a autora, "no lugar de uma carta ou de um pedido, tratou logo de publicar um livro, que serviu como uma espécie de preito aos escritores consagrados", equilibrando-se de forma delicada entre o público e o privado, podendo o ritual público da confissão de admiração e o exercício constrangedor da bajulação ser vistos como muito próximos.[90]

Ambicionando candidatar-se à Academia Brasileira de Letras, portanto, Amélia Beviláqua organiza *Impressões*. Após a recusa de sua candidatura pela instituição, organiza um novo livro, *A Academia Brasileira de Letras e Amélia de Freitas Beviláqua*, tendo como subtítulo "Documentos históricos e literários referentes à recusa de sua inscrição à vaga da Academia".[91]

---

90 No primeiro capítulo, sobre João Ribeiro, a autora rememora visita que com marido e filhos fez a casa da família do escritor, explicitando os vínculos de amizade existentes; no segundo, nomeia Alberto de Oliveira como "príncipe dos poetas"; no capítulo sobre Araripe Júnior, afirma possuir com o poeta vínculo semelhante ao de pai e filha; já no capítulo sobre Silvio Romero, tece elogios ao amplo talento do amigo íntimo do casal Clóvis e Amélia; e, finalmente, no capítulo sobre Rodrigo Octávio, enaltece aquele por ter ocupado a presidência da ABL (p. 203-207).

91 "Aliás, a negativa da ABL foi eclipsada pela documentação produzida pelos próprios acadêmicos, já que tanto as Atas quanto os textos que compõem o acervo da agremiação não fazem menção ao interesse de Amélia Beviláqua em integrar o grupo dos imortais brasileiros, tanto que seu nome sequer chega a ser incluído na lista de candidatos à vaga por ela pleiteada. E quanto a isso, não fosse a iniciativa da preterida em registrar o episódio e

O livro surge como um desabafo pelo revés sofrido e também como um enfrentamento aos "imortais misoginistas" e à "maçonaria das letras", reafirmando seu vínculo com o mundo literário por meio das manifestações de apoio recebidas.

Clóvis Beviláqua não só protestou contra a recusa dos acadêmicos em permitir a candidatura de sua esposa, argumentando de forma incisiva, embora insuficiente para reverter a decisão, como também se desligou publicamente da instituição após o ocorrido, recusando-se, inclusive, a receber os jetons a que tinha direito como membro, só não se desvinculando completamente porque uma vez eleito, o cargo é vitalício.[92]

Em anotação feita em exemplar de livreto de recordação de aniversário de Amélia de Freitas Beviláqua, que Clóvis Beviláqua lhe enviara, Rodrigo Octávio, diplomata e membro da Academia Brasileira de Letras, afirma:

> Por causa da candidatura, que não chegou a ser apresentada, de Dna. Amélia à Academia, Clóvis (Beviláqua) esfriou comigo; não rompeu, mas quando não é possível me evitar, fala-me com a maior frieza. Fiz tudo para mudar esse estado, mas foi inútil. Não me mandou mais seus livros e não praticou mais o menor ato de cortesia. Entretanto, mandou-me, talvez por ironia, este livro de apologia a D. Amélia. A letra deste subscrito é dele. Rio, out. 33 (a) R.O. (MEIRA, 1990, p. 418)

A produção de crítica literária de Clóvis Beviláqua não se destaca pelo volume, uma vez que, como o próprio jurista reconhece no prefácio de *Épocas e individualidades*, coletânea de sua produção anterior, traduz "um esforço, um trabalho sobre assunto que já foi da predileção do autor, quando as necessidades da vida não lhe impunham despoticamente a direção do espírito", ou seja, os afazeres jurídicos da vida adulta e da madureza acabaram eclipsando a produção literária e filosófica de sua juventude.

Para exemplificar a produção literária do jurista, Menezes e Azevedo (1959, p. 312-314) citam o "Esboço sintético do movimento romântico brasileiro", de 1882, quando Clóvis Beviláqua tinha 23 anos, buscando caracte-

---

publicá-lo, nele enfeixando suas impressões, bem como os artigos que outros escritores produziram sobre o assunto, dele não restariam mais do que silêncios, vazios, lacunas – e muitos poderiam apostar piamente em sua inexistência" (FANINI, 2009, p. 209).

92 Embora em termos retóricos Clóvis Beviláqua tenha defendido o ingresso das mulheres às cadeiras da instituição, e por ser um dos fundadores e detentor de enorme prestígio sua argumentação tenha ampliado os debates, cabe salientar que, em situação anterior, quando Júlia Lopes desejou se candidatar, o jurista não se envolveu na discussão (FANINI, 2009, p. 224).

rizar o texto como exemplo de análise de cunho sociológico e com contextualização filosófica e histórica.[93]

Em "Desinteresse e pobreza do Lidador", o desapego aos bens materiais e as dificuldades econômicas são apontadas como dimensão importante da biografia do jurista.

Clóvis Beviláqua morava em casa alugada – somente adquirida pela família após a sua morte, com a ajuda da Caixa Econômica – e declinou de qualquer vencimento oferecido pela confecção do Código Civil. Em 1906, indicado como consultor do Ministério das Relações Exteriores, passou a receber um conto e seiscentos mil réis mensais e, posteriormente, por iniciativa do deputado Justiniano Serpa, foi aprovado projeto de lei que lhe destinou tardiamente cem contos de réis pela codificação civil do país.

Em "Um agnóstico que acreditava em Deus", buscam os autores dotar o jurista de uma "sensibilidade religiosa", utilizando para tanto a inexistência de manifestações anticlericais ou ateias em seus escritos, embora reconheçam a importância do positivismo e do evolucionismo em seu pensamento.

Clóvis Beviláqua, como filho de padre, teve básica formação cristã, foi batizado, fez primeira comunhão e crisma, confessou e comungou quando se casou e mantinha uma estátua de São Remígio[94] no topo da cama do casal, como um agnóstico que contemporiza a importância social e cultural da fé (MENEZES e AZEVEDO, 1959, p. 321-322).

Em "Cargos e honrarias recusados", os biógrafos tentam explicar a recusa do biografado, duas vezes, ao cargo de ministro do Supremo Tribunal, declinando do convite de Hermes da Fonseca e de Washington Luís.

Os autores não enumeram outras situações em que declinou de convites bastante honrosos, como, por exemplo, o fato de ter sido a primeira opção do ministro das Relações Exteriores, o Barão do Rio Branco, para representar o país na Conferência de Haia, e cuja recusa permitiu a escolha de Rui Barbosa como seu substituto. Não revelam também que rejeitou participar de comissão que elaboraria o projeto da Corte de Justiça Internacional, assim como não aceitou a proposta para ser governador de seu estado.

A questão de como um jovem como Clóvis Beviláqua, que deixa transparecer em seus atos e textos doses de idealismo, radicalismo, abolicionismo e

---

93 O ensaio teve duas edições, a primeira, de 1882, no segundo fascículo das *Vigílias literárias*, um dos jornais que seu autor fundou enquanto cursava a Faculdade de Direito do Recife, e em 1889, como capítulo do livro *Épocas e individualidades*, em que a literatura russa é reavaliada (GOMIDE, 2005).

94 Na hagiografia cristã, São Remígio foi o bispo – depois canonizado – que batizou Clóvis, rei dos francos, e todo o seu povo.

republicanismo, se converteu em um homem maduro tímido, contido e modestíssimo é objeto de especulação para diversos biógrafos.[95]

A falta de ambição ou a simples ausência de sentimento arrivista do jurista despertou as mais distintas explicações, desde o simples desapego, passando pelo desengano político, chegando à tirania conjugal.

Nessa última, Menezes e Azevedo (1959, p. 325) explicam:

> Outra explicação, algo curiosa, tem sido divulgada. Sabe-se que a esposa de Clóvis o acompanhava por toda parte. Nas sessões da Academia Brasileira de Letras, notava-se a presença de D. Amélia, participando das tertúlias literárias. Pretenderia, nesse caso, a consorte extremosa acompanhar o Ministro do Supremo Tribunal, tomando assento ao seu lado na egrégia corte? A versão, assoalhada por observadores dos hábitos pitorescos do casal, poderia parecer irrisória, se homens notáveis também não estivessem sujeitos, como a maioria dos mortais, à tirania conjugal.

Curiosamente, Neder (2002), que aborda o casal como um dupla de intelectuais que em diversas situações atuava de forma una e coesa, afirma que havia clara predominância de Clóvis:

> No casal Amélia e Clovis, Clóvis é figura predominante. Embora Clóvis Bevilácqua tivesse proposto no projeto de código civil um encaminhamento para a condição feminina melhor do que aquela que acabou por ser aprovada, a hierarquia entre Clóvis e Amélia sobressai, sobretudo nos escritos e conferências de Amélia. Frequentemente, Amélia referia-se ao marido da forma como ficou conhecido entre estudiosos e estudantes do direito na cidade do Rio de Janeiro, "o mestre" (p. 1)

Na segunda recusa, afirmou que "seu feitio e hábitos invariáveis" não iriam "se harmonizar com o cargo".

Finalmente, em "Epílogo de uma vida edificante", os autores narram a morte do jurista por enfarte fulminante na manhã do dia 26 de julho de 1944,

95 MEIRA (1990, p. 68-71) e NEDER (2002) apontam um incidente na juventude como origem dessa guinada, que teria ocorrido a partir de uma desilusão política: quando iniciava sua carreira jurídica, em 1883, Clóvis Beviláqua solicitou ao presidente da Província do Ceará, Antônio Raiol, que lhe nomeasse promotor, e o político recusou-lhe o cargo argumentando que já havia um leigo ocupando-o. Clóvis Beviláqua invoca lei que dizia que a promotoria só poderia ser ocupada por um leigo caso não houvesse pessoa formada em Direito para tal cargo, o que foi inútil, pois a interpretação do texto legal colocava no âmbito da escolha do presidente da Província o direito de escolha, sendo que posteriormente outras frustrações com os caminhos da República teriam acentuado o "autoexílio" do jurista.

enquanto preparava um parecer jurídico, e as cerimônias do velório, no qual discursaram representantes do IHGB, das Faculdades de Direto do Ceará e do Rio de Janeiro, do Supremo Tribunal Federal, da OAB, da ABL, entre outros.

Segue-se uma cronologia, uma bibliografia do jurista, uma bibliografia sobre o jurista e quatro reproduções textuais como anexos (a certidão de batismo e as atas de posse como bibliotecário, professor de filosofia e lente catedrático).

Historiograficamente, a biografia não adiciona novas fontes documentais e acrescenta bem pouco de significativo, mas se mostra como uma primeira tentativa de sistematização mais ampla do que se produziu a respeito do biografado, com um bom levantamento de fontes secundárias e um mapeamento da distribuição pulverizada de documentação sobre o personagem, já quando da edição do livro.

INTIMIDADE E MONUMENTALIDADE: COTIDIANO DE UM NOTÁVEL POR NOEMIA PAES BARRETO BRANDÃO (1989)

Em homens duros a intimidade é questão de pudor – e algo de precioso.
(Friedrich Nietzsche)

A biografia *Clóvis Beviláqua na intimidade*, de Noemia Paes Barreto Brandão, justifica-se ao oferecer uma abordagem bastante particular, a descrição da intimidade do biografado por meio da recuperação da memória das filhas (Veleda e Floriza[96]) e de pessoas próximas a ele.[97]

Noemia Paes Barreto Brandão (1989) propõe-se a construir uma biografia "breve e despretensiosa", que se converte em um retrato positivo do biografado, com o qual a autora confessa vínculos de respeito e afeto, buscando apresentar aspectos da vida privada deste a partir do acesso à sua correspondência familiar e ao depoimento de filhas e conhecidos, uma vez que, em sua infância, frequentou a casa e foi amiga das filhas do biografado.[98]

96 O casal teve cinco filhas: Floriza, Dóris, Thereza (falecida aos 4 meses), Veleda e Vitória, sendo que, na verdade, as três últimas eram filhas de Floriza, que se separara do marido. O casal também criou um sobrinho de Clóvis, Aquiles Beviláqua.

97 BRANDÃO (1989) foi utilizado amplamente em trabalho de NEDER (2002) sobre o casamento, o casal e a ideia de indivíduo a partir de considerações sobre a relação de Amélia e Clóvis Bevilácqua (sic).

98 Nem de longe o texto de BRANDÃO (1989) oferece o nível de detalhamento ou intimidade de um modelo clássico brasileiro desse tipo de abordagem: "Machado de Assis, páginas de saudade" (1910), ensaio de Mário Alencar, filho de José de Alencar, que, como jovem poeta, trocou inúmeras cartas com o fundador da Academia Brasileira de Letras, e a partir da correspondência monta um inspirado relato memorialístico. A voz da narradora aparece em pouquíssimas ocasiões na descrição da vida do jurista, os

Se, por um lado, dentro de uma perspectiva acadêmica, a obra, com 111 páginas e cerca de uma centena de notas de rodapé, tem problemas ao assumir um aspecto claramente laudatório, oscilando entre a "literatura de paternidade" e o velho panegírico, utilizando de forma ampla fontes secundárias e não introduzindo grandes novidades sobre a vida do biografado, sucumbindo, ainda, aos problemas clássicos do biografismo brasileiro (o teleobjetivismo, a perspectiva hagiográfica, a ambição de verdade e a inevitável ordenação temporal), por outro, oferece uma perspectiva inovadora (a intimidade) e reafirma as bases consolidadas socialmente da memória do personagem.

Tuchman (1991, p. 76-77) discute alguns exemplos sobre proximidade entre biógrafos e biografados, utilizando-se de exemplos que se estendem da Antiguidade ao século XIX, e enumera, além do inevitável James Boswell (Samuel Johnson), Jean de Joinville (São Luis), Philippe de Commines (Luís XI), Tático (Agrícola), William Roper (Sir Thomas More), John Lockhart (Sir Walter Raleigh), John Nicolay e John Ray (Lincoln) e Lorde Morley (Gladstone).[99]

Seu arco temporal é extenso e engloba um leque bastante amplo de enfoques e metodologias, e embora reconheça que o mérito narrativo se faça presente na maioria das obras, questiona os excessos informacionais e em algumas as limitações literárias.

---

trechos de cartas utilizados são em sua maior parte já conhecidos e a originalidade se dá pelo acesso a alguns documentos familiares, mas sem nenhuma revelação bombástica (em contraste com o ensaio citado, no qual, em trecho de carta, Machado de Assis assume o aspecto biográfico de *Memorial de Aires*, por exemplo).

99 Ressaltem-se algumas observações sobre alguns dos autores e livros citados: o título original da obra de Joinville é *História de São Luís* (1309), tendo sido o autor amigo, conselheiro e confidente do rei, além de testemunha em seu processo e canonização; Commines, referenciado como Comine na tradução, teve importante papel na corte de Luís XI, e seu livro *Memórias* (1524-1528) narra sua carreira política de 1464 até 1501, abarcando os reinados de Luís XI e Carlos VIII (com destaque para a perspectiva crítica, franca e pragmática da narrativa que, segundo alguns, o aproxima de Maquiavel); o texto de Tático foi escrito no século II, mas somente encontrado no século XV, recebendo destaque pela ênfase moral da narrativa, embora o autor tenha sido genro do biografado; William Roper, autor de *Sir Thomas More* (1626), também era genro do biografado e só teve publicada a biografia 48 anos após a sua morte, recebendo destaque justamente pela proximidade entre os dois; John Lockhart, também genro de seu personagem, publica a "biografia definitiva" de Walter Raleigh em sete volumes na primeira edição (1837-1838), e dez volumes na segunda (1839), em um esforço enciclopédico comparável ao de Boswell; John Nicolay e John Ray foram secretários do presidente americano e o seu *Abraham Lincoln: uma história* (1890) ocupa milhares de páginas, em dez volumes, que são o resultado de trinta anos de pesquisa; e, finalmente, John Morley publica sua biografia de Gladstone em 1903, cinco anos após a morte do biografado, em três volumes, com ampla utilização de fontes primárias (cartas e diários), sem, no entanto, abordar aspectos íntimos do biografado.

De qualquer modo, tais exemplos se vinculam claramente a um esforço de panteonização em diferentes contextos temporais, o que permite, dentro dos referenciais de Madelénat (1984), identificar as sobrevivências de certos tópos discursivos em distintos paradigmas do biografismo.

Na introdução, a autora ressalta a "grande responsabilidade" de escrever sobre "homem público do quilate de Clóvis Beviláqua", definindo-o como "figura sagrada" e exemplo de "fé no Direito, na Família e na Pátria", e qualifica seu livro como contribuição espontânea, respeitosa, admirativa e carinhosa ao "gigante do Direito"[100] (BRANDÃO, 1989, p. 7-8).

A estrutura narrativa, de forma pendular, oscila entre a divisão temática e a ordem cronológica, com nove capítulos intitulados: "Traços do temperamento", "A vida em família", "Primórdios", "Juventude acadêmica", "Funções na vida pública", "Honrarias e homenagens", "Velhice", "Falecimento" e "Centenário de nascimento", constando de uma centena de notas de rodapé[101] e de uma bibliografia ao final.[102]

Em linhas gerais, a obra se estrutura da seguinte forma: "Traços de temperamento" narra eventos que demonstram o romantismo, a bondade e os vínculos de amizade do jurista; "A vida em família" relata o relacionamento com a família Freitas, sendo a esposa e as filhas o foco; "Primórdios" informa sobre os ancestrais, a infância e a vida escolar do biografado; "Juventude acadêmica" descreve sua vivência na Faculdade de Direito de Recife, a opinião de colegas e as ideias filosóficas; "Funções na vida pública" aborda as diversas funções exercidas por Clóvis Beviláqua; "Honrarias e homenagens" avalia a repercussão de sua obra; "Velhice" descreve as atividades intelectuais, os hábitos e os achaques nessa fase da vida; "Falecimento" tece considerações sobre o funeral; e "Centenário de nascimento" lista eventos na efeméride.

Segundo BRANDÃO (1989, p. 9-14), o romantismo de Beviláqua é demonstrado pelos versos que fez na juventude e pela admiração expressa por José de Alencar e Castro Alves – sendo que a autora cita cartas do arquivo

---

100 Embora na bibliografia sejam elencadas diversas obras sobre o jurista, com destaque para a memória jurídica reforçada em diversas publicações da área, BRANDÃO (1989, p. 8) identifica, na sua introdução, a biografia de MENEZES E AZEVEDO (1960) como fonte secundária privilegiada. O texto de MENEZES E AZEVEDO (1960), vitorioso em um concurso público de biografias sobre o jurista, vincula-se ao modelo documentarista afastando-se claramente da biografia romanceada, com busca significativa de fontes que corrijam, confirmem ou ampliem a memória já estabelecida do biografado.

101 As notas de rodapé carecem de precisão acadêmica, sendo na maioria das vezes imprecisas, como quando localizam um documento, como um arquivo familiar ou uma carta, por exemplo, mas não citam datas.

102 Sobre o Centenário, é significativo do prestígio que o jurista usufruiu até a década de 60 a exposição organizada na Biblioteca Nacional em sua homenagem nessa efeméride, vide nota 198, p. 155.

familiar em que são comentados os versos –, mas, principalmente, pela forma como conviveu com a esposa, Amélia Carolina de Freitas Beviláqua.

Como detalhe curioso, cita Brito Bugyja, que informara a predileção inicial, platônica, de Clóvis pela irmã mais nova de Amélia, Ana Julieta, assim como a interferência do futuro sogro para que a filha mais velha fosse a escolhida (BRANDÃO, 1989, p. 11).

Trechos de cartas de amor e poemas são citados (a autora classifica o biografado de "poeta bissexto", p. 15), frisando-se que eram documentos "de que o público não teve conhecimento" e que representavam "pureza" e "delicadeza" de um afeto dedicado à sua esposa, com quem manteve um convívio de sessenta e um anos de amor, amizade e companheirismo intelectual.[103]

Sobre o companheirismo intelectual, narra a polêmica que envolveu o casal após Amélia buscar lançar sua candidatura à Academia Brasileira de Letras em 1930 e ter seu pleito recusado pela instituição por seus estatutos afirmarem ser ela destinada "aos brasileiros", o que significaria a exclusão das "brasileiras" (14 votos contra 7, em sessão de 29 de maio daquele ano). Tal fato levou Clóvis a escrever artigo no *Jornal do Comércio* (de 8 de junho) intitulado "Inegebilidade de senhoras para a Academia Brasileira de Letras", classificando a decisão de "absona" (dissonante), irracional, injusta e conservadora, e a partir desse incidente não mais frequentou a instituição (da qual participara da fundação, em 1897).[104]

Em carta de Clóvis Beviláqua a Laudelino Freire, o jurista identifica na recusa da candidatura a falta de civilidade que "devia merecer a atenção e o tratamento, dedicado, a que tem direito, como escritora e como mulher da sociedade", e Amélia também publicou o opúsculo *A Academia Brasileira de Letras e Amélia Beviláqua*, no qual critica a decisão dos "imortais misoginistas", ainda chamados de "maçonaria das letras", e anexa críticas de diferentes escritores e intelectuais ao posicionamento da instituição (BRANDÃO, 1989, p. 19).[105]

---

103 Sobre a produção literária de Amélia Beviláqua, também pode ser citado MENDES (2002 e 2006) e LIMA E FONTINELES FILHO (2010).

104 Tal artigo foi publicado também na *Revista da Academia Brasileira de Letras*, de agosto de 1930, n.º 104, com o título "A Academia Brasileira de Letras e o futuro dicionário", p. 458-459. (BRANDÃO, 1989, p. 17). Sobre a discussão em relação a participação de mulheres na Academia Brasileira de Letras, ver VENÂNCIO FILHO (2006) e FANINI (2009).

105 Reforçando a ideia de proximidade intelectual do casal, temos uma palestra proferida por Amélia em 1905 no Congresso Scientífico Latino-Americano, realizado no Rio de Janeiro, e publicada em livro com o título "Instrução e Educação da Infância", que apresenta uma ligação umbilical com um texto de Clóvis Beviláqua. "Em 1880, quando tinha 21 anos, publicou no jornal "Nova Aurora" (Quissamã, Rio de Janeiro) um artigo sobre educação. Mais tarte, Amélia participou de um congresso sobre educação no Rio Janeiro, no qual não apresentou um trabalho propriamente seu, mas este trabalho de

Sobre a bondade de Clóvis, afirmada em diversas biografias, que ensejou a comparação com São Francisco de Assis, tem elencada diversas situações de significativa generosidade, assim como outras de acentuada correção ética, todas relatadas por intermédio de terceiros em situações de homenagem (BRANDÂO, 1989, p. 22-25).[106]

As amizades seriam demonstradas pela correspondência do jurista com amigos de longa data (Silva Jardim e Martins Júnior) e notáveis com maior intimidade, como José Maria da Silva Paranhos – o Barão do Rio Branco, ou com relações mais formais, como Rocha Pombo, Rui Barbosa, Spencer Vampré, entre outros.[107]

A quantidade de cartas elencada por Brandão não impressiona pelo seu número, mas com certeza é um exemplo raro da rede de relações que o jurista mantinha, tanto no campo profissional como no pessoal, em correspondência emitida e recebida.[108]

Clovis. Nele, faz uma crítica à educação nacional e apoia-se no evolucionismo de Spencer e outros reformadores pedagogos como PESTELOZZI (1746-1827), discípulo de Rousseau, FROEBEL (1782-1852), autor de um tratado sobre os *kindergarten* alemães" (NEDER, 2002, p. 11).

106 NEDER (2002, p. 7-8) levanta uma curiosa justificativa para a constante referência ao jurista como "santo leigo", para além de seus hábitos simples, seu desapego material, sua falta de ambição arrivista ou o convívio cotidiano com animais domésticos: "A insistência com que os biógrafos destacam a 'santidade' de Clóvis Bevilácqua revela, também, outro aspecto das lutas políticas e ideológicas na passagem à modernidade no Brasil. As lutas políticas pela implantação de um código civil no Brasil sempre esbarraram na resistência cultural, política, ideológica e afetiva, da Igreja e dos pensadores católicos brasileiros, inscritos desde o último quartel do século XIX no terceiro escolaticismo, neo-tomista. (...) As acusações de impiedade e anti-clericalismo que eram imputadas aos codificadores dos códigos civis (em Portugal e no Brasil; Visconde de Seabra, em Portugal foi muito atacado publicamente, sobretudo por Alexandre Herculano), fez com que os admiradores de Clóvis Bevilácqua o protegessem com uma áurea de sacralidade, exatamente para neutralizar os adversários das reformas e preservar no nome do civilista brasileiro."

107 Cabe referência a SILVA (2009), dissertação de mestrado sobre o acervo de correspondências do jurista depositados no Memorial do Judiciário Cearense, no Tribunal de Justiça do Ceará, em Fortaleza. Somos levados a crer que BRANDÃO (1989) trabalhou com outras missivas, tanto que se refere a cartas que estariam no Museu e Arquivo do IAB (nota 41, p. 39). Destacam-se entre a correspondência da juventude, de relações profissionais, as questões pessoais – o clientelismo, p. ex., em correspondência defendendo interesses profissionais do amigo Afonso Cláudio, do cunhado Vitor Manuel ou de Antônio Alves da Fonseca (BRANDÃO, 1989, p. 37-40). Também foram publicadas as cartas trocadas entre o ativista abolicionista e republicano Antônio Silva Jardim e o jurista cearense (SILVA JARDIM, 1936).

108 Como a biógrafa busca retratar a intimidade do personagem, existem somente cartas que fariam parte da "correspondência-rede" (que se destaca mais pela função do que pelo conteúdo, firmando relações de um grupo de forma vertical) e a ausência de

O estudo da correspondência de Clóvis Beviláqua, por exemplo, permite o contato com um indivíduo mais fragmentado pela diversidade das situações a serem constatadas ou intuídas, no cotidiano e na formalidade, tanto na correspondência ativa quanto na passiva, mas essas fontes não são suficientemente exploradas nem nesse trabalho nem nos outros.

Silva (2010) analisa o acervo de cartas do jurista em guarda no Memorial do Judiciário, no Ceará, e identifica pedidos e consultas as mais diversas sobre pareceres jurídicos ou técnicos, pedidos de sugestões sobre a cobrança de honorários, de votos para a Academia Brasileira de Letras, de colaboração intelectual em revista ou evento, de avaliação de obra literária, ou ainda de cobrança financeira e de pedido de indicação para cargos e empregos[109], entre outros.

Micelli (1996, p. 19) apresenta o contraste entre o modelo de intelectual da década de 20 e o da década de 30 e 40, afirmando que até a década de 20 os intelectuais no Brasil encontravam-se divididos entre a ambição de "renome literário e o *status* conferido pela carreira de pensador ou ensaísta, espremidos entre as servidões do funcionalismo público e as atividades do jornalismo, desejosos de salvar o país, sem perder a si mesmos e aos seus", e esse perfil, mantido nas décadas seguintes, descreve em grande parte o papel e as ambições do jurista após a aprovação do Código Civil, quando usufrui de renome, mantém o cargo no Ministério das Relações Exteriores, abandona as ambições filosóficas e literárias e consolida sua influência jurídica.

Esse "afastamento do mundo" não impede o jurista de emitir diversos pareceres jurídicos, de manter vínculos diversos, de se movimentar nos espaços de sociabilidade do período – o que é demonstrado, entre outros indicadores, pelo volume de correspondência que mantinha com diversos destinatários e sobre diversos assuntos.

A partir dos conceitos de Trebitsch de correspondência-rede e de correspondência-laboratório, é possível identificar, entre demonstrações de exaltação, enaltecimento, cordialidade, amizade e, em alguns casos, intimidade, as relações sociais de trânsito fluido, as atividades intelectuais, situações financeiras e outras

---

"correspondência-laboratório" (focada na finalidade intelectual baseada na horizontalidade do discutir, indicar, discordar e dialogar entre pares, discípulos e admiradores) (TREBITSCH, 1992).

109 CARVALHO (2000) enumera os gêneros de justificativas que transitavam pelas esferas administrativas públicas na "razão clientelista" da República Velha: amizade, necessidades pessoais ou familiares, competência para quem se pede ou em favor de quem se pede, acompanhadas de realce às condições do remetente ou de seu constituído, sendo que a argumentação das missivas constituía-se da obrigação moral para com os familiares e amigos e do entendimento de que os recursos públicos destinavam-se a fins particulares.

dimensões da sociabilidade do jurista que, por seu temperamento tímido e arredio, tem nas cartas um espaço privilegiado de convívio intelectual.[110]

Em "A vida em família", o aspecto heroico do encontro de Clóvis Beviláqua com a família de Amélia em praia de Olinda, quando ele retira a família ameaçada de afogamento das águas do mar, é citado e o contraste de situação social entre o humilde jovem advogado e a primogênita de dez filhos de um importante desembargador e presidente de província é superada facilmente pela grandeza de caráter do pretendente.

Também é feita referência a Amélia como "extrovertida, inteligente e (que) já demonstrava pendores literários" (p. 43), pois fora redatora da revista *Lyrio*, que Brandão afirma ter sido a primeira revista nacional de senhoras, editada em Pernambuco.[111]

A esposa de Clóvis Beviláqua é descrita como baixa, com olhos e cabelos pretos, morena e magra, alegre, inteligente e simpática, tendo recebido boa educação e tido oportunidade de convívio doméstico com intelectuais e políticos (BRANDÃO, 1989, p. 43-44).

A família manteve professores particulares para as filhas, frequentava cotidianamente restaurantes (o Brahma; o do Hotel Avenida, no qual jantavam todos os dias; e a Confeitaria Colombo) e, nos fins de semana, recebia diversos convidados:

> Aos domingos, parentes, amigos, juristas, estudantes de Direito iam à sua casa pelo prazer do bom convívio. A cordialidade dos anfitriões dava calor às reuniões. Mesa farta, vinhos de excelente qualidade e em profusão. A mesa era renovada várias vezes ao dia, tantas as pessoas que chegavam (BRANDÃO, 1989, p. 47)

---

110 "Ao contrário da visão idealizada de intelectuais que se mantinham reclusos em gabinetes dedicados somente à leitura e ao estudo, criava-se uma postura de 'homens de letras', marcada justamente pelas vias de sociabilidade intelectual. Não era a qualidade de letrado que estabelecia as estratégias de sociabilidade, mas, ao contrário, era exatamente a participação na sociedade dos 'homens de letras' que definia a condição do letrado. A convivência fundada nos salões, nos cafés, nas conversas entre os intelectuais era absolutamente necessária e fundamental, pois a condição de 'homem de letras' se acomoda mal à solidão e ao afastamento de sua 'república'. Um intelectual totalmente solitário isola-se do mundo e perde uma das referências básicas de sua condição, a possibilidade de intercâmbio e de aprofundamento de suas ideias" (VENANCIO FILHO, 1982, p. 29-30).

111 SIQUEIRA (1995, p. 33-54) identifica como anteriores a *Lyrio*, que circulou entre 1902-1904, os seguintes periódicos voltados ao público feminino: *A Mulher* (1882), *Ave Libertas* (1885) e *A Rosa* (1890 a 1899).

Ou ainda:

> A família de Beviláqua era simples em tudo, no linguajar, no vestir, nos hábitos alimentares. Não tinha vaidades. É certo que Amélia na mocidade era vaidosa. Usou sempre chapéu e fazia papelote para encrespar os cabelos. Com a idade relaxou. (BRANDÃO, 1989, p. 48)

A perspectiva íntima da narrativa se mostra, por exemplo, na descrição que faz a autora de visita feita à casa do biografado, quando esta ainda era uma criança, nos idos de 1940, e descreve a forma de vestir do casal (formal e modesta); o mobiliário de sua casa na Tijuca; as filhas, os animais de estimação da família (um galo chamado Sassarico e dois cães, Éolo e Felizardo) e os cuidados de Clóvis com a esposa (que sofria de surdez e esclerose) (BRANDÃO, 1989, p. 20-22); o apelido pelo qual o marido a chamava, "Miloquinha" (p. 45) (e esta se referia a ele como "o Mestre"); observando que o jurista apreciava "arroz de pequi", prato da culinária piauiense, que tocara flauta na juventude, era forte e exímio nadador, que não fumava nem jogava e só bebia nas refeições (vinho ou champanhe) (p. 48).

Em "Primórdios", sobre as origens familiares de Beviláqua, aparece referência aos avôs de origem italiana e portuguesa e às avós de origem brasileira, afirmando ligações com a nobreza italiana, além do fato conhecido, mas delicado, de que seu pai, José Beviláqua, era vigário da Paróquia de Viçosa (CE).[112]

Da infância, abordada em parte específica, somente se afirma o temperamento tímido de um filho de pais austeros que desenvolveu tal personalidade como reflexo de sua condição de "filho de padre" em uma sociedade moralista e preconceituosa.[113]

A vida escolar, por sua vez, tem inevitáveis notas sobre a predestinação ao conhecimento e o caminho percorrido no processo de formação até a "Juventude acadêmica", tema de parte específica da obra, que retrata a formação na Faculdade de Direito de Recife em meio à agitação da geração de 1870 que, influenciada por Tobias Barreto, participava de jornais, defendia a República e se dedicava com afinco às discussões literário-filosófico-jurídicas cuja ampla agenda contemplava:

> Positivismo, evolucionismo, darwinismo, crítica religiosa, naturalismo, cientificismo, na poesia e no romance, folclore, novos processos de

112 Para minimizar a tensão da questão da origem do biografado, BRANDÃO justifica a referência ao *status* de "filho de padre" por ser fato já conhecido e a família ter autorizado a utilização de tal informação, além de apontar outros notáveis que tinham a mesma origem (José do Patrocínio, Nilo Peçanha, José de Alencar, Teodoro Sampaio, entre outros) (p. 51).

113 Curiosamente, é aqui que sua descrição física como adulto é abordada, segundo relatos de Araripe Júnior, Martins Júnior e Alcântara Machado (p. 53).

> crítica e de história literária, transformação de instituição de direito e de política, tudo então se agitou e o brado de alarme partiu da escola do Recife... (Barbosa Lima Sobrinho, *apud* BRANDÃO, 1989, p. 63)

Em "O Filósofo – seus pensamentos", a influência de Comte, Littré, Haekel, Spencer e von Ihering são apontadas (p. 68), assim como a postura ateia e o convívio pacífico com o catolicismo da esposa e das filhas.[114]

Destaca-se, na abordagem biográfica de Brandão (1989), a memória de Clóvis Beviláqua, ou seja, o que se disse a respeito do jurista, sua obra e sua vida, de modo tal que a imensa maioria das informações é mediada pelo olhar do outro, por fontes secundárias, sem a devida crítica, inclusive – daí a adjetivação, o monumentalismo e a sacralização nas descrições.[115]

A descrição das "Funções na vida pública" mantém o mesmo padrão, um recorte de citações de trechos de discursos comemorativos, artigos laudatórios e narrativas apologéticas do promotor, do bibliotecário, do professor, do político, do jornalista, do escritor, do jurista[116] e do consultor Clóvis Beviláqua[117], com destaque para as diversas associações a que se filiou no Brasil e no Exterior[118].

Também "Honrarias e homenagens" apresenta diversos excertos de textos alheios sobre o desapego (ou mesmo desinteresse) do jurista por cargos (como

114 Alguns pensamentos de Clóvis Beviláqua disponíveis a partir de cópia em caderno de Floriza não são datados, mas se sobressaem os anos de 1936 e 1943.

115 "E a maior lição a se retirar da construção desses heróis na República Velha talvez seja a de que cultuar um herói não necessariamente implica adotar seus valores políticos e compartilhar sua visão básica de mundo. Provavelmente importa mais em um herói celebrá-lo enquanto tal do que realmente imortalizar suas ideias e bandeiras. É isso que permite a convivência fluida de vários heróis em um só politeísmo cívico: importa mais que sejam "grandes homens" do que sejam militaristas ou civilistas, do que concebam a civilização como empreendimento moral ou técnico, do que defendam a vida da metrópole ou a do sertão. Importa mais construir um amplo panteão do que dotá-lo de uma suposta coerência "ideológica". Indivíduos que em vida se opõem fortemente deixam de estar em conflito quando acedem à imortalidade. Aí, são só Grandes Homens, que encarnam valores diversos mas nunca incompatíveis. Seu culto os une a todos. É ingenuidade esperar dos cultuadores de um herói completa adesão ao pensamento e aos valores do ídolo" (GONÇALVES, 2000, p. 160).

116 A confecção do Código Civil de 1917 recebe grande atenção na descrição da autora, que se utiliza de diversas citações de apoio à proposta de Clóvis Beviláqua frente às críticas de Rui Barbosa (BRANDÃO, 1989, p. 87-92).

117 Além de versado em filosofia, sociologia, história e direito, o jurista era poliglota, com sólido conhecimento de latim e francês, e compreensão de inglês, alemão, italiano, espanhol e rudimentos do tupi (BRANDÃO, 1989, p. 84).

118 Destaque para, no Brasil, o IHGB e a ABL, e no exterior, para o Instituto de Coimbra, a American Academy of Political and Social Sciences, a Associação Internacional de Direito Comparado e a Associação Internacional de Filosofia do Direito.

as recusas em ser deputado, senador, governador do Ceará, em 1890; delegado do Brasil no Congresso Americano, em 1906; ministro do Supremo Tribunal Federal, em 1912, 1920 e 1929; membro da Comissão de Juristas que preparariam o Anteprojeto de Organização da Corte Permanente de Justiça Internacional, em 1920; entre outros) e enumera diversas salas, bibliotecas, bustos, cursos e praças que receberam seu nome (BRANDÃO, 1989, p. 96-101).

"Velhice" relata como, mesmo aposentado compulsoriamente, com 75 anos, do cargo de consultor jurídico do Ministério das Relações Exteriores, em 1934, continuou com a atividade jurídica e intelectual.

Nessa parte do texto, nos subitens intitulados "Hábitos" e "Achaques", o biografado ganha dimensões rotineiras, prosaicas: o idoso que levanta cedo, não sai de casa, come pouco, não aprecia carne, mas se delicia com doces e passa os dias de pijama, o ancião que sofre de erisipela[119], angina[120] e problemas cardíacos (BRANDÃO, 1989, p. 103-106).

O jurista faleceu em 26 de julho de 1944, aos 84 anos, o que despertou diversas manifestações de pesar e reverência, pois, embora tenha morrido pobre, deixou um legado de reconhecimento público, reafirmado de forma ampla em seu Centenário de Nascimento, em 1959.[121]

Brandão (1989, p. 108) faz referência ao consumo de conhaque pela viúva após a morte do marido – treze garrafas entre julho e outubro de 1944 – assim como às necessidades econômicas enfrentadas pela família após o falecimento do jurista.

Três estigmas: marcas de uma biografia

As biografias de Clóvis Beviláqua apresentam três temas que são cercados de tensões, cuidados e pruridos: a origem do jurista como "filho de padre", a

119 Doença infecciosa aguda, causada por estreptococos, caracterizada por uma inflamação da pele e com sintomas como febre alta, tremores, mal-estar, náuseas, vômitos, entre outros.

120 Afecção inflamatória da garganta e da faringe, caracterizada por dificuldade mais ou menos intensa de deglutir e, por vezes, de respirar.

121 BRANDÃO (1989, p. 109-111) elenca diversas manifestações a partir de diferentes instituições, governo federal e estaduais, o IHGB, a ABL, o IAB – Instituto de Advogados do Brasil, entre outras, mas omitiu a exposição na Biblioteca Nacional. No plano da cultura, o festival de panegíricos se insere em uma tradição da época na qual o "exagero na avaliação da obra e a sua superficialidade das informações sobre a vida do escritor advêm de um compromisso da vida literária nas primeiras décadas do nosso século, quando o elogio do literato vitorioso socialmente era transformado numa performance que podia garantir também ao conferencista ou ao biógrafo um lugar no panteão da literatura nacional" (WERNECK, 1996, p. 26).

relação com Amélia Beviláqua e a polêmica com Rui Barbosa em relação à codificação civil.

Como o livro de Brandão ambiciona abordar a intimidade do jurista, tais temas se fazem presentes de forma inevitável.

a) O filho de padre

A condição de filho de padre, portanto concebido fora da instituição do matrimônio, não era rara no Brasil do século XIX, o que se comprova por volumosa documentação que originou, por sua vez, farta bibliografia sobre o tema.[122]

Um tipo de documentação privilegiado para a percepção de tal realidade são os testamentos de padres que citam seus filhos ilegítimos como herdeiros de seus bens, trazendo uma riqueza de detalhes bastante particular, uma vez que, diferentemente do inventário, que é circunscrito à descrição de uma situação material, estes apresentam minúcias não só sobre a origem e os nomes dos pais do testador, mas também sobre relações familiares e vínculos afetivos.

Alguns estudos afirmam que no período colonial o casamento era uma opção difícil para a maioria da população, devido às exigências burocráticas e financeiras, assim como pela limitação, pelo registro eclesiástico, de vínculos entre parentes de até quarto grau de consanguinidade, sendo que tais condições favoreciam o concubinato.

O concubinato, nesse contexto, surgia como reflexo de uma sociedade marcada pela instabilidade e precariedade e por uma situação de exclusão por ausência de bens ou recursos para a manutenção de uma vida conjugal dentro dos padrões das elites locais, o que criou um hábito que também se manifestava entre os padres, que não se submetiam ao celibato (VAINFAS, 1989, p. 87-92; SERBIN, 2008, p. 61-63).

O celibato clerical, afirmado pelo Concílio de Trento, não encontrou respaldo em número significativo do clero no Brasil, e mesmo o episcopado se mostrou tolerante com aqueles membros da Igreja que transgrediam a norma (VAINFAS, 1989, p. 345, SERBIN, 2008, p. 74).[123]

Mulheres das classes populares encontravam no vínculo afetivo-sexual uma certa estabilidade econômica e uma ascensão social, sendo que suas

122LIMA, 1987; SERBIN, 2008; FREIRE, 1996; VAINFAS, 1986 E1989; SAMARA, 1989; PERARO, 1997; FARIA, 1994; LOPES, 1998.

123SERBIN (2008, p. 73) aponta levantamentos que mostram que na Bahia, no início do século XIX, 51% dos padres reconheciam ter filhos, ao mesmo tempo em que o núncio papal acusava alguns padres brasileiros de manterem haréns.

proles teriam oportunidades maiores do que a imensa maioria dos brasileiros no período.[124]

Até meados do século XIX, as relações do Estado com a Igreja, assim como os esforços da instituição religiosa para uma defesa intransigente do celibato, não impediram a existência de relações de concubinato nem entre laicos nem quando envolvia religiosos (que se justificavam com a alegada "fragilidade humana"), e a determinação do Concílio de Trento se manteve no Brasil mais como ficção do que como realidade.

Diversos homens de prestígio na política e na literatura ostentaram o estigma de "filhos de padre", como José de Alencar (cujo pai, o senador José Martiniano de Alencar, viveu maritalmente com uma prima, Ana Josefina, com quem teve oito filhos), José do Patrocínio (filho de uma jovem quitandeira chamada Justina e do pároco da capela imperial, João Carlos Monteiro - que não lhe reconheceu a paternidade, mas encaminhou-o), Diogo Antônio Feijó (batizado como "filho de pais incógnitos", mas que, segundo alguns pesquisadores, seria filho do vigário Manuel da Cruz Lima)[125], Teodoro Fernandes Sampaio (filho de uma escrava com o sacerdote Manuel Fernandes Sampaio, que lhe comprou a alforria e cuidou para que o menino tivesse uma boa educação), entre outros (REVISTA DE HISTÓRIA, 2007).

Somente a partir do fortalecimento das posições tradicionalistas no interior da própria Igreja, dentro do centralismo e uniformalismo ultramontano, no final do século XIX, é que o concubinato envolvendo eclesiásticos passa a ser efetivamente combatido e identificado socialmente como tabu.

O Estado Republicano, separado da Igreja, embora adotando uma perspectiva de modernização civilizatória, busca adequar as instituições públicas e privadas aos padrões culturais europeus, sendo fundamental o controle sobre

---

124 FREIRE (1996, p. 444-447) identifica na sociedade brasileira não só uma tolerância ímpar em relação aos filhos ilegítimos de religiosos como ainda aponta a existência da expressão popular "feliz que nem filho de padre", sendo que as concubinas eram apresentadas como "comadres", e os filhos, registrados como "filhos de pais desconhecidos" e, muitas vezes, chamados de "filhos adotivos" ou "sobrinhos". No caso da união do vigário José Beviláqua e Martiniana Maria de Jesus, pais de Clóvis Beviláqua, a diferença de classe e de idade (ele tinha 40 anos, ela, 15) são indícios claros desse desequilíbrio de poder e riqueza que marcava diversos casais nessa situação.

125 Aliás, em 1827, Feijó, que teve cinco filhos, apresentou projeto de lei que extinguia o celibato clerical, argumentando que 1) o celibato clerical não encontrava respaldo no Evangelho; 2) a Igreja primitiva permitia padres casados; 3) muitos padres nos primórdios da Igreja casaram-se após a ordenação; 4) a disciplina da Igreja em relação ao celibato tornara-se ao longo do tempo mais rígida, mas não era uniforme; 5) a Igreja Ortodoxa Grega permitia o casamento; e 6) a manutenção do celibato alimentava escândalos desnecessários (SERBIN, 2008, p. 71-77).

a conduta moral, a saúde, a vida sexual dos casais e dos solteiros e, por conseguinte, repudiando qualquer forma de concubinato.

De certa forma, a figura de Clóvis Beviláqua incorpora diversas tensões desse contexto de transformações políticas e culturais: filho de padre criado em uma situação de relativa tolerância e usufruindo das vantagens dessa situação, republicano e positivista refratário à Igreja como instituição e desejoso de uma ordem política e social modernizante e civilizatória para o país, pai que foi levado pelos preconceitos de sua época a assumir como suas as filhas de sua filha, e pensador e jurista sensível às questões sociais (entre as quais a questão dos filhos ilegítimos).

Esse leque de condicionantes impede qualquer reducionismo de sua personalidade e seus atos, merecendo destaque seu projeto do Código Civil, que constava com disposições inovadoras e liberais sobre trabalho doméstico, filiação natural, situação da mulher, casamento e outras – diferente do texto aprovado após mais de uma década de embates legislativos.

b) A esposa exótica

O segundo tema sobre o qual a biografia de Clóvis Beviláqua desperta pudores na narrativa é o papel de sua esposa, Amélia Carolina de Freitas Beviláqua, que adotava modos excêntricos frente à sociedade da época – escritora arrivista que ambicionou entrar para a Academia Brasileira de Letras; dona de casa relapsa, que permitia que animais domésticos habitassem no interior da residência; mulher pouco vaidosa e desalinhada no vestir; esposa leviana ou adúltera, entre outros adjetivos que são ligados à esposa do jurista.

Clóvis descreveu a esposa da seguinte forma:

> Franzina e delicada de formas, sem que os traços da carnação percam as curvaturas amplas em que se desenham as graças da feminilidade. Olhos pretos em tez morena, cabelos longos, cabeça pequena assentada sobre umas espáduas que se afiguram mais longas pela exiguidade da cintura, boca bem talhada e dentes muito alvos. Nariz de traços corretos e afilado. Rosto oval e muito levemente polpudo. (...) Interiormente, o retrato moral se faz de duas palavras: um coração amoroso e terno e uma inteligência clara e voltada para o bem.[126]

Além das distinções entre fato e especulação, privacidade e intimidade, relevância e maldizer, hagiografia e demonografia, a biógrafa deve perceber-se como narrador inserido em uma forma determinada de temporalidade e de construção da memória.

126Trecho de carta copiado pela filha Floriza em caderno pessoal (BRANDÃO, 1989, p. 13), infelizmente sem data.

Martins (2004) discute que tipo de posição é possível ao biógrafo, que é levado pelo seu personagem às bifurcações das escolhas morais, em que muitas vezes a memória do personagem é ligada de forma direta à desonra, à crueldade, à covardia, à loucura, e a diversos outros nomes que a ética e a moral condenam.

A resposta não pode estar na dinâmica bipolar, entre virtudes e vícios, adotada por Suetônio quando se dedicou a narrar a vida dos Césares, mesmo porque a compreensão contemporânea de uma individualidade como fragmentária, dinâmica e diversa transcende o simples contraste entre dois modelos ou extremos.

Schmidt (2009) e Borges (2009), por sua vez, se dedicam a outro dilema moral do biógrafo, não a tentação do julgamento, mas a tensão entre o compromisso com a verdade (ou a ideia de verdade definitiva) e a indiscrição ou fofoca.[127]

Biógrafa de Sylvia Plath, Malcom (*apud* AVELAR, 2010, p. 166-167) destaca a delicada relação entre personagem, escritor e leitor construída na narrativa biográfica:

> O voyeurismo e a bisbilhotice que motivam tanto os autores quanto os leitores de biografias são encobertos por um aparato acadêmico destinado a dar ao empreendimento uma aparência de amenidade e solidez semelhantes às de um banco. O biógrafo é apresentado quase como uma espécie de benfeitor. Sacrifica anos de sua vida no trabalho, passa horas intermináveis consultando arquivos e bibliotecas, entrevistando pacientemente cada testemunha. Não há nada que não se disponha a fazer, e quanto mais o livro refletir sua operosidade, mais o leitor acreditará estar vivendo uma elevada experiência literária e não simplesmente ouvindo mexericos e lendo a correspondência alheia.

Segundo Falci (s.d.), a memória da esposa do jurista foi mantida da seguinte forma:

> Amélia de Freitas Beviláqua é lembrada, ainda hoje, por pessoas já de certa idade que com ela conviveram no Rio de Janeiro nas décadas de trinta e quarenta do século XX por apresentar atitudes ´modernistas´ de vanguarda, consideradas até um tanto ou quanto amalucadas. Lembrada como dona de casa excêntrica, onde os animais domésticos

127SCHMIDT (2009) descarta a biografia como exercício de voyeurismo que se contenta com a busca de "fatos bombásticos" ou "facetas desconhecidas", propondo uma forma ampla e sofisticada de apreensão da "verdade" na qual o respeito pelo personagem biografado é sinônimo de compreensão de sua historicidade, e deve oferecer respostas para questões claramente delimitadas no que se refere ao que é necessário apreender do personagem, da sociedade e do período em que viveu. BORGES (2009) chama a atenção para o necessário respeito ao outro e o cuidado de não se querer "consumir" o biografado como um produto, reificando uma vida ou trajetória.

> disputavam espaços nos sofás e poltronas, onde a banheira servia como ninho para galinhas em choco e onde os pombos e galos voavam por sobre as cabeças dos visitantes; ou como desalinhada e de mau aspecto sob o ponto de vista físico; lembrada ainda como de comportamento avançado sob o ponto de vista moral; muitos esquecem o valor literário que Amélia possuiu.[128]

Brandão (1989), em algumas passagens, refere-se a aspectos controversos ou indesejados de Amélia, como a vaidade:

> A família de Beviláqua era simples em tudo, no linguajar, no vestir, nos hábitos alimentares. Não tinha vaidades. É certo que Amélia na mocidade era vaidosa. Usou sempre chapéu e fazia papelote para encrespar os cabelos. Com a idade relaxou (BRANDÃO, 1989, p. 48)

Ou ainda a bebida, quando afirma que, após a morte de Clóvis Beviláqua, a viúva consumiu treze garrafas de conhaque entre julho e outubro de 1944 (BRANDÃO, 1989, p. 108).

A adjetivação sobre Amélia pode ter diversas origens, que nascem da misoginia ou do conservadorismo do período: a autonomia de Amélia como mulher, sua qualidade como literata, o tipo de obra construído pela autora, sua audácia em se candidatar à Academia Brasileira de Letras, entre outras.

Como literata, Amélia se propôs a criar uma obra que não fizesse as tradicionais concessões de uma típica literatura da época, escrita pelas mulheres e dedicada às mulheres, não reduzindo seus textos a folhetins romanescos afrancesados, com mulheres submissas e limitadas ao papel de mães e esposas, sendo, ao contrário, recorrentes os temas da paixão, da angústia e da insatisfação com a realidade.

O próprio Clóvis Beviláqua, em 1878, criticava de forma enfática o modelo de educação das mulheres no Brasil do século XIX, apontando o seu reflexo sobre a literatura feminina de então:

> a mulher brasileira, influxionada pelo meio ambiente e por uma educação mal dirigida, tem uma vida indolente, contemplativa, molificante e é inapta para o augusto mister de educadora de seus filhos, o que origina a nossa aversão para o trabalho.(...) Com a direção mental, a que geralmente se submetem as mulheres que em nosso país têm uma

---

128 São obras de Amélia Beviláqua: "*Alcyone* - Bahia, 1902; *Aspectos* - Recife, 1906; *Instrução e Educação da Infância* - Recife, 1906; *Através da Vida* - Rio 1906; *Silhouettes* - Rio 1906; *Literatura e Direito* (em colaboração com Clóvis) - Bahia, 1907; *Vesta* - Rio, 1908; *Angústia* -Rio, 1913; *Açucena* - Rio, 1921; *Jeannette* - Rio, 1923; *Milagre do Natal* - Rio, 1928; *Impressões* - Rio, 1929; *A Academia Brasileira de Letras e Amélia de Freitas Beviláqua* - Rio, 1930; *Flor do Orfanato* - Rio, 1931; *Divagações, (Rio) 1931*; *Recordação do dia 7 de agosto de 1933* - Rio, 1933; *Alma Universal* - Rio, 1935" (FALCI, s.d., p. 3).

> educação intelectual, com a sua sujeição inevitável à lei do atavismo, (...) aqui as mulheres serão somente poetisas e poetisas voluptuosas, plangentes e desoladas (MEIRA, 1990, p. 111)

Como autora de romances, novelas, contos e artigos, e colaboradora na fundação e edição de revistas literárias e de livros, Amélia Beviláqua se mostrou senhora de um pensamento crítico sobre as questões de estética e de gênero.

A questão de gênero, em um desses momentos opinativos, é tratada em seu livro *Impressões* com um capítulo intitulado "Divórcio", no qual, segundo Falci (s.d.), argumenta que:

> a união de dois seres pelo casamento só se deveria dar pelo amor, nunca pelos interesses materiais e familiares mas como se manter uma união onde não existe respeito mútuo, afeto e atenção?. Como a alma feminina poderia se manter tranquila e feliz? Ela conduz o discurso e o pensamento de modo a se pensar que ela tem a independência das feministas. No entanto, no decorrer da entrevista ela usa de artifícios. Quando se pensa que ela afirmaria com toda a força de seu pensamento a necessidade do divórcio, ela, muito inteligentemente, numa época ainda impregnada de preconceitos, faz a apologia da família bem constituída e da união pelo bem dos filhos (p. 5)

Em outro momento, quando entrevistada pelo jornal *A Noite* sobre se a mulher poderia participar de um júri forense, ela responde:

> Stuart Mill, Bridel e muitos estrangeiros foram sempre partidários da elevação da mulher, alguns foram mesmo fanáticos... Ao menos, isso vinga e suaviza as impertinências de Schopenhauer e de Lombroso, que duvidava tanto do sexo delicado, e não o julgava absolutamente capaz de imaginação criadora e produções originais.(...) Apesar de tantas oposições as coisas tomaram os caminhos da justiça e da razão. As mulheres que agora são simplesmente eleitoras em breves dias subirão talvez à Câmara, ao Senado, aos ministérios e quem sabe? Às interventorias. Se elas podem galgar todos esses postos e já estão designadas, segundo me informaram, para a elaboração da futura carta constitucional, por que, pergunto eu, não entrarão elas também no júri em que se apura e depura a reação da sociedade contra o crime? (A NOITE, 29-9-1932, *apud* FALCI, s.d., p. 5)

Com certeza, as ambições literárias de Amélia Beviláqua eram maiores do que a poesia voluptuosa, plangente e desolada que o marido condenara, sendo que o tom ensaístico e confessional de uma de suas obras, *Contra a sorte* (1938), parece desafiar os padrões estéticos da época, dotando a narradora de sensualidade e desencanto:

> (mantenho) a lembrança do prazer misterioso que eu sentia de viver, de amar loucamente e multiplicar minha vida para Ter a grande ventura de ainda amar muito mais. [...] Dos sonhos que me perderam, não encontrei mais um traço dentro de mim mesma. O meu coração exorcizado, sem mais afetos, retornou ao nada, ao século da liberdade cativa. Escuto os gemidos do meu paraíso, [...] baixo a cabeça – era o último rendez-vous comigo mesma, dentro do meu paraíso perdido (FALCI, s.d., p. 5 e 6)

A autora, de fato, era uma mulher inteligente que se permitia ser "coquette" quando usava de humor, elegância e provocação, como na abertura de uma conferência no *Terceiro Congresso Scientífico Latino-Americano,* realizado no Rio de Janeiro, em agosto de 1905, quando tinha 44 anos, afirmando que falaria para não parecer preguiçosa, ou ainda quando, em palestra de 1931, com 70 anos, no início do governo Vargas, afirmou: "Estão em discussão o voto feminino, os direitos civis e políticos, a quebra do padrão da moeda na Inglaterra, as decadências financeiras no Brasil. Tudo isto já está enfadonho" (NEDER, 2002, p. 11 e 14).

Esse comportamento audacioso lhe valeu críticas diversas, sendo a mais grave a acusação de adultério.

Maia (1961, p. 5 e 6) publicou uma biografia em que afirmava no prefácio, entre tantas outras surgidas no centenário do jurista, que era obra "sem caráter crítico ou analítico, mas no evidente sentido panorâmico e panegírico", ambicionando desenvolver um "espírito mais interpretativo do que de pesquisa" e "nada revelando de novo biograficamente terá destacado motivos de ordem secundária, todavia significativos".

Embora o autor reafirme o caráter beatífico de Clóvis Beviláqua, pondera que não abordará a sua vida íntima "para não sermos desprimorosos, poupar-lhe-emos a venerável e admirável memória" (MAIA, 1961, p. 8 e 9).

No entanto, sobre a esposa, faz referência à suposta forma imprópria para a idade com que se vestia e utiliza-se do termo "indiscrições" para qualificar situação delicada envolvendo a escritora e um terceiro.

Segundo o autor, Dulcídio Gonçalves, delegado e ex-aluno do jurista, o avisa sobre situação envolvendo Amélia, um outro homem e certa quantia em dinheiro que este recebera desta, o que despertou veemente defesa do jurista enfatizando que não aceitava a sua caracterização como irresponsável ou instável.

Indiferente ao fato de que tal transação pudesse ser originada por dádiva ou extorsão, Maia (1961, p. 9) ainda aponta, em referência direta ao adultério, o contraste entre a personalidade de Clóvis Beviláqua e o "modelo nortista", do qual Euclides da Cunha seria um exemplo.

Essa referência a uma suposta tolerância de Clóvis Beviláqua ao adultério da esposa, tanto pode ser originada pelos fatos como também do desdobramento do comportamento "moderno" desta, que se somava à sua posição intelectual durante os debates sobre o Código Civil, em que defendia existir igual gravidade no adultério, tanto masculino quanto feminino, por ambos caracterizarem quebra da fidelidade conjugal recíproca exigida pela lei, ao contrário de outros juristas, que culpabilizavam mais a mulher adúltera:

> Alguns escritores, ainda imbuídos do preconceito da superioridade do homem, a quem se permite abusos e desregramento, como o senhor das posições sociais, insistem em mostrar que o adultério da mulher é indício de depravação maior, e que produz consequências as mais graves, porque pode introduzir na família filhos estranhos. A primeira observação é falsa, porque se a sociedade exige da mulher o maior recato, deve, igualmente, exigir do homem que não quiser ser tule com o espetáculo de sua imoralidade, porque o dever da fidelidade é recíproco. Se, ao casar-se, um homem fizesse a declaração de que não aceitava para si a obrigação de se manter fiel, não encontraria pai honesto que lhe confiasse a filha. A segunda observação não é mais convincente do que a primeira. O adultério da mulher pode introduzir na família um estranho; mas, em regra, são as facilidades do marido que incitam a mulher aos desvios, e a questão não deve ser posta nesses termos. Não se trata de medir a consequência da infidelidade... E, encarados os fatos do ponto de vista ético, não são menos imorais as ribaldarias amorosas do marido do que a desonestidade da mulher (*apud* BORELLI, 2004, p. 12-13)

Outras biografias, Brandão (1989) entre elas, frisam a proximidade do casal e os laços de afetividade que mantiveram ao longo do tempo. Portanto, sem nenhuma referência documental a qualquer episódio dessa natureza, tal afirmativa se soma a outros preconceitos misóginos que uma personalidade como a de Amélia Beviláqua deveria provocar em alguns de sua época.

c) O Código Civil

Finalmente, sobre a polêmica no Código Civil, quando Rui Barbosa despejou pesadas críticas ao projeto de Clóvis Beviláqua, dando início a uma polêmica que envolveu juristas, intelectuais, políticos e instituições (o Supremo Tribunal Federal, as diversas faculdades de Direito e o Instituto da Ordem dos Advogados, entre outras), a abordagem de Brandão (1989) não acrescenta nada de original, restringindo-se a historicizar a contenda com base em diversas fontes secundárias.[129]

---

129 Sobre a polêmica envolvendo Clóvis Beviláqua, Eduardo Carneiro Ribeiro e Rui Barbosa, fizemos comunicação específica no XXV Congresso da Associacão Latino-Americana de Sociologia (ALAS), em Porto Alegre (SILVA, 2005).

Avaliações da ação de Rui Barbosa como paladino do purismo gramatical e do resguardo da linguagem jurídica na redação da obra permitiram diversas abordagens por diferentes autores.[130]

A polêmica entre Rui Barbosa e Clóvis Beviláqua apontava para uma tensão literária no interior do discurso jurídico, em que se faziam presentes o purismo linguístico e a defesa do discurso legislativo como patrimônio dos iniciados na linguagem forense. O jurista baiano critica Clóvis Beviláqua por ser inexperiente juridicamente e não possuir o domínio da "ciência da sua língua, a vernaculidade, a casta correção do escrever", enquanto Carneiro Ribeiro, embora professor de línguas, era considerado "profano em coisas jurídicas".

Na defesa de seu texto, Clóvis Beviláqua reafirma a tensão entre ordem jurídica e linguagem, identificando nos conhecimentos jurídicos o alicerce do Código Civil, pela sua orientação doutrinária, mais do que os conhecimentos gramaticais.

O Código Civil de 1916 recebeu tradução para o francês e o alemão, sendo reconhecido como modelo de clareza e boa técnica e vazado em orientações provindas do liberalismo político e econômico, mas já com certo sentido social (por exemplo, ao regular a locação de serviços, mostrou a conveniência de vir o direito do trabalho a constituir matéria de lei especial, enquanto no campo do direito de família, admitiu o reconhecimento dos filhos ilegítimos e a investigação de paternidade).

Como o eixo da biografia citada é a intimidade de Clóvis Beviláqua, a polêmica pública não ganha maior destaque, e Brandão (1989, p. 85-92) reafirma, por intermédio de numerosas citações, a avaliação positiva do resultado final da codificação, enaltecendo o jurista cearense como seu artífice.

O livro pouco acrescenta, uma vez que a imensa maioria das informações procede de material de fontes secundárias de fácil acesso e o texto mantém o tom apologístico de discursos solenes e eventos memorialísticos.

A perspectiva intimista, por sua vez, desafia o biógrafo ao abordar os três temas estigmatizantes na trajetória do jurista: sua origem como "filho de padre", a relação conjugal com Amélia Beviláqua e a polêmica intelectual com Rui Barbosa na codificação civil.[131]

---

130 Citando San Tiago Dantas, MARTINS (1977-1978, p. 173) identifica na *Réplica* uma ação política diversionista "destinada a destruir o projeto Clóvis Beviláqua, substituindo-o por um de sua própria autoria (o que lhe daria a glória de ser o autor do Código Civil e o prazer da vingança contra Campos Sales e Epitácio Pessoa por haverem ultrajantemente confiado a empresa ao jurista cearense)."

131 "É mais instrutivo esperar que os efeitos peculiares de uma organização social sobre a memória sejam mais funcionais do que disfuncionais. Para que qualquer sistema cognitivo possa operar, certas coisas precisam ser esquecidas. Não há como se prestar completa atenção a tudo. (...) As influências institucionais tomam-se aparentes por um

O jurista cearense, inclusive, "não escondia o fato (de ser filho de padre) para os íntimos – na parede de seu quarto de dormir conservava o retrato do pai vestido de batina" (BRANDÃO, 1989, p. 51).

Teria sido interessante que Brandão (1989, p. 59 e 63) houvesse mantido os pronomes de tratamento na transcrição feita de trechos de duas cartas do pai para Clóvis Beviláqua, pois mostraria não só a preocupação e o cuidado paterno com o futuro do filho, mas também a forma que a intimidade assumia entre ambos.[132]

Sobre Amélia Carolina de Freitas Beviláqua e algumas das memórias construídas sobre ela, a biógrafa evita a caracterização de seus modos excêntricos, defende sua pretensão de entrar para a Academia Brasileira de Letras, comenta de forma breve a questão da vaidade e do vestir, e não faz nenhuma referência ao comportamento leviano ou ao adultério, inclusive reafirmando a proximidade do casal e os laços de afetividade entre eles.

Finalmente, sobre a polêmica em relação ao Código Civil, quando Rui Barbosa apresenta críticas severas ao projeto de Clóvis Beviláqua, dando início a uma polêmica gramatical que ocupou um espaço significativo na vida intelectual e política do período, nada de original se acrescenta.

A relevância da obra, portanto, é a introdução de algum material do acervo particular da família e a proposta de uma abordagem intimista sobre alguns momentos da vida do personagem.

O livro de Noemia Paes Barreto Brandão, quer pelos seus méritos, quer por suas limitações, consequência da complexa relação entre forma e conteúdo, nos permite pensar a função da obra biográfica e, como forma particular de memória, oferece três questões que nos parecem dignas de reflexão.

A primeira deriva da constatação de que a existência de uma biografia supõe a ampla utilização de forças sociais pela manutenção de uma memória, ou de um certo tipo de memória, sendo o indivíduo não somente uma unidade,

---

enfoque naquilo que não se pode pensar e naquilo que não se pode recordar, acontecimentos que podemos notar ao mesmo tempo que os observamos esgueirando-se para um outro plano, que se situa além da lembrança" (DOUGLAS, 1998, p. 90-91).

132 MEIRA (1990, p. 55-56) narra fato curioso. Por volta de 1879, com 20 anos e no segundo ano do curso jurídico, Clóvis Beviláqua escreveu à mãe pedindo-lhe setenta mil réis para a compra da obra de Littré, e essa lhe atendeu o pedido. "Por que pedira o dinheiro à mãe e não ao pai? [...] É bem possível que o pai, que já deveria mandar-lhe mesada, lhe recusasse o auxílio?" O autor acredita que a causa era a ausência do pai de Viçosa, o que, imaginando a circulação de correspondência no período, cremos ser difícil ser antecipada pelo remetente – o simples desejo de não incomodá-lo com o pedido e a opção pela mãe como fonte do dinheiro pode ser sinal de níveis distintos de envolvimento entre o filho e os genitores ou ainda da impossibilidade, por respeito ao pai, de se pedir recursos para a aquisição de livros de um pensador refratário à igreja.

mas parte de um grupo e representação de ideais e expectativas que já não são subterrâneas, mas que convivem junto a outras manifestações de superfície.

Isso é demonstrado pela quantidade significativa de fontes secundárias utilizadas pela autora, que denotam o esforço pela conservação ou utilização do personagem e de sua trajetória como exemplo, inspiração e legitimação grupal.

A segunda é desdobrada da constatação da perspectiva narrativa da autora, em que esse indivíduo, encarado como notável e descrito em sua dimensão íntima e pessoal, é visto como diferenciado dentro do grupo e da sociedade da qual faz parte, não permitindo sua identificação como exemplo representativo de qualquer grupo ou classe social.

E a última, mas não menos importante questão, a percepção de que o biografismo é um objeto propício para se constatar a multiplicidade de significados e expectativas que uma mesma matéria narrativa, uma trajetória individual, pode assumir em diferentes obras/autores/épocas, e com certeza o singelo trabalho de Brandão apresenta tal possibilidade.

Uma trajetória profissional e intelectual: verdade biográfica por Sílvio Meira (1990)

> *A gente morre é para provar que viveu. As pessoas não morrem; ficam encantadas. (Guimarães Rosa)*

O autor de *Clóvis Beviláqua: sua vida, sua obra* (1990), Sílvio Meira (1919-1995), representa um exemplo de jurista que se permitiu desenvolver diferentes talentos e que circulou por diversas searas intelectuais, tendo sido advogado, professor de Direito Romano (UFPA), romancista, historiador, biógrafo e tradutor (de Goethe e Schiller), além de membro do IAB e do IHGB.

O livro, que em nota da editora (Editora da Universidade Federal do Ceará) é referenciado com outro título (*Clóvis Beviláqua: o codificador da República)*, representa a segunda experiência do autor como biógrafo, sendo a primeira *Teixeira de Freitas: o jurisconsulto do Império* (1979), editado pela José Olympio.

O subtítulo inicial, "O codificador da República", vincula a biografia à perspectiva semelhante ao trabalho anterior do autor sobre Teixeira de Freitas, e reafirma o aspecto jurídico do enfoque, sendo que a edição por instituição universitária reveste o livro de uma natureza acadêmica inexistente nos trabalhos anteriormente analisados.

O próprio autor reconhece a ligação entre os dois volumes:

> Há uma sequência natural, histórica e psicológica, nessas duas vidas, que enchem dois séculos. Ambos se dedicaram à sua tarefa com amor

e desinteresse. Ambos deixaram obra imorredoura, com repercussão em nações estrangeiras. Ambos ajudaram a estruturar juridicamente a nação brasileira. [...] Ambos serviram a Pátria e morreram pobres, dando exemplos de dignidade inexcedível, neste país de tantos contrastes." (MEIRA, 1990, p. 18)

Ao longo de 457 páginas, o texto, dividido em 22 capítulos, faz percurso clássico enfocando origens, família, formação, atividade profissional e intelectual, de forma semelhante à biografia de Menezes e Azevedo (1959), mas incorpora tópicos específicos sobre as relações com algumas instituições (IHGB, IAB e ABL), além de trazer algum material original (como fotos, um discurso inédito e a bibliografia de Amélia Beviláqua).[133]

No prefácio, o autor justifica seu interesse pelo biografado por vínculos familiares – pois o pai do biógrafo foi contemporâneo do jurista em Recife –, de vivência – escrevera artigo sobre Clóvis Beviláqua quando estava na faculdade, tendo recebido um livro autografado deste como forma de agradecimento – e de natureza profissional.

Relembra visitas feitas à casa do biografado após a sua morte e o contato com as filhas Dóris e Veleda:

> Mais tarde, no final da década de 40, tivemos oportunidade de visitar a casa do Barão de Mesquita. Clóvis não mais existia. Falecera em

133O sumário apresenta os seguintes capítulos: I. A terra natal. Viçosa na Serra de Ibiapara; II. Os ancestrais brasileiros, portugueses e italianos; III. A infância. Os primeiros estudos em Viçosa, Fortaleza e no Rio de Janeiro; IV. Recife. As influências de Tobias Barreto. Primeiros empregos e primeiras decepções. Volta ao Ceará; V. A Promotoria Pública de Alcântara, Maranhão. O casamento com Amélia Carolina de Freitas; VI. O regresso a Recife. Bibliotecário da Faculdade de Direito. A República. Secretário do Governo do Estado do Piauí; VII. Clóvis parlamentar no Ceará. Os desencantos da política. A volta a Pernambuco. O revolucionário de ideias; VIII. Os primeiros livros jurídicos, literários e filosóficos. O magistério em Recife. Traduções. 1878 a 1899; IX. A elaboração do Código Civil Brasileiro. Antecedentes, no Império. A República. O projeto de Clóvis Beviláqua; X. A Consultoria do Ministério das Relações Exteriores, de 1906 a 1934. Correspondência com Ministro e outras personalidades; XI. Clóvis Beviláqua pensador. Positivismo, Monismo e Evolucionismo; XII. Clóvis Beviláqua e o Instituto Histórico e Geográfico Brasileiro; XIII. Clóvis Beviláqua e o Instituto dos Advogados Brasileiros; XIV. Clóvis Beviláqua e a Academia Brasileira de Letras. A candidatura de Amélia de Freitas Beviláqua; XV. Ainda o afastamento da Academia Brasileira de Letras. Honraria, medalhas e condecorações. A Ordem Nacional do Mérito; XVI. Clóvis Beviláqua no campo internacional. A Corte Permanente de Justiça Internacional; XVII. Clóvis Beviláqua e o Direito Romano. O Direito Comparado; XVIII. Um discurso que não chegou a ser lido. Clóvis Beviláqua e o Direito Criminal. O projeto de Código Penal da Armada; XIX. Clóvis Beviláqua e os moços. Dois momentos em Recife: 1906 e 1934; XX. Os últimos anos; XXI. A bibliografia de Clóvis Beviláqua; XXII. A produção literária de Amélia Beviláqua. Diplomas e honrarias concedidas a Clóvis Beviláqua.

> 1944. Mesmo assim, ali encontramos a sua biblioteca ainda intacta, suas comendas em vitrine própria, a simplicidade do ambiente em que vivera, pombos entrando pelas janelas e pousando nas mesas e estantes. Sua filha Dóris nos ofertou vários papéis e fotografias, que guardamos zelosamente, já pensando em escrever a obra biográfica que só agora surge. Voltamos outra vez, tempos depois. Dóris já era falecida. Fomos recebidos por Veleda, sempre atenta e delicada. (MEIRA, 1990, p. 17)

A narrativa reforça o vínculo pessoal e de certa forma é autobiográfica. O biógrafo descreve a aproximação, o contato e a construção de seu objeto em um processo de panteonização do personagem, tanto pela eleição de seus precursores quanto por similitudes e contrastes com outros notáveis.

Comparando o processo de construção das biografias de Teixeira de Freitas e Clóvis Beviláqua, afirma:

> A biografia de Beviláqua exigiu-nos esforço redobrado. Freitas era antes de tudo o advogado e o civilista, não teve altos voos no campo da filosofia, nem das letras; Clóvis foi civilista, internacionalista, criminalista, filósofo, literato, historiador. (MEIRA, 1990, p. 18)[134]

O autor enumera os lugares onde buscou fontes: a terra natal do jurista, onde recolheu também relatos orais sobre este e sua família; O IHGB; o Arquivo Nacional; a Biblioteca Nacional; o Ministério das Relações Exteriores; o IAB, entre outros locais, além de citar a cessão de documentos e materiais por particulares.[135]

Justificando sua obra, busca legitimá-la com base em alguns instrumentos: o vínculo afetivo e profissional, a amplitude das fontes utilizadas[136], a originalidade do enfoque etc.

---

134 Clóvis Beviláqua também demonstrou interesse pelo biografismo, como nas obras que escreveu sobre seu sogro, *Traços biográficos do desembargador José Manoel de Freitas*, em 1888; sobre Sílvio Romero, em 1905; *História da Faculdade de Direito de Recife*, em 1927; e o já citado *Revivendo o passado*, em 1937, pelo que estas representam de memorialismo do personagem.

135 Na p. 246, constata a dispersão do acervo do jurista: "Seu arquivo, imenso, hoje estraçalhado, com partes no Instituto Histórico e Geográfico Brasileiro, Arquivo Nacional, Ministério das Relações Exteriores, Faculdade de Direito do Ceará, Arquivo Público do Ceará e em outras instituições culturais, seu arquivo revela que trabalhou intensamente a vida inteira."

136 MEIRA (1990, p. 293) explorou, ao longo de sua pesquisa para a construção da biografia, um número bastante significativo de fontes, com destaque para os documentos institucionais e jornais, sendo que, em relação às fontes, adverte: "os jornais constituem a sepultura das obras literárias, sepultura que só os pesquisadores teimosos são capazes de revolver, à procura de preciosidades enterradas."

> Difícil (a tarefa de fazer a biografia de Clóvis Beviláqua) porque procuramos fugir ao lugar-comum com a reprodução do que outros já disseram. Descobrimos um Clóvis jovem idealista e lutador, abolicionista e republicano. Sob esse aspecto mostrou-se bem maior do que Tobias Barreto – este, descendente de africanos, nada fez pela abolição. [...] Dedicamos um capítulo a "Clóvis e o Direito Romano", outro a "Clóvis e o Instituto Histórico e Geográfico Brasileiro"; examinamos a sua atuação no Ministério das Relações Exteriores e seus numerosíssimos pareceres. Abrimos o véu de algumas fases de sua vida não examinadas por outros escritores. Deixamos de referir numerosos equívocos por parte de alguns autores, a fim de não desviar o pensamento para questões paralelas. [...] Construir e não demolir. (MEIRA, 1990, p. 19-20)[137]

Faz ainda referência à memória da esposa de Clóvis Beviláqua:

> Procuramos resgatar a imagem de Dona Amélia de Freitas Beviláqua, escritora de bom estilo, gabada por Araripe Júnior, Odilo Costa e muitos outros intelectuais da época. [...] Os trabalhos domésticos, as enfermidades e o tempo destruíram física e mentalmente aquela que, na juventude, fôra uma bela e culta mulher. (MEIRA, 1990, p. 20)

Uma curiosidade ao longo do texto são as diversas considerações francamente generosas do biógrafo em relação à monarquia no século XIX e seus imperadores, D. Pedro I e D. Pedro II, em contraste com críticas à república.[138]

---

137 Embora não deseje corrigir erros alheios, faz referências sobre eles de forma indireta: "Já encontramos descrito com outras cores o episódio idílico do quase afogamento de Amélia de Freitas. Um autor o refere, dando como local a praia de Olinda, em Pernambuco" (MEIRA, 1990, p. 81). O erro, se ocorreu, é parte da narrativa de BRANDÃO (1989, p. XXX). Ou ainda, no Anexo do capítulo VIII, quando, em requerimento para a Biblioteca da Faculdade de Direito de Recife, questiona a sua classificação no concurso e a data em que MENEZES e AZEVEDO (1959, p. 91) afirmam que Clóvis Beviláqua tomou posse na cátedra de Filosofia, obtendo a informação de que o ano correto era 1889 e não 1888, e que o candidato não havia deixado distanciado o competidor, mas empatado em primeiro lugar com Virgínio Marques Carneiro Leão (MEIRA, 1990, p. 133). Há, ainda, entre os biógrafos, outros momentos de disputa sobre a verdade biográfica.

138 Entre diversos exemplos, selecionamos dois momentos: quando o autor caracteriza, por contraste, os ""homens do Império" que "tiveram uma sólida formação moral refletida na política. Tornaram-se estadistas, quando não juristas eminentes, ou mesmo, em outras searas, engenheiros, médicos e artistas geniais, cujas obras permanecem até hoje. Longo seria enumerar exemplos, tão conhecidos, de todos aqueles vultos legados à pátria no 2º Reinado" (MEIRA, 1990, p. 59); e as considerações sobre coletânea organizada por Clóvis Beviláqua, já na velhice, de alguns de seus textos da juventude, intitulada *Revivendo o passado*, publicada em sete volumes, em que, no primeiro, sobre texto a respeito de Carlos Gomes, MEIRA pondera: "Esquecia, porém Clóvis – que tanto atacava Pedro I e Pedro II, que Carlos Gomes nada seria se não encontrasse a mão

No capítulo I, tributário de alguma relação entre indivíduo e meio, é caracterizada a terra natal do biografado, Viçosa do Ceará, desde suas características geográficas até o processo de povoamento, o desenvolvimento econômico, a conquista de autonomia política, os jornais, seus filhos ilustres e outras notas pitorescas, nas quais se destaca a amplitude de informações e a completa ausência de referência às suas origens.

O capítulo II, sobre os antepassados do jurista, afirma a ancestralidade brasileira, portuguesa e italiana, e sem nenhuma consideração a mais sobre o tema referencia a condição de filho de padre do biografado, caracterizando o padre José Beviláqua como homem que prosperou "ora acendendo uma vela a Deus, ora outra ao diabo", pois fora dedicado à sua missão pastoral e às atividades de comércio e agiotagem.

Consultando o testamento do padre (que é transcrito no livro), apresenta a declaração de "viver de portas a dentro" com Martiniana Maria de Jesus, com quem teve seis filhos, que são seus herdeiros, e a listagem da considerável fortuna acumulada: casas, barracos, terrenos, joias, moedas de outro e prata, máquinas e instrumentos, gado, assim como títulos de crédito (MEIRA, 1990, p. 29-30).

O biógrafo localizou documento de 1855 do Bispado da Diocese de Sobral, Ceará (também transcrito no livro[139]), oficializando o casamento de Antônio Severiano da Silveira e Martiniana Maria de Jesus – e, por possivelmente serem primos, foram dispensados "do impedimento de segundo grau d´afinidade ilícita" pelo padre José Beviláqua, que também oficializou o casamento, tendo como uma das testemunhas Alexandre Beviláqua, irmão do padre.

O documento parece comprovar a engenhosa solução encontrada pelo padre para manter a mulher em sua companhia e minimizar o escândalo local com o fato, fazendo um casamento de fachada, em que o marido abandonou a esposa após a cerimônia, e esta passou a morar com o pároco.

Meira (1990, p. 32) faz uma reflexão sobre as origens familiares de Clóvis Beviláqua, a moralidade e a ambição biográfica:

> Narramos esses episódios não com o intuito de denegrir a personalidade do sacerdote, mas por amor à verdade ou à suposta verdade transmitida

---

superior e benfazeja de nosso segundo Imperador, esclarecido e magnânimo", ou sobre referência a D. Pedro I em texto sobre Tiradentes: "Nesse escrito, referindo-se ao nosso primeiro Imperador e fautor (sic) da Independência, escreve com injustiça: (...) Pedro I, o farçante do Ipiranga" (p. 123-124).

139 Como não se utiliza de notas de rodapé, informa no texto: "Esse casamento está inscrito na Diocese de Sobral no Livro 5º. De Casamentos da Paróquia de Nossa senhora D´Assunção de Viçosa, fls. 54, e foi realizado no dia 10 de maio de 1855" (MEIRA, 1990, p. 31).

> pela tradição e pelos documentos da época. O historiador, muito especialmente o biógrafo, não pode escamotear fatos, com a intenção de melhorar ou piorar a imagem do biografado. Todos esses fatores, positivos ou negativos, servirão para um julgamento global da personalidade em estudo.

Em diversos momentos, o autor utiliza ampla adjetivação para caracterizar positivamente tanto o padre José Beviláqua – "estimado por seus paroquianos", "viver em concubinato não lhe afetou o prestígio na comunidade", pois "esse homem extraordinário foi diferente do comum dos mortais" – quanto Martiniana Maria de Jesus – "santa criatura, desvelada amiga do lar, mãe de muitos filhos" (MEIRA, 1990, p. 32-33).

O biógrafo consultou o Arquivo do Instituto Histórico Heráldico Genealógico Internacional para localizar possível origem nobiliárquica da família Bevilácqua, encontrando inclusive uma vila e quatro castelos na Itália com o nome da família (MEIRA, 1990, p. 35).[140]

Outro aspecto recorrente da narrativa do biógrafo é certo determinismo[141] racialista[142]. Meira (1990) o afirma quando descreve alguns dos ancestrais do jurista:

---

140 Em um giro narrativo que lembra os manuais de história natural dos séculos XVIII e XIX, considera o sobrenome Bevilácqua próximo a tantos outros que referenciam a água (acqua) e cita trecho de Dante Alighieri, o canto IV do Purgatório, sobre o artesão Belacqua. Essas demonstrações de erudição bacharelesca aparecem recorrentemente em diversos momentos da narrativa, como citações em latim, italiano ou francês, referências a clássicos da literatura nacional e internacional, citação de filósofos e pensadores diversos.

141 As concepções racialistas faziam parte do arsenal conceitual dos intelectuais de várias áreas nos finais do século XIX e inícios do século XX, como nas considerações de Araripe Júnior sobre a poesia de Cruz e Sousa, em 1893: "O fato mais interessante que ocorreu o ano passado no acampamento das letras, foi a tentativa de adaptação do decadismo à poesia brasileira. A responsabilidade deste cometimento cabe a Cruz e Sousa, autor do *Missal* e dos *Broquéis*. Essa transplantação literária torna-se tanto mais curiosa quanto se trata de um artista de sangue africano, cujo temperamento tépido parecia o menos apropriado para veicular a flacidez e a frialdade hierática da nova escola" (COUTINHO, 1963, p. 135.). Se, para um autor do século XIX, essa era uma concepção rotineira, num texto de finais do século XX, Meira (1990), é de causar no mínimo estranheza.

142 Em trecho no qual descreve a avó paterna do biografado, cearense de antiga família, mas com traços indígenas, classifica-a como "braquicéfala" (p. 34), classificação que contrasta com outras formas de crânio (mesocéfalo e dolicéfalo). As concepções racialistas, que aparecem em diferentes momentos do texto, sobrevivem na análise do biógrafo, que é paraense, dentro de uma lógica do senso comum na qual ao tabajara cabem virtudes intrínsecas à sua raça e não "padrões de cultura", sendo que tais características

> (Sua mãe descendia) de troncos genealógicos cearenses: os Ayres da Rocha, e piauiense, os Costa Ferreira, com ascendência luso-brasileira. Deste ramo parece evidente a presença de sangue indígena, que se revela nos traços fisionômicos, especialmente nos olhos amendoados e no temperamento reservado, tímido e arredio. (p. 33)

Ou do próprio Clóvis Beviláqua:

> O sangue italiano, portanto, foi bem menor do que o luso-brasileiro, provindo da avó paterna e dos avós maternos. Talvez por isso, Clóvis não apresentava certas características constantes na raça italiana: a alegria, a exuberância verbal, a explosão temperamental. Pelo contrário. Era, na vida, o oposto de tudo isso: triste, tímido, recatado e tranquilo, psicologicamente guardava todas as virtudes tabajaras. (p. 34)

O capítulo II se encerra com alguns anexos, assim como com um número significativo de fotos ao longo do texto[143], que surgem para confirmar algumas das afirmações do biógrafo e também para testemunhar a originalidade e profundidade de sua pesquisa.[144]

No capítulo III, sobre a infância e os estudos em Viçosa, Fortaleza e Rio de Janeiro, é narrada a passagem de escola em escola como se fosse uma ascensão em direção ao sucesso – a trajetória, teleobjetivada, vai se afirmando como inexorável destino do menino que se torna homem: "Sua escalada era evidente. Viçosa, Sobral, Fortaleza, Rio de Janeiro. [...] Por trás dessa ascensão estava a mão protetora do padre Beviláqua" (MEIRA, 1990, p. 53).

O menino estudava em um período no qual

---

inatas a todos os indivíduos do grupo devem ser enaltecidas como formadoras de uma identidade regional.

143 A existência de diversas fotos do jurista é justificada de forma bastante curiosa, pois a referência à humildade e santidade de Clóvis Beviláqua inevitavelmente aparece, como alguém que "despojou-se de todas as vaidades deste mundo, a não ser a singela vaidade de tirar retratos, mais por influência da família" (p. 19). Ou ainda: "Por falar em vaidades, parece que a única que possuía era a dos retratos. Numerosas são as fotografias, desde a juventude até a velhice. Com vestes talares de professor catedrático muitas delas, outras no ambiente familiar" (MEIRA, 1990, p. 319).

144 Um relatório sobre a morte e o enterro do padre José Beviláqua, escrito por João Benício Beviláqua (cunhado de Clóvis); declaração cartorária como reprodução do atestado de óbito do padre José Beviláqua; declaração da Secretaria do Bispado da Diocese de Sobral, no Ceará, com reprodução da certidão de casamento de Martiniana Maria de Jesus, mãe de Clóvis Beviláqua, com Antônio Severino da Silveira; declaração da Secretaria do Bispado da Diocese de Sobral, no Ceará, com reprodução da certidão de batismo de Clóvis Beviláqua; e o testamento do padre José Beviláqua, com a minuciosa divisão de seus bens entre seus filhos (MEIRA, 1990, p. 37-47)

> Caprichava-se na caligrafia, e essa prática redundava em melhor disciplina mental. Estudava-se o latim, o que concorria para melhor alicerce futuro no conhecimento da própria língua portuguesa em suas etimologias romanas e gregas. O latim era também fator de disciplina mental. Geografia física era lecionada em profundidade. Mapas alemães de Schrader[145], gramática de francês, latim e grego de Brelet[146], os jovens se familiarizavam com os temas da pátria e suas tradições luso-romanas. Liam-se Tito Lívio e Tácito. Os poetas maiores, Virgílio e Horácio, não saíam das mãos dos estudantes; todo um vasto conhecimento alicerçava a formação cultural e moral adolescente. Não se desviava o curso do pensamento para inovações de outras esferas de influência, que não fossem luso-romanas. Cultivava-se a tradição e essa era uma tarefa patriótica e salutar." (MEIRA, 1990, p. 53)

Essa descrição, não só idealizada, mas anacrônica, haja vista que alguns dos livros citados só foram editados décadas depois de Clóvis Beviláqua já ter concluído seus estudos, quando já contava com quase quarenta anos ou mais, mostra um daqueles momentos em que a memória afetiva do biógrafo, assim como sua imaginação, escreve o texto.

O texto não é só escrito por meio do encadeamento temporal dos fatos, mas também pela sua valoração e com base nas características individuais e grupais do narrador.

Portanto, assim como o que se estudava nas escolas de Clóvis Beviláqua precisa se ligar ao que se estudou nas escolas de Sílvio Meira, outras afinidades deveriam existir, como uma identidade regional a ser valorizada e enaltecida:

> Longo seria enumerar exemplos, tão conhecidos, de todos aqueles vultos legados à pátria no 2º. Reinado, meninos que estudavam à luz de lamparinas e candeeiros de querosene, nas casas de morada dos engenhos, nas pequenas cidades do sertão ou das serras, ou mesmo nas capitais provincianas, desprovidas de conforto. Clóvis Beviláqua pertencia a essa grande geração de humildes crianças que se tornaram notáveis da pátria. (MEIRA, 1990, p. 57)

---

145 Pela referência parece tratar-se do *Atlas de Poche*, organizado por F. Schraber, com pranchas de Erchard F´res, editado em Paris, na França, em 1897, por Hachette et Cie., comercializado em São Paulo pela Casa Garroux, com erros grosseiros sobre o Brasil e a América do Sul, Amérique Méridionale, que demonstram o quase total desconhecimento da região. A partir de 1831, a Geografia tornou-se matéria escolar específica nas provas para os Cursos Superiores de Direito, e em 1837 era introduzida como disciplina no Colégio Dom Pedro II, no Rio de Janeiro, utilizando como referência o livro de Aires de Casal, *Corografia Brasílica* (1817), repleto de fatos e fenômenos desprovidos de significado e copiados por vários autores de livros didáticos durante o século XIX.

146 Pela referência parece tratar-se de *Abrégé de grammaire francaise*, *Grammaire Latine*, e *Abrégé de grammaire grecque*, de H. Brelet, editadas em Paris, na França, por Masson et Cie., cujos volumes mais antigos que encontramos datam de 1904.

A "identidade regional", motivo de orgulho, é reafirmada em diversas passagens do texto, como nesta:

> Quando Euclides da Cunha diz que o ´sertanejo é antes de tudo um forte´ não faz a afirmativa de pura retórica. A fortaleza está no corpo e na alma, vem de suas origens, dos seus hábitos, do clima ora ameno ora adusto, da alimentação, do sol que cresta as faces e enrijece os músculos, do ambiente em que o homem desabrocha para a vida" (MENEDES, 1990, p. 83)

Esse "notável da pátria", quando jovem, fundou alguns jornais, como o *Labarum Literario* e o *Ideia Nova*, e publicou artigos, poesia, crônicas e crítica literária em diversos outros, como *A Província, Jornal do Recife, Diário de Pernambuco, A Tribuna, Correio do Recife,* e *Gazeta Acadêmica* (MEIRA, 1990, p. 55).

O capítulo contém duas fotos, de uma rua comercial de Recife em 1878, e outra de Clóvis Beviláqua como acadêmico junto com três colegas.

No capítulo IV, sobre Recife, a influência de Tobias Barreto, o início da vida profissional e a volta ao Ceará, surgem as primeiras referências com caráter acadêmico, embora em formato bastante particular, pois os autores são referenciados com nome e sobrenome no estilo cotidiano e de forma heterogênea ao longo do texto:

> Informa A. J. Barbosa Vianna (Recife, capital do estado de Pernambuco, 1900 – PE, p. 14) (MEIRA, 1990, p. 63), ou

> Há muitas controvérsias em torno dessa denominação (Escola de Recife) (vd. a respeito os excelentes estudos de Odilon Nestor, Faculdade de Direito do Recife – Traços de sua história, Recife, 1930) e de F. Alcântara Nogueira, Vamireh Chacons (Da Escola de Recife ao Código Civil, Rio, Organizações Simões, 1969) (p. 65)

Sobre a formatação e as normas, as citações aparecem entre aspas, mas nem sempre é identificada a sua origem, como em trecho no qual o autor cita longamente texto de Clóvis Beviláqua sobre sua experiência na Faculdade de Direito de Recife e a influência de Tobias Barreto sobre sua formação, sem, no entanto, identificar a fonte de onde retirou o trecho[147] ou a listagem do nome dos formandos da turma do jurista na mesma faculdade[148], em 1882, também não referenciada (MEIRA, 1990, p. 66-67).

---

147 Os trechos fazem parte de entrevista de Clóvis Beviláqua a João do Rio, em entrevista de 1905, no *Momento Literário*.

148 "Na turma de 1882 havia, portanto, quatro do Pará, cinco do Maranhão, cinco do Piauí, dois do Ceará, cinco da Paraíba, vinte e cinco de Pernambuco, cinco de Alagoas, quatro do Sergipe, dezesseis da Bahia, um do Rio de Janeiro, um do Mato Grosso e um do Paraná, num total de setenta e quatro (74) estudantes" (MEIRA, 1990, p. 68).

O episódio da solicitação do cargo de promotor de Aquiraz (comarca próxima de Fortaleza) pelo então jovem advogado recém-formado junto ao presidente da Província do Ceará, Domingos Antônio Raiol, no final de 1882, é apresentado como um momento fundamental na vida do biografado (MEIRA, 1990, p. 68-71).

O presidente da Província negou-lhe o cargo, em vista de este já estar ocupado por um leigo, e ofereceu-lhe outra comarca, a de Maria Pereira, que não só foi recusada como fez com que Clóvis Beviláqua levantasse polêmica por intermédio de dois longos artigos intitulados "Uma cincada da lei", em 21 e 28 de janeiro de 1883, no jornal *Constituição*, onde, com referência às leis do Império, a Dante Alighieri, a Rabelais e a Voltaire, identificava-se como injustiçado e apontava que a manutenção de um leigo era apenas a recompensa por "serviços políticos, embora para tal fazer seja necessário conculcar direitos, os mais legítimos."

O texto de Clóvis Beviláqua lança a ideia de que por ser o autor liberal e republicano era preterido pelo presidente de Província, filiado ao regime imperial, sendo que os ataques foram respondidos pelo jornal governista *O Cearense*, afirmando que o governo sempre tinha escolhido bacharéis de distintos vínculos políticos para os cargos, mas que em situações de seca estes tendiam a abandonar as comarcas, enquanto os leigos permaneciam, portanto, o governo oferecia ao solicitante um outro posto de promotor (Maria Pereira), pois embora a lei estabelecesse o direito de preferência ao bacharel, não tinha retirado do Executivo o direito de escolha.

Meira (1990, p. 70) atribui ao presidente da Província razão, pois, acima do direito de preferência, colocava-se o direito de escolha, mas lança a questão, sem resposta, que em muitos biógrafos é colocada como um contraste entre a ambição e ousadia do jovem advogado e a humildade e timidez do jurista.[149]

Além da discussão sobre se há ligação entre a personalidade na juventude e na madureza, MEIRA (1990, p. 70 e 71) também faz um exercício de crítica literária, ao reconhecer nos dois artigos a presença de "palavras que inventava, neologismos ou arcaísmos desenterrados dos dicionários, como ´simpatias esquivosas´, a ´lógica desanamorou-se´ do Cearense, ´sorriso aristofânico´, ´argucioso`", que marcariam o estilo de escrita de Clóvis Beviláqua, que só

149 MEIRA (1990, p. 71) considera Domingos Antônio Raiol um dos "maiores homens da história brasileira do norte", e aponta que quando Clóvis Beviláqua escreve a *História da Faculdade de Direito do Recife*, somente cita o nome do político, formando da turma de 1854, sem se referir aos seus inúmeros títulos, como fez com outros alunos da instituição, e se pergunta: "Puro acaso ou resquício de ressentimento?" Apenas para efeito de comparação, quando escreve sobre Gregório Taumaturgo de Azevedo, que foi seu chefe e amigo, e se formara na turma de 1889, cita os cargos de governador do Piauí, Amazonas e Acre que este ocupou, a coautoria de ambos em *Limites do Brasil: guerras e tratados*, assim como observa que o militar era dono de escrita elegante e fácil, homem de ação e infatigável trabalhador, em texto com 13 linhas (*apud* MEIRA, 1990, p. 97).

seria modificado após as severas críticas feitas por Rui Barbosa por ocasião da confecção do Projeto do Código Civil.

A análise de Meira esbarra em três problemas distintos: em primeiro lugar, não há possibilidade de aproximação direta entre dois tipos tão distintos de discurso, o jornalístico e o jurídico ou legislativo; em segundo, o texto do projeto havia sido revisado pelo gramático e filólogo Carneiro Ribeiro e, portanto, representa, mais do que uma questão de escrita correta, um embate entre duas concepções sobre linguagem escrita; e, finalmente, não existe nenhum indício de dois momentos estanques do estilo literário de Clóvis Beviláqua situados antes e depois do Projeto do Código Civil.

O capítulo tem como anexo um resumo biográfico sobre Domingos Antônio Raiol, Barão de Guajará, e uma lista de suas obras, assim como uma foto de maio de 1883 do casal Beviláqua e um retrato do jurista pintado pelo autor.

O capítulo V trata do primeiro cargo público, na Promotoria Pública de Alcântara, no Maranhão, e do casamento com Amélia Carolina de Freitas.

O cargo foi concedido pelo seu futuro sogro, o desembargador José Manoel de Freitas – que ocupava o cargo de presidente da Província do Maranhão e conhecia o jovem advogado desde a época de Recife (onde fora colega de turma de seu filho)– que o nomeou como promotor em Alcântara, próximo a São Luiz, onde vivia sua namorada e futura esposa.[150]

Segundo Meira (1990, p. 81-83), o relacionamento de Clóvis Beviláqua e Amélia de Freitas Beviláqua foi terreno fértil para "várias histórias fantasiosas", com inúmeros episódios formando um "repertório quase folclórico" com narrativas "que já se tornaram legendárias, algumas de caráter anedótico, outras pitorescas", e vaticina:

> Tudo isso, no entanto, em vez de macular a veneranda figura ou alterar-lhe a imagem, pelo contrário, constitui a moldura em que se encaixa a sua personalidade. Felizes os homens que conseguem, durante a vida, criar em torno de si uma aura de admiração a ponto de despertar, em mentes imaginosas, invenções quase fantásticas. Algumas devem ser verdadeiras, mas aumentadas, coloridas pela tradição oral, com os exageros naturais de quem passa um conto e lhe aumenta um ponto. (p. 81)[151]

---

150 MEIRA (1990, p. 78-80) apresenta a íntegra dos ofícios e despachos dessa nomeação de Clóvis Beviláqua, em mais um exercício de legitimação da biografia e da qualidade da pesquisa do biógrafo.

151 Adiante (p. 83) reconhece que essas "lendas" têm na narrativa sobre o casal "o propósito de amenizar a aridez de uma vida toda ela dedicada ao Trabalho, à Cultura e à Pátria."

Meira aponta duas dessas estórias fantasiosas: a escolha da noiva e o quase afogamento de Amélia, salva por Clóvis Beviláqua.[152]

No primeiro caso, o jovem acadêmico haveria se enamorado de Ana Julieta, irmã mais jovem de Amélia, mas o pai destas teria exigido que namorasse a mais velha, sendo que Meira defende que mesmo que tenha havido um interesse inicial pela irmã mais nova, o fato de a mais velha ser uma bela mulher, inteligente, culta e com pendores literários teria acabado prevalecendo na escolha de Clóvis Beviláqua (p. 81).

No segundo, o episódio do quase afogamento, a descrição de MEIRA (1990) merece reprodução:

> Àquele tempo era natural as filhas-família (sic) banharem-se nos límpidos rios do nordeste, de águas cantantes ou nos olheiros borbulhantes e cristalinos. Amélia se afoga e se debatia às portas da morte quando Clóvis, resoluto, lança-se ao rio e arrasta-a (não sabemos se pelos cabelos ou em largo amplexo pelo dorso) até a margem. Deslumbrou-se com aquele corpo jovem e vigoroso. Também não se usavam *biquínis* nem *maillots*, palavras importadas no século XX. As moças ou se banhavam vestidas de longa camisola branca, que, molhada e fina, colava ao corpo, revelando-lhe as formas, ou totalmente desnudas. Em geral os banhos se realizavam em locais resguardados por árvores sombrias, sem o perigo dos olhares furtivos dos curiosos eventuais. (p. 81)

Meira localiza depoimento de Clóvis e Amélia sobre o episódio ao jornalista Hildon Rocha[153], que publicou o relato em livro, cujo trecho é transcrito da seguinte forma:

> (Amélia estava) com outras moças tomando banho no riozinho da cidade, circundado de árvores densas, que separavam o 'banheiro público' das moças de outro próximo, o dos rapazes. De repente, as moças começaram a gritar, pedindo socorro. Uma delas estava morrendo afogada. E entre os rapazes, o mais discreto e mais tímido colocou a solidariedade além das conveniências. E se atirou, nadando para o 'banheiro' das moças, arrastando Amélia pelos cabelos. Os banhos eram naquele tempo separados, mas inteiramente naturistas,

152BRANDÃO (1989) faz referência aos dois fatos, a atração pela irmã mais nova e o quase afogamento, referindo-se ao incidente como ocorrido em praia de Olinda, de onde o jovem advogado teriado resgata a família ameaçada de afogamento.

153O livro do jornalista, intitulado *Memória indiscreta: de Getúlio a Drummond,* foi publicado pela Francisco Alves, do Rio de Janeiro, em 1981 e, portanto, a imagem construída de Clóvis Beviláqua e os eventos anedóticos ou pitorescos sobre o casal já eram parte do imaginário sobre este. No entanto, após citá-lo, MEIRA (1990, p. 82) afirma: "O repórter, nesse caso, como os tabeliães, tem fé pública. Fica assim confirmada a história que narramos, passada nos sertões do Piauí."

> com sabonete e tudo, porque eram banhos para limpar mesmo. Esta a história contada por D. Amélia e não desmentida por mestre Clóvis. De sereia arrancada das águas onde se perdia, passando a namorada, depois noiva e companheira para toda a vida do afoito rapaz que a salvara da morte por amor. (p. 81-82)

De qualquer forma, o casamento com Amélia de Freitas trouxe ao jovem advogado, por indicação do sogro, o cargo de promotor em Alcântara, entre março de 1883 e fevereiro de 1884, mas por motivos de saúde e problemas familiares Clóvis Beviláqua não exerceu plenamente a função, solicitando atribuladas licenças e finalmente se afastando do cargo e mudando-se para próximo da família da esposa, que havia se transferido para Recife.

O capítulo tem como anexo uma biografia do sogro de Clóvis Beviláqua, José Manuel de Freitas, publicada em dicionário bibliográfico, que é sucedida por duas fotos do biografado, como deputado estadual e constituinte do Ceará, em 1891, e como professor em Recife, fotos essas que servem como antecedentes para o capítulo seguinte.

O capítulo VI, sobre o regresso a Recife e os cargos de bibliotecário na Faculdade de Direito de Recife e secretário de Governo do Piauí, é estruturado a partir de Livro de Diplomas e Títulos da Faculdade, que marca de forma precisa a vida funcional de Clóvis Beviláqua, com as datas de admissão, as promoções e os afastamentos.

Com base nesse cronograma, o biógrafo traça rápida descrição da trajetória do bacharel nesse período, com particular atenção para os seis meses nos quais Clóvis Beviláqua ocupou o cargo de secretário do Governo do Estado do Piauí, entre dezembro de 1889 e junho de 1890.

O cargo, para alguns biógrafos, teria sido uma premiação a Clóvis Beviláqua pelo republicanismo, enquanto outros identificam aí a influência do sogro (que era de origem piauiense).[154]

Como auxiliar direto do governo piauiense, exercido pelo marechal Gregório Taumaturgo de Azevedo, duas realizações chamam a atenção de Meira (1990, p. 96-97) no curto período em que o biografado exerceu tal função: um decreto por meio do qual as câmaras municipais são fechadas e substituídas por um Conselho de Intendência Municipal, até a aprovação de uma nova constituição federal ou estadual, e que teria sido escrito pelo jovem bacharel; e um telegrama publicado no jornal *O Cruzeiro* como resposta a um

154MEIRA (1990, p. 95 e 97) não descrê da ideia de premiação – tanto que reproduz trecho do livro do jovem bacharel, *O positivismo no Brasil*, de 1883, com duras críticas ao Império e a defesa do sistema republicano –, embora a classifique como modesta para alguém com os dotes e talentos do futuro jurista, e aponte que o governador era amigo pessoal da família Freitas.

artigo intitulado "Fome, peste e miséria", publicado em jornal de oposição, *A Falange*, no qual o governo era acusado de descaso no socorro aos indigentes da seca na região.

O capítulo VII, sobre a legislatura como deputado na Assembleia Constituinte do Ceará, os desencantos com a política e a volta a Pernambuco, aborda as concepções políticas de Clóvis Beviláqua, com destaque para sua simpatia pelo abolicionismo, o republicanismo e o liberalismo.[155]

Nesse sentido, o autor define, sob esse aspecto, o biografado da seguinte forma:

> Intimamente sempre foi um político no mais alto sentido, o homem preocupado com os grandes problemas nacionais. Era abolicionista convicto em plena época escravista e não escondia suas ideias. Fora republicano abertamente, e isso lhe valera entraves no caso da nomeação para a promotoria de Aquiraz[156] e mesmo para o provimento de cátedra na Faculdade de Direito de Recife. (...) Ocorre que Clóvis era um espírito reflexivo, sereno, enquanto os republicanos e abolicionistas históricos foram homens arrebatados, alguns oradores inflamados, agitadores. (...) Clóvis não era orador de improviso, incapaz de ir à praça pública berrar em nome da liberdade. Seus escritos, no entanto, traziam toda a energia de suas convicções, corajosamente expostas. (MEIRA, 1990, p. 103)

O autor não mantém uma ordem cronológica, de modo que os anos aparecem "embaralhados" na tentativa de explicar certos traços ou aspectos, o que nem sempre é escolha feliz, uma vez que corre o risco de descontextualizar os fatos.

Por exemplo, para demonstrar o envolvimento de Clóvis Beviláqua com o abolicionismo, o biógrafo cita inflamado discurso que este fizera em 1882 na Sociedade Pedro Pereira, que libertara alguns escravos, classificando-o nesse momento como "um revolucionário" que "atacava frontalmente o regime imperial e seus alicerces, entre eles a escravidão negra" (MEIRA, 1990, p. 103).

Essa descrição não leva em consideração alguns fatos fundamentais naquele momento histórico: a complexa relação do governo imperial com a escravi-

---

155O capítulo apresenta duas fotos, uma de Gregório Taumaturgo de Azevedo e outra de Clóvis Beviláqua, ambas sem datação, sendo que a foto do general só se justifica como outro exemplo do esforço para demonstrar o afinco de sua pesquisa.

156Curiosamente, sobre o mesmo tema abordado em páginas anteriores, o autor não considera que a recusa da vaga pretendida se deveu a questões políticas, tanto que o governador Domingos Antônio Raiol (um dos "maiores homens da história brasileira do norte") ofereceu outra comarca ao jovem bacharel republicano (MEIRA, 1990, p. 68-71).

dão e a vaga de leis sobre o tema no período (entre elas a de 1871, que libertou os "escravos da Nação", aqueles cativos que pertenciam ao Estado), o que não permite estabelecer uma relação simplista sobre o tema; a questão demográfica e econômica, que colocava o Ceará como um dos estados com menor número de escravos no período, já possuindo, em 1881, um forte movimento abolicionista que culminou com o boicote dos jangadeiros ao embarque de escravos no litoral cearense; o fato de que, em 1884, o estado foi o pioneiro na abolição da escravatura, o que, portanto, torna o termo "revolucionário" um claro exagero; e que era menos contestador aquele que exaltava o fim da escravidão naquele estado do que em São Paulo e no Rio de Janeiro, onde o número de escravos era elevado e as resistências maiores.

Para caracterizar o sentimento abolicionista de Clóvis Beviláqua, o autor faz referência a quatro artigos, escritos entre 1884-1888, defendendo a abolição (p. 106-107), sendo que, com certeza, a simples existência desses poucos textos não permite caracterizar o jovem bacharel como destacado militante abolicionista.

O biógrafo sugere, na forma incompleta que é característica de seu texto, duas leituras sobre o tema: "(Vd. Também Os últimos anos da escravatura no Brasil´´, de Robert Conrad, p. 216, Ed. Civ. Brasileira, v., 90, Col. Retratos do Brasil, trad. De Fernando de Castro Ferro, 1975, Rio e Raimundo Girão, ´O Aboliconismo no Ceará´)" (MEIRA, 1990, p. 106).

A defesa do sistema republicano, por sua vez, é tratada por meio de trechos de artigos em que faz críticas ao governo republicano, como em 15 de março de 1892, em que afirma que "a política brasileira seguida até hoje nos faz desconfiados" e ataca vultoso empréstimo feito pelo governo; ou em 18 de março do mesmo ano, quando afirma: "ex-presidente (Deodoro) que não trepidou, num momento dado, em atirar a Constituição pela janela a fora" (MEIRA, 1990, p. 108).

O "republicanismo intelectual" de Clóvis Beviláqua foi responsável por uma situação inusitada; em junho de 1889, quando era bibliotecário e professor recém-empossado da Faculdade de Direito de Recife (cargos que dependiam da benesse imperial)[157], convidou seu amigo de longa data, Silva Jardim, famoso militante republicano, para um jantar em sua casa.

O fato originou uma onda de boatos que se manifestaram como telegramas enviados a ministros e alguns publicados em jornais, os quais transformaram o jantar em banquete e atribuíram a este uma natureza pública de propaganda republicana e a filiação do biografado ao partido republicano.

157 MEIRA (1990, p. 126-127) narra o concurso no qual Clóvis Beviláqua derrotou Virgínio Marques, Olinto Vitor e Leal de Barros, classificando D. Pedro II de "magnânimo" por este, após ler as provas, dar a vitória a um simpatizante da república que na juventude havia chamado o imperador de mentiroso por apresentar-se como sábio e democrata.

Clóvis Beviláqua, para se defender de quaisquer represálias, veio a público esclarecer o ocorrido, afirmando ter se tratado de um simples repasto entre ele, o amigo e mais dois companheiros, no qual se falaram de diversos assuntos – inclusive do republicanismo –, mas sem cunho propagandístico, e que não era de forma alguma filiado ao partido:

> E porque motivo havia eu de fazer agora uma declaração solenne de adhesão ao partidfo republicano? Será possível que o pobre de espírito, que moveu esta intriga ignonne que, a minha actual cadeira de philosofia está, por agora, tão a mercê do governo, como o meu lugar de bibliotecário? Mas então, que tem essa injuria? Si estou agora em um emprego tão demissivel quanto o que deixei, para dizer que esperei por este para me declarar solenemente republicano? Tal declaração seria uma tolice, si eu a fizesse, mas não uma accintosa indignidade como suppõe a intriga. Todos que me conhecem sabem que se cogito nas infelicidades da pátria e se mantenho crença política, sempre inalterada, desde os tempos escolares, conservo-me afastado de certa actividade ajitadana e pratica, por índole, e também, um tanto por systema, pois entendo que cada individuo deve reconhecer suas aptidões proprias e o aplical-as [sic)] ao que elle julga o bem [...] Entendo que o meu posto, como amante da pátria, não é nos clubs nem na agitação das ruas, mas sim onde os coloquem. (MEIRA, 1990, p. 114-115)

Assim, republicano, mas não engajado, o jovem professor busca esclarecer os exageros dos boatos e denúncias, para ser poupado da demissão e conservar-se na discrição dos textos jornalísticos em um país de analfabetos e intelectuais de província, no qual a palavra escrita não é uma ameaça real.

O biógrafo também localiza artigo de 14 de março de 1880, no jornal *Nova Aurora*, de Quissanã [sic] (RJ)[158], sobre educação no qual critica o desconhecimento dos professores de ideias básicas de biologia e sociologia necessárias para a prática do ensino, apontando a necessidade de superar a simples memorização e os enfoques abstratos, sugerindo a criação de jardins de infância, de educação estético-literária e de valorização dos estudos da língua "viva" ao invés das "mortas", baseando-se em autores positivistas diversos (MEIRA, 1990, p. 109-110).

O tempo, por sua vez, vai marcando de forma cada vez mais profunda esse aspecto intelectual do personagem, diminuindo a exposição às polêmicas e o teor enfático das palavras, para consagrá-lo como jurista, membro da ABL e funcionário público.

---

158 Na p. 119, MEIRA (1990) usa a grafia Quiçanã, mas acreditamos ser a cidade de Quissamã, surgida em 1749, nos Campos dos Goitacazes. Disponível em: <http://www.quissama.rj.gov.br/index.php/2009/05/06/municipio-historia-quissama/>. Acessado em: 04/01/2012.

Só o exagero hagiográfico do biógrafo justifica avaliação diferente da trajetória do futuro jurista:

> Era um educador. Era um político. [...] Dedicava-se ao ensino prático. Como político não se fazia ausente do debate dos grandes temas nacionais. Era um sociólogo. Aplicava os princípios auridos de Comte, Spencer, Littré e a outros autores, à realidade social. Era um reformador. (MEIRA, 1990, p. 110)

Exceto quando da reivindicação do cargo de promotor em Aquiraz, quando publica artigos que atacam o governo de Domingos Antônio Raiol (1882), a polêmica somente surgirá em sua trajetória como resultado de atos "defensivos", como no ataque de Rui Barbosa ao Projeto do Código Civil, que pode ser localizado entre o convite do presidente Campos Sales e de seu ministro da Justiça, Epitácio Pessoa, até a publicação de seu *Em Defesa do Código Civil* (1899-1906), ou na recusa da ABL em aceitar a candidatura de Amélia Beviláqua para a vaga de Alfredo Pujol (1930), que o levou a escrever alguns artigos e não mais frequentar a instituição.

Se o tempo é ou não senhor da razão, o recém-formado de 23 anos, o jurista de 40 anos e o imortal de 71 anos diferem enormemente, e sua trajetória só pode ser pensada com base em permanências e mudanças que se interpenetram e se constroem ao longo do tempo como uma resultante na qual a prevalência de uma ou outra nem sempre é clara.[159]

O capítulo VIII expõe a produção bibliográfica dos primeiros anos e a relação com o magistério, citando as principais publicações que Clóvis Beviláqua fundou e com as quais colaborou (os jornais *Gazeta Acadêmica; A Nova Aurora; A Ideia Nova; O Escalpelo; A República; O Pão*, publicação do movimento literário Padaria Espiritual do Ceará; e as seguintes revistas: *Revista do Norte; Revista Contemporânea; Revista Brasileira* e *Revista Acadêmica* – da qual foi editor por cinco anos, entre outras).[160]

---

159 Analisando a trajetória de Clóvis Beviláqua, o biógrafo afirma: "Tem-se a impressão de que Clóvis, nessa fase da juventude, era um jovem inteligente, culto, mas profundamente ingênuo e um tanto arrogante. A ingenuidade ele a conservou, mas a arrogância desapareceu com o tempo. Ficaram a serenidade e a coragem moral. Aquele que vamos estudar em decênios seguintes mudou de psicologia. O jovem que lutava por um cargo no Ceará, mesmo que fosse preciso desalojar um outro ser humano, não sobreviveria, o crítico da época e dos contemporâneos seria substituído por outro ser, mais humano, humilde mesmo, sem os rompantes de sua ardorosa fase acadêmica" (MEIRA, 1990, p. 121)

160 O texto do capítulo traz também duas fotos, uma que, como parte de um opúsculo, recebeu dedicatória de Clóvis Beviláqua para o jovem Silvio Meira, em 1939, e a segunda, do casal Beviláqua em meados do século XX, sem data definida.

Por meio de um comentário com avaliação extremamente positiva que Clóvis Beviláqua faz de Luís Pereira Barreto, quando iguala o talento do filósofo positivista ao de Tobias Barreto, o biógrafo reflete sobre a complexa relação entre obra e memória:

> Que fez a posteridade como dr. Luís Pereira Barreto, o vulto mais eminente do positivismo no Brasil? O julgamento dos homens, cinge-se a contingências sociais e pessoais. Há vultos que tiveram época, fama, nomes nos jornais, passaram quais meteoros. Mortos, a posteridade os esquece. O tempo – esse imenso filtro dos valores espirituais – não lhes dá passagem. O tempo, o grande juiz! (MEIRA, 1990, p. 125)[161]

Entre as diversas publicações de Clóvis Beviláqua, muitas versam sobre os temas do Direito Civil, mas Meira (1990, p. 129) destaca um artigo da *Revista Acadêmica*, n.º 6, de 1896, intitulado "Problemas da codificação do direito civil brasileiro"[162] como trabalho que chamou a atenção de Epitácio Pessoa para a possibilidade de que fosse o jurista cearense o autor do novo Código Civil Brasileiro.

Também se destacam dentro de sua produção intelectual a tradução de *Hospitalidade do passado*, de Rudolf Von Ihering, em 1891; e de *Jesus e os evangelhos*, de J. Soury (com João de Freitas e Martins Júnior), em 1896.

Meira (1990, p. 130-131) reconhece as limitações literárias do jurista, classificando sua produção no campo da ficção de "ingênua, sem colorido e (que) deixa muito a desejar", referindo-se a *Frases e fantasias*, de 1894, e que parece "uma espécie de ´recreio do espírito´", sendo que, no entanto, identifica a produtividade significativa ("fabulosa") em termos jurídicos, críticos e filosóficos, o que lhe valeu o ingresso na Academia Brasileira de Letras.

Como anexo do capítulo é apresentada a reprodução textual de ofício da Biblioteca da Faculdade de Direito de Recife, datada de 20 de setembro de 1985, sobre questões solicitadas pelo biógrafo: 1) datas e banca do concurso para a cadeira de filosofia em 1888, no qual o biografado foi aprovado; 2) sua classificação no concurso (no qual Clóvis Beviláqua e Virgínio Marques Carneiro Leão empataram em primeiro lugar); 3) a confirmação de que Virgínio

---

161 E exemplifica: "Ouvimos certa vez Drummond de Andrade dizer que, ao chegar ao Rio de Janeiro, o nome mais em evidência era o de Humberto de Campos. Todos liam Humberto. Deliciavam-se com suas crônicas e choravam com suas memórias. Hoje, quem lê mais Humberto? Injustiça dos homens ou simplesmente um período de espera [...]?" (MEIRA, 1990, p. 125-126).

162 No citado artigo, o autor desfila suas concepções de direito civil, cita numerosos autores brasileiros, franceses, alemães e italianos da área e diversas codificações (da Prússia, da Áustria, da Venezuela, da Bolívia, do Chile, do Peru, da Argentina, do México, da França e da Romênia).

Marques Carneiro Leão continuou ministrando o curso alvo de concurso, de forma interina, em 1888; 4) a data em que Clóvis Beviláqua tomou posse, somente em 1889 – afirmando-se erro de Raimundo Menezes e Manoel Ubaldino de Azevedo na biografia feita por esses autores; 5) carta de José Hygino a respeito do concurso; 6) documentos (um jornal e dois livros) onde foi publicada a prova de Clóvis Beviláqua; e 7) o oferecimento de fotos das provas caso se fizesse necessário (MEIRA, 1990, p. 133).

O ofício do autor para a Biblioteca da Faculdade de Direito de Recife se insere nas disputas pela apropriação de minúcias, detalhes e contradições entre biógrafos, pois enquanto Menezes e Azevedo (1959) optam por uma narrativa na qual referências e fontes quase não se fazem presentes, talvez em prol da literalidade – embora o evento do concurso mereça três páginas na sua descrição (p. 91-93), a ausência de dados como a data da prova, a composição da banca, candidatos e classificação sejam descartados simplesmente e equívocos cometidos (o ano do concurso, a classificação empatada entre os dois candidatos, a interinidade do candidato derrotado, a posse no ano seguinte) –, Meira (1990, p. 133) opta pelo detalhamento como forma de diferenciação e legitimação.

O detalhamento na construção biográfica de Meira (1990) é transformado em um "dado", como uma manifestação de verdade mais do que como um exemplo ou caminho possível para uma compreensão parcial de seu personagem e de sua obra, em uma relação direta que oculta ou minimiza as sutilezas analíticas em prol de uma suposta objetividade na quantificação e no acúmulo de detalhes.[163]

No capítulo IX, sobre a elaboração do Código Civil Brasileiro, o autor faz uma historicização das tentativas de codificação desde o Império até a República, e apresenta o projeto do biografado.[164]

O retrospecto sobre as tentativas de codificação mostra de que forma a questão se manteve presente após a Independência, tanto ao longo de todo o século XIX como no início do XX, sendo que uma das originalidades de Meira (1990, p. 138-186) é discutir algumas das características técnico-formais

163 Um exemplo sucinto e feliz da relação entre biografia, dado e verdade é encontrado em uma peça publicitária já clássica, criada por Washington Olivetto para o jornal *Folha de São Paulo*, intitulada "Hitler". Disponível em: <http://www.youtube.com/watch?v=6t0SK9qPK8M>. Acessado em: 06/01/2012. Durante um minuto, o narrador fala sobre as grandes realizações de um personagem, ao mesmo tempo em que a câmera se afasta em uma foto, de um zoom em alguns pixels até o plano que permite visualizar a imagem como a do líder nazista, e encerra com a frase: "É possível contar um monte de mentiras dizendo só a verdade" – seguida da identificação do anunciante e seu slogan.

164 O capítulo, antes de seu início, é ilustrado com duas fotos, uma de Clóvis Beviláqua e a esposa com duas filhas-netas, sem data, e outra, do casal, com data de 1899.

do projeto apresentado por Clóvis Beviláqua, transformando esse no capítulo mais longo do livro.

Quando, em 1899, Clóvis Beviláqua, professor de Legislação Comparada da Faculdade de Direito de Recife, recebe o convite do ministro da Justiça, Epitácio Pessoa, que era seu amigo e professor na mesma instituição, para escrever o Código Civil Brasileiro, já tinha carreira consolidada em Pernambuco, embora fosse pouco conhecido no Rio de Janeiro e em São Paulo.

Embora já tivesse diversos livros e artigos publicados, Meira (1990, p. 145-146) chama a atenção para um texto de quinze páginas que o jurista publicara em 1896 na *Revista Acadêmica*, "O problema da codificação do direito civil brasileiro", identificando nesse trabalho o vínculo que uniria seu nome ao projeto de codificação.[165]

O artigo lança algumas pistas sobre as concepções de direito que o jurista defendia: a defesa do formalismo jurídico em nome da clareza e da precisão e a necessária vinculação das leis às tradições nacionais e às escolas jurídicas.

Muito provavelmente, o texto foi lido por Epitácio Pessoa, mas devem ser computadas também a existência de outras obras do autor que versavam sobre Direito Civil e que com certeza qualificavam o jurista para o desafio, conforme declaração do próprio ministro: *Lições de legislação comparada* (1893), *Direito das obrigações* e *Direito de família* (ambos de 1896) e *Direito das sucessões* (1898).

Clóvis Beviláqua se transfere para o Rio de Janeiro e começa o trabalho em abril de 1899, terminando-o em outubro do mesmo ano, em meio a críticas e expectativas, superando as tentativas anteriores em tempo e em concisão.[166]

Um dos méritos do trabalho de Meira em seu apego aos nomes e detalhes é perceber a intensa fogueira de vaidades e as tensões políticas que envolviam a codificação: juristas são convidados a participar de uma primeira comissão revisora do projeto e somente dois atendem ao pedido (Manuel Antônio Duarte de Azevedo (que fora ministro da Justiça em 1872, quando rescindiu o contrato de codificação com Teixeira de Freitas) e Olegário Herculano de Aquino e Castro (que já participara de comissão frustrada destinada a iniciar a codificação em 1889).

---

165 Segundo MEIRA (1990, p. 146), três juristas mais velhos e experientes poderiam ser escolhidos no lugar de Clóvis Beviláqua: Lafaiete Rodrigues Pereira, Antônio Coelho Rodrigues e Rui Barbosa.

166 MEIRA (1990, p. 147) identifica a utilização das experiências e modelos dos juristas que anteriormente enfrentaram o mesmo desafio no Império e na República, a adoção da estrutura germânica de codificação e sua capacidade de síntese (o projeto de Clóvis Beviláqua possuía 1.973 artigos e 42 especiais, contra 4.908 de Teixeira de Freitas, 1.828 de Felício dos Santos e 2.734, mais oito disposições transitórias, de Coelho Rodrigues).

As críticas e observações dessa primeira comissão levam o governo a convocar nova comissão, composta por Epitácio Pessoa, Olegário Herculano de Aquino e Castro, Joaquim da Costa Barradas, Amphilophio Botelho Freire de Carvalho, Francisco de Paula Lacerda de Almeida e João Evangelista Sayão de Bulhões Carvalho, secretariados por A. F. Copertino do Amaral, sendo que Rui Barbosa e Lafaiete Rodrigues Pereira recusaram o convite (MEIRA, 1990, p. 149).

Tal comissão realiza seus trabalhos entre agosto e novembro de 1900, alterando diversos instrumentos do texto, assim como ampliando sua extensão (de 2.015 para 2.244 artigos).

Em meio a polêmicas jurídicas diversas, o projeto cumpre sua *via crucis* legislativa: Comissão Especial da Câmara; revisão do texto por Ernesto Carneiro Ribeiro; envio em abril de 1902 ao Senado, no qual a polêmica gramatical e filológica é instalada por Rui Barbosa e o senador baiano ataca o projeto e seus autores, nos campos jurídico e linguístico, que revidam os ataques e ampliam a disputa.[167]

Na polêmica Rui Barbosa *vs* Clóvis Beviláqua, Ernesto Carneiro Ribeiro produziu uma paralisação legislativa, somente superada anos depois, em 1911, quando o Senado retoma a avaliação do projeto, que será aprovado somente em dezembro de 1915, sancionado em janeiro de 1916 e posto em vigor a partir de janeiro de 1917.

O tecnicismo de Meira ao longo do capítulo, da mesma forma que exaure o leigo no esforço da leitura, apresenta um cuidadoso levantamento das alterações do texto na tramitação legislativa, oferecendo ao leitor especializado uma discussão aprofundada das matrizes jurídicas do Código Civil, de seus desdobramentos e de suas limitações.

Como reconhece o autor:

> Dezesseis anos decorreram entre o convite ao codificador e a promulgação do código. O episódio é rico de ensinamentos, não apenas no campo estrito do direito civil, mas em outros setores, como o do direito público, o da eficiência e validade dos parlamentares, o da conquista de leis através das representações democráticas. (MEIRA, 1990, p. 169)

---

167 O tema da polêmica já foi exaustivamente abordado, inclusive em capítulo anterior do presente trabalho, mas cabe notar observação original de MEIRA (1990, p. 294-295) sobre predisposição de Rui Barbosa em relação a Clóvis Beviláqua. MEIRA (1990, p. 403) cita ainda Medeiros de Albuquerque, autor de texto de 1943 em que critica de forma veemente a postura de Rui Barbosa na polêmica gramatical e filológica, intitulado “Um censor censurável”, em que aponta exemplos de azedume e fel, e identifica um artigo do projeto que fora criticado, mas trazia redação de lei redigida pelo próprio jurista baiano, o que se tornava uma feroz autocrítica inconsciente.

A participação de Clóvis Beviláqua como consultor do Ministério das Relações Exteriores, entre 1906 e 1934, é objeto de análise no capítulo X, em que, por meio da reprodução de trechos de pareceres e da análise destes, desfilam algumas das muitas questões mais relevantes da política externa brasileira no período.[168]

O material não é original, um vez que já fora editado quando Meira (1990) o utiliza, mas, como sempre, demonstra esforço de pesquisa e o desejo de aprofundamento, pois chega a enumerar no texto (p. 204-214) os títulos de 349 pareceres emitidos pelo jurista ao longo de sua atuação no cargo de consultor, pareceres esses que versam sobre uma variedade de temas (como a importação no Brasil de armas e munições; a organização da III Conferência de Paz em Haia; a ampliação do mar territorial; a nacionalidade das sociedades comerciais organizadas no Brasil, o bloqueio naval da Grã-Bretanha; a codificação progressiva do Direito Internacional; o imposto de transmissão de propriedade *causa mortis* e o caráter territorial desse imposto; a extradição de criminosos nacionais, entre outros).

Nos anexos do capítulo, transcreve correspondência ativa do jurista como consultor; seus atos de nomeação como professor da Faculdade de Direito de Recife, por Deodoro da Fonseca; de consultor jurídico do Ministério das Relações Exteriores, por Hermes da Fonseca; uma foto de Clóvis cercado por visitantes em sua casa no Rio de Janeiro, sem datação; e uma caricatura do jurista feita por Raul Pederneiras, de 1943, publicada na *Gazeta Judiciária*, de 31/10/1959.

A correspondência é composta por 19 cartas e um telegrama do jurisconsulto para "personalidades da República", com destaque para a carta na qual recusa o convite para representar o Brasil na junta de juristas que elaboraria o projeto de "código internacional público e privado" (p. 221-222).

Sobre a atuação como consultor e parecerista do Ministério das Relações Exteriores, há um episódio que envolve Clóvis Beviláqua e que é extremamente delicado.

A situação é narrada na biografia de Olga Benário, escrita por Fernando Morais:

> Embora estivesse, como dissera o Barão de Itararé, "grávida a olho nu", Olga teve que ser submetida a um exame ginecológico, feito pelo médico Orlando Carmo, indicado pela polícia, para comprovar formalmente

168 Os pareceres de Clóvis Beviláqua no cargo já foram publicados pelo Ministério das Relações Exteriores, em edições de 1956: um primeiro volume com os pareceres emitidos entre 1903-1912, e em 1962, em um segundo volume com os pareceres entre 1913-1934. Há uma reedição que incorpora as anteriores e os pareceres mais recentes, totalizando nove volumes: MEDEIROS (2000).

> seu estado. Mesmo não havendo dúvidas de que a Constituição lhe assegurava o direito de permanecer no país, estando para dar à luz a filho de um brasileiro, não faltaram juristas a teorizar sobre o acerto da decisão de Vargas e Filinto Muller de expulsá-la do Brasil. Quando alguém lembrava a garantia constitucional, a resposta era sempre a mesma: "Bem, mas estamos sob estado de guerra, não é?" Consultado pelos jornais, o jurista Clóvis Beviláqua foi obrigado a dar voltas e voltas para justificar a decisão do governo: - A questão foi estudada em todos os seus aspectos em face do Direito Civil. É, porém, diverso, o caso ora em debate. Estamos agora no terreno do Direito Internacional com um caráter punitivo. Essa punição, no entanto, visando a expulsanda, vai atingir o nascituro. Além disso, estamos em período de estado de guerra, e a expulsão de que se cogita envolve o ponto de vista do interesse público, que está acima de todos os demais interesses. A questão do "interesse público" a que se referia Clóvis Beviláqua não passava, na verdade, de um despacho administrativo assinado por Demócrito de Almeida, um delegado auxiliar, e por Filinto Muller, um capitão na chefia de polícia, que entenderam que a expulsão de Olga "além de justa, é necessária à comunhão brasileira". Mesmo sabendo que a deportação significaria a morte de mãe e filho, Beviláqua não resistiu à ironia ao declarar que só via uma saída para impedir a expulsão de Olga: - Só por questão de humanidade... No tempo em que havia a pena de morte, não se executava a sentença quando a paciente estava grávida. Aguardava-se o nascimento da criança. Era também uma questão de humanidade... (MORAIS, 1986, p. 195-196)

O jornalista não identifica suas fontes, mas acendeu um debate entre os advogados e juristas que identificavam na descrição três problemas: a validação, uma vez que não eram citadas as fontes com as declarações de Clóvis Beviláqua ou o seu parecer sobre o tema; a atribuída "ironia" à frase do jurista; e, finalmente, o fato de que diversos documentos atestam não só o liberalismo político deste, como alguns se inserem como declarações de crítica ao regime varguista.

De qualquer forma, Meira (1990), com certeza, conhecia a acusação polêmica e silencia sobre ela, ou para que não alcançasse maior visibilidade – o que seria inútil, uma vez que o livro de Fernando Morais se tornou um *best-seller* (e, posteriormente, em 2004, um filme dirigido por Jayme Monjardim) –, ou porque seu recorte só considerou os pareceres como consultor do Itamaraty e não um parecer após a aposentadoria, ou ainda por desconsiderar a acusação por falta de provas.[169]

---

169 Tal fato não é citado nem por MENEZES E AZEVEDO (1959) nem por BRANDÃO (1989): o primeiro, obviamente, antecede o livro de Fernando Morais, mas poderia ter encontrado alguma documentação sobre o ocorrido – embora o aspecto apologético da obra não se coadune com tal nódoa na reputação do biografado –; e o segundo tem ambições restritas de abordar a intimidade do jurista e de sua família.

Em obra recente, Schubsky (2010) critica as afirmações de Morais (1989) utilizando-se de três argumentos: 1) as frases atribuídas a Clóvis Beviláqua, se suas, não significam concordância com a extradição, mas, sim, explicações sobre o embasamento jurídico para a decisão, prevista pela Lei de Segurança Nacional; 2) a falta de referências documentais de Morais, que não localizam quando e em que jornais tais declarações foram publicadas, além do fato de que muitos jornais durante o governo Vargas traziam informações plantadas pelo governo, o que os tornaria pouco confiáveis para pesquisas históricas; e, finalmente, 3) o fato de que o jurista não poderia saber sobre a política de extermínio de judeus que vitimou Olga em 1942, pois esta ainda não havia sido implantada pelo III Reich naquele momento.[170]

Meira (1990, p. 364) narra uma situação específica envolvendo o jurista e o Estado Novo, classificando-o como defensor da legalidade em contraste com "grande parte dos próprios juristas brasileiros [que] colaboravam com a ditadura, dando-lhe até formas constitucionais em 1937"[171]:

> Dóris Beviláqua, filha do jurista, confidenciou a Raimundo de Menezes, que publicou a informação em ´A Gazeta´, 25.09.1959: Emissários de Getúlio Vargas procuraram insistentemente o jurista, em sua casa. Por fim decidiu-se ouvi-los. O Governo pretende bombardear a cidade de São Paulo, e gostaria antes, que Vossa excelência estudasse a questão e desse um parecer a respeito. Naturalmente, favorável... O jurista levantou-se. Estava contrafeito. E foi meio trêmulo de indignação que declarou, veemente: ´Diga ao doutor Getúlio que ele não conte com o meu parecer. Estou, nesse caso, e sempre estive, desde o começo, com o povo de São Paulo.´ O emissário não esperava por resposta tão brusca, e foi titubeando que ganhou a porta da rua. (*apud A Revolução de 32*, de Hernâni Donato)

---

170 As publicações de Cássio Schubsky são um exemplo da amplitude e diversidade da produção historiográfica no Brasil para além do meio acadêmico. O pesquisador, com dupla formação (Direito pela USP, e História pela PUC-SP), produz biografias e história institucional vinculadas ao campo jurídico, o que constitui uma forma de manutenção da memória coletiva do grupo e de suas relações com a sociedade como um todo. Essa imagem grupal que deve ser reelaborada justifica, tendo como exemplo a produção do autor, as biografias de Clóvis Beviláqua e de Luis Gama, advogados, mas também de Castro Alves como bacharel; a análise da obra de Machado de Assis em sua dimensão jurídica; a história da AASP (*Associação dos Advogados de São Paulo) e da* Procuradoria-Geral do Estado de São Paulo, *entre outras, que se produziram à margem da academia, mas que se justificam como objeto de interesse desta na condição de manifestação de memória.*

171 O biógrafo repete essa crítica a alguns juristas: "Mesmo alguns juristas, homens de pensamento, intelectuais, renderam seu culto ao regime ditatorial implantado em 1937. Clóvis isolou-se cada vez mais, recolhido ao seu lar, e isso talvez tenha concorrido para a vida humílima que levava na última quadra da vida" (MEIRA, 1990, p. 367).

O capítulo XI, sobre a obra filosófica do jurista, busca apresentar o trânsito intelectual deste por distintas escolas filosóficas, particularmente o positivismo, o monismo e o evolucionismo.[172]

Esse trânsito, adverte o autor, é explicado pela forma como as ideias eram divulgadas no país a partir da segunda metade do século XIX:

> Os jovens daquele tempo recebiam as obras publicadas na Europa e à proporção que as liam mudavam muitas vezes de orientação filosófica. O mesmo fenômeno pode observar-se em Recife, mesmo com Tobias Barreto e os seus seguidores nem sempre com opiniões uniformes, passando do positivismo ortodoxo de Augusto Comte para o monismo de Haeckel, o materialismo de Buchner, o evolucionismo de Spencer, o transformismo de Darwin, com raízes em Lamarck e Goethe. Havia uma ânsia incontida de saber, de pesquisar, principalmente depois que a literatura filosófica pura e a filosófica jurídica, com Rudolf von Jhering, Hermann Post, Kohler, Savigny e outros passou a penetrar os arraiais, antes afrancesados, da juventude nordestina. (MEIRA, 1990, p. 235)

A influência que o positivismo exercerá sobre Clóvis Beviláqua surgiu primeiramente por intermédio da leitura de Raimundo Antônio da Rocha Lima – que, segundo palavras do próprio jurista em entrevista de 1904 para João do Rio: "foi o escritor que mais simpaticamente atuou sobre o meu espírito" –, antes mesmo que Tobias Barreto[173] e Silvio Romero apresentassem divergências em relação ao pensamento de Comte (MEIRA, 1990, p. 236).

Criando uma trilha intelectual, Meira (1990, p. 238-245) apresenta "as principais correntes de pensamento provindas da Europa no século XIX" e que influenciaram o biografado:

> Idealista na mocidade, comtiano puro, depois positivista da linha de Littré, refugando a religião da Humanidade, finalmente evolucionista à Spencer, no campo do direito vinculado à Jhering, Hermann Post e Kohler, Clóvis Beviláqua marcou sua obra jurídica com os sinais dessas concepções filosóficas.

O sentimento anticlerical do jovem e o respeito ao pai (que era padre) são identificados por Meira (1990, p. 246) como razões para que Clóvis Beviláqua

---

172 O capítulo é antecedido por duas fotos do jurista, ambas sem datação.

173 MEIRA (1990, p. 237) reconhece, com base em texto do próprio jurista, que Tobias Barreto foi o responsável por despertar nele o interesse pelo direito, já no quarto ano de curso, pois até aquele momento a literatura e a filosofia eram os maiores interesses do jovem bacharel. O biógrafo anota as manifestações de admiração do jurista pelo pensador sergipano e evita detalhes – sobre a já citada carta na qual Tobias Barreto desqualifica intelectualmente Clóvis Beviláqua –, afirmando apenas que "em certo passo, Tobias lhe tenha feito restrições."

pedisse dinheiro à mãe para a aquisição dos livros desse pensador positivista – Émile Littré – francamente refratário à Igreja Católica.

Trecho bastante interessante reproduzido pelo biógrafo é parte do discurso do jovem bacharel para homenagear Littré na Sociedade Positivista do Recife, em 1882, logo após o falecimento do filósofo (do qual diziam ter se convertido ao catolicismo no leito de morte):

> Ainda assim, vê-se, nada ganhou a causa do clericalismo. Para nós o cura de Saint-Sulpice, a quem Voltaire pedia que o deixasse morrer em paz; o abade Lamennais, obtendo do arcebispo de Paris uma ordem para ser casado catolicamente; Augusto Comte atacado de uma alienação mental; e o padre Huvelin que, reconhecendo-se impotente para sustentar, dignamente, luta séria no campo das ideias, com homens cheios de vida e força, vai sorrateiramente introduzir-se no lar doméstico, à procura de um fácil trunfo (ainda assim nem sempre adquirido), no leito dos doentes e dos moribundos. Nada mais. [...] Com o que fica dito está firmado o nosso solene protesto contra essa fábula com que se quer ultrajar a memória daquele que foi, no dizer de Mme. Pièrreclos, 'Um santo que não acreditava em Deus'. (MEIRA, 1990, p. 244)

Se o anticlericalismo da juventude foi superado (por mudanças em suas percepções de mundo ou por ter sido somente parte de um discurso antimonarquista e republicano) ou simplesmente emudecido, é inegável que posturas menos enfáticas do jurista sobre temas controversos das relações entre o direito e a religião, como o divórcio, permitem, juntamente com seu modo de vida, o reforço da imagem "franciscana" que lhe atribuem:

> Clóvis, no íntimo (e não cometemos nenhum exagero em afirmá-lo) era um cristão e, na prática, exercia mais os preceitos católicos do que muitos homens que se ajoelham nas igrejas e rezam em voz alta. Seu desprezo pelos bens materiais é certificado por dezenas de amigos que com ele conviveram. [...] Poderia ter morrido milionário, bastando para isso que cobrasse normalmente os serviços que prestava, com escritórios bem montados à Av. Rio Branco e uma corte de auxiliares. Nada disso. Muitas vezes não cobrava e se o fazia fixava quantias mínimas. Sentia-se insultado se alguém lhe oferecia mais. [...] Suas concepções filosóficas, no campo moral, o levaram a ter uma vida humilde, pobre, sem vaidades, cercado de livros e animais domésticos, que ele tratava com santa bondade. Jamais saíram de sua pena palavras agressivas ou arrogantes. Poucos escritos seus revelam indignação, a não ser quando injustamente atacado. (MEIRA, 1990, p. 246-247)

O biógrafo rechaça, ao término do capítulo, usando citação de Haeckel, a identificação do jurista como ateu, pois se este jamais se aproximou da religião católica, manteve-se como exemplo de uma ética e moral que se projetam como forte espiritualidade, mesmo que fora da instituição religiosa, ou seja, era um "santo leigo".

O capítulo XII é sobre a participação do jurista junto ao Instituto Histórico e Geográfico Brasileiro, que se inicia em 1906, com monografia sobre a política externa brasileira intitulada "Relações Exteriores: Alianças, Guerras e Tratados", e só se encerra com sua morte, em 1944, após 21 trabalhos publicados na revista da instituição (MEIRA, 1990, p. 251-259).

Antecedem o texto duas fotos, uma de capa da revista *O Lyrio*, fundada por Amélia Beviláqua, e outra de manuscrito de parte de dedicatória de livro do biografado para Pontes de Miranda.

Em "Relações Exteriores: Alianças, Guerras e Tratados", percebe-se uma clara ambição panorâmica e, ao longo de suas 65 páginas, apresentam-se de forma expositiva as relações internacionais do Brasil - que o próprio autor reconhece como informações "rápidas e sintéticas" - desde a Colônia até a República.

No entanto, se o trabalho carece de aprofundamento, a rede de relações que justificou a entrada do jurista na instituição se apresenta nos pareceres extremamente elogiosos ao candidato e não à sua obra:

> História diplomática sem os documentos que expliquem e ilustrem os fatos conhecidos ou revelem os ignorados, tem forçosamente de limitar-se a descrevê-los, sem lhes poder imprimir os característicos de verdade, que fica muitas vezes disfarçada sob aparências falazes, e pior ainda, encoberta pela parcialidade do escritor, mormente se ele deu ouvido a paixões políticas ou às seduções perigosas, sempre de patriotismo cego. (MEIRA, 1990, p. 253)

Mas o parecerista Bernardo Teixeira de Moraes *Leite Velho, que recebeu a chancela de Silvio Romero e de* Afonso Celso de Assis Figueiredo*, o Visconde de Ouro Preto, em sua avaliação considera que o desafio foi suplantado, pois:*

> Outra pessoa menos adestrada em estudos sólidos, espírito menos disciplinado para fazer a síntese de tão variados casos, mal conseguiria apresentar trabalho igual em tão reduzido tomo; e, se ele não satisfizesse os mais exigentes, a posição culminante que distingue o Sr. Dr. Clóvis Beviláqua entre os cultores das letras jurídicas, há muito tempo lhe dá o direito de figurar *entre os mais conspícuos sócios correspondentes*[174] *deste Instituto.* (MEIRA, 1990, p. 253)

Analisando a correspondência de Taunay com outros membros do Instituto, Anhezini (2003) busca identificar redes de sociabilidades que foram fun-

174Sócio correspondente porque nessa época o jurista se encontrava em Recife; quando se transfere para o Rio de Janeiro, passa a ser sócio efetivo.

damentais para a formação e consagração do autor, e explica a origem dos membros e a forma de hierarquia interna:

> seriam os intelectuais que, no afã de descobrir as verdades escondidas nos documentos antigos, desbravavam arquivos, museus e bibliotecas em busca de provas para as temáticas eleitas como relevantes e apresentavam, nas sessões dos institutos, os resultados dessas investidas à espera da aprovação. O reconhecimento dessa dedicação ao passado era obtido por meio de aplausos após leituras dos resultados da pesquisa, prêmios e, principalmente, a indicação de ascensão na hierarquia interna. Tanto o IHGB quanto o IHGSP possuíam as seguintes categorias de sócios: correspondentes, efetivos, honorários e beneméritos. Além disso, a cada eleição interna eram pleiteadas as posições de presidente honorário, presidente, secretário, tesoureiro e orador. (p. 32)

Como membro do IHGB, o jurista emitiu pareceres, proferiu conferências, redigiu memórias e ascendeu dentro da hierarquia interna da instituição, sendo agraciado com diferentes honrarias, além de ser a efígie de medalha comemorativa pelo seu centenário, em 1959.

Meira (1990, p. 258-259) não só elenca os títulos de 21 textos publicados por Clóvis Beviláqua na *Revista do IHGB*, como chama a atenção para a localização de "alguns trabalhos de monta antes não mencionados": "As Capitanias Hereditárias perante o Tratado de Tordesilhas" (1914), "A cultura jurídica no Brasil" (1930), "Uma figura histórica" (sobre o Visconde de Ouro Preto, 1930) e "Expressão jurídica da Rerum Novarum" (1941).

O capítulo XIII é antecedido por duas fotos, uma com página de *O Imparcial* sobre a aprovação do texto final do Código Civil pelo Legislativo em 1915, e outra de uma dedicatória que o jurista fez para o pai em um livro que publicou.

Esse capítulo discute a vinculação, a produção intelectual e a rede de relações de Clóvis Beviláqua com outra instituição, o Instituto dos Advogados Brasileiros, instituição que, fundada em 1843, também é chamada de "A Casa de Montezuma", em homenagem ao seu primeiro presidente, Francisco Gê de Acabaia Montezuma.

Meira (1990, p. 263) inicia o capítulo fazendo outra de suas considerações de saudosismo monárquico:

> Mal pensara Clóvis Beviláqua, em sua juventude, quando atacou rudemente a monarquia e o monarca, que um dia seria carinhosamente recebido em duas instituições fundadas pelo Imperador, por ele frequentadas e onde, até hoje, se conservam incólumes as cadeiras em que D. Pedro II sentava: o Instituto Histórico e Geográfico Brasileiro e o Instituto dos Advogados Brasileiros.

A nascente república reconheceu a instituição e lhe concedeu auxílio anual (de dez contos de réis) para sua manutenção, sendo que, a partir de 1893, o nome de Clóvis Beviláqua aparece em documentos do IAB por meio de conferências, colaborações, eventos e trabalhos diversos, embora, como nota Meira (1990, p. 264 e 268), como em outras situações semelhantes, o jurista tenha recusado cargos de direção.

Entre os diversos documentos, Meira (1990, p. 265) destaca dois eventos ocorridos em 1916, quando estava na presidência do instituto o jurista Rui Barbosa: a comemoração do centenário de Teixeira de Freitas e a promulgação do Código Civil Brasileiro.

Com certeza os dois eventos não só são relevantes, como se interpenetram, pois Teixeira de Freitas foi o ilustre autor da *Consolidação das Leis Civis*, no século XIX, e de um projeto de código que não chegou a ser aprovado; e Clóvis Beviláqua foi o autor do *Projeto de Código Civil*, que fundamentou a codificação aprovada em 1916 e que passou a vigorar em 1917, e Rui Barbosa foi o mais notório e enfático crítico desse projeto.

É sintomático que, na cerimônia em homenagem a Teixeira de Freitas, em 7 de agosto de 1916, na qual Clóvis Beviláqua seria o orador, Rui Barbosa, ao conceder a palavra ao jurista cearense, tenha afirmado: "Para falar sobre o maior civilista morto, concedo a palavra ao maior civilista vivo!"

A frase permitiria duas interpretações: a legitimação do jurista, referenciado por Rui Barbosa quando o projeto foi proposto como "um tal Clóvis"[175], que se converte, dezesseis anos depois, na maior autoridade sobre direito civil no país, ao mesmo tempo em que a vaidade barbosiana se preserva pois seria Beviláqua apenas um especialista enquanto o autor da frase ainda poderia reivindicar o título de o "maior jurisconsulto" do Brasil. (MEIRA, 1990, p. 266)

O texto de Meira (1990) apresenta um problema narrativo, pois, ao fragmentar o personagem para uma exposição temática por capítulos – o que é recorrente nas demais biografias e se constitui muitas vezes em um conjunto de percepções parciais do biografado –, na sua ânsia de tudo dizer, torna-se extremamente repetitivo em diversas passagens, que aparecem quase como seguidas cópias umas das outras, como, por exemplo:

> *Poderia ter morrido milionário, bastando para isso que cobrasse normalmente os serviços que prestava*, com escritórios bem montados à Av. Rio Branco e uma corte de auxiliares. Nada disso. Muitas vezes não cobrava e se o fazia fixava quantias mínimas. (p. 246)

175 Deve-se notar que, quando Clóvis Beviláqua foi convidado para escrever o projeto, não só era autor de livros de cunho didático sobre temas afins como também já participara da fundação da Academia Brasileira de Letras, o que, se não lhe confere notoriedade como jurista, também não o relega a uma posição de completo desconhecido.

> Todos desejam conhecer o 'Mestre', aquele eremita estranho refugiado em sua tebáida, avesso a homenagens e elogios, *desprezando sinceramente o dinheiro, que lhe poderia correr pelas mãos abundantemente, bastando que para isso cobrasse normalmente os serviços que prestava.* (p. 264)
> Seus pareceres propiciavam vitórias judiciais de considerável valor econômico. *Cobrava honorários modestos* e muitas vezes nem sequer exigia pagamento. Um desprendimento total dos bens materiais. (p. 278)
> Clóvis, por isso (falta de experiência forense), *tinha pejo em cobrar honorários*, por seus luminosos pareceres. Fazia-o constrangidamente. (p. 284)
> Passaria a viver de pareceres jurídicos, que se fossem bem pagos, permitiriam amealhar razoável fortuna. Mas eram mal remunerados. *Não sabia cobrar. Sua bondade sem limites o levava a fixar honorários ínfimos e às vezes nem sequer os exigia.* (MEIRA, 1990, p. 401)
> Clóvis era generoso, dava de si sem nenhuma preocupação de lucro. Tanto emitia um parecer jurídico atendendo a solicitação de uma grande empresa comercial, como de um modesto consulente do interior, em desespero, com uma causa a ser decidida pelo judiciário. Respondia a todos, *não cobrava honorários muitas vezes, noutras, recebia-os em quantias irrisórias*, das quais era tesoureira a mulher. (MEIRA, 1990, p. 413)

Além do desapego aos bens materiais, outro indicador atestava sua índole, a grafologia, pois não se limitando aos adjetivos para caracterizar o personagem, o biógrafo ainda introduz tal referencial curiosíssimo:

> Sob qualquer aspecto que se encare a sua personalidade e a sua obra, vem para a luz do dia a mesma figura igual a vida inteira. Até a letra e a assinatura são as mesmas, sem alterações emocionais, durante oitenta anos. Letra firme, um pouco inclinada, o que, segundo a grafologia, indica tendência para a bondade, a afetividade. A assinatura se conservou a mesma, sem as grandes maiúsculas que revelam orgulho e arrogância. Pelo contrário, uma firma singela, como singela era a sua alma. (MEIRA, 1990, p. 340)

Em termos factuais, o biógrafo comete, nesse capítulo, três deslizes:

1) o primeiro, sobre palestra proferida pelo jurista no IAB em 11 de agosto de 1927, centenário da fundação dos cursos jurídicos no país, quando, após caracterizar a constituição de 1824 e o Primeiro Reinado, afirma que o seu fim criou uma condição democrática com "superfectação monárquica", mas que poderia antecipar a marcha para o futuro em mais de cinquenta anos estabelecendo a República – o biógrafo identifica tal período como o Segundo Reinado, desconsiderando as características citadas do chamado Período Regencial (p. 268);
2) a segunda, quando data a palestra no IAB sobre o "Conceito de Estado" em 24

de maio de 1930, mas na descrição desta afirma: "Entra a seguir na apreciação da política mundial, apresentando um quadro geral da associação das nações poderosas da Europa. Corria o mês de março de 1930." (p. 271-272); e

3) narrando fatos sobre palestra proferida pelo jurista na Faculdade de Direito de Niterói, em 22 de outubro de 1931, sobre a formação constitucional brasileira, com a constatação de que nesse período "sacudidos pelo ciclone da grande guerra, desabaram organizações políticas; ideias, doutrinas, sentimentos sucumbiram ou se transformaram", o biógrafo vaticina que o palestrante "já verificara que o mundo mudara em consequência da *segunda grande guerra*" (p. 279).

No entanto, o cuidado historiográfico é reafirmado em um episódio bastante pitoresco, pois, segundo relato em artigo de E. M. de Carvalho Borges (*apud* Meira, 1990, p. 284-285), o jurista teve somente uma única disputa forense, na qual, após erudita e extensa sustentação oral, recebe decisão desfavorável ao seu cliente, embora tenha recebido elogios do juiz Hermenegildo de Barros pela qualidade da exposição.

Observa de forma crítica o biógrafo, solicitando a prática de referenciação que ele mesmo nem sempre apresenta:

> É lamentável que o autor desse interessante escrito não mencione o número do processo, nem os nomes das partes, ao menos a data, a fim de propiciar novas pesquisas em torno dessa causa. Não fixa-a no tempo nem no espaço. O assunto fica no ar. (MEIRA, 1990, p. 285)

Em outra das inúmeras passagens, enaltece a cultura do "excelso jurista", que "somados os seus conhecimentos históricos aos filosóficos, discorria sobre qualquer tema com grande segurança, invocando sempre os melhores autores, cujas obras lera e examinara atentamente" e "reduz um sistema às suas verdadeiras proporções"[176] (MEIRA, 1990, p. 270).

As referências feitas por Meira à produção intelectual de Clóvis Beviláqua apresentam todos os elementos recorrentes de uma certa história intelectual voltada à teatralização da memória: a adjetivação hiperbólica, o ufanismo e a busca de legitimação pelo contraste ou pelo reconhecimento do exterior, a valorização do generalismo, a ausência de autocrítica (justificada em parte pela falta de concorrência literária e científica) e as redes de relações com "confrades e pósteros".

Ao longo da narrativa, entre descrições adjetivadas e minúcias bizantinas, o biógrafo avalia não só o biografado, mas também o passado e o presente

176 Essa erudição, inclusive, será motivo de um capítulo original sobre aspecto nunca antes abordado por biógrafos anteriores: o romanismo de Clóvis Beviláqua.

do país, sendo que o afastamento temporal produz em proporção direta uma maior empatia: a monarquia era um bom sistema de governo, a república velha tinha defeitos, mas também acertava ("velha e austera república, dizemos nós, em que homens probos dirigiram esta nação", p. 271), e a república após 1930 era deplorável.

Vejamos duas passagens ilustrativas: a primeira sobre a República Velha, e a segunda, sobre a república após o fim do domínio oligárquico, pós-1930:

> A geração que organizou a república era idealista e bem intencionada. Ninguém o nega. A primeira república, com todos os seus defeitos, deu exemplos de grandeza e, apesar de os processos eleitorais serem viciados, as escolhas eram, muitas vezes, acertadas. Com o voto secreto, o nível mental das assembleias e câmaras caiu assustadoramente. (MEIRA, 1990, p. 277)
>
> As convicções (republicanas e liberais) de Clóvis eram muito arraigadas e puras. Vivia num mundo ideal, sem o contacto com o dia a dia da política partidária. [...] Haveria de viver o suficiente para contemplar na prática a negação desses princípios. Uma falsa democracia corrupta, com o povo sem condições de escolher representantes mais capazes. O eleitorado despreparado elegendo os mais incapazes, compelido pelo poder instituído, quer pela violência, quer pelo suborno generalizado. A democracia no Brasil, a partir de 1930, mais não tem sido de que uma sucessão de tristes fatos, cortados pela longa noite da ditadura, ditadura que não deixou de subsistir, transferindo-se do poder central para a cúpula dos partidos políticos, que em lugar de se tornarem a expressão da vontade geral, passaram a ser instrumentos para uso de seus presidentes, com candidatos escolhidos em conciliábulos e à feição do chefe. [...] A falsa democracia no Brasil não perde nada para a ditadura em um confronto real. [...] [A realidade brasileira] nada mais era do que uma triste paisagem em que multidões famintas e analfabetas dispunham do suposto poder de escolha de seus representantes. [...] Eleições controladas a dinheiro. Por um prato de comida o eleitor dos sertões dando o seu voto a um desconhecido. O jogo do bicho financiando campanhas; o contrabando outro tanto. (MEIRA, 1990, p. 274-275)

Para a caracterização político-ideológica de Clóvis Beviláqua, o biógrafo se utiliza de trechos de palestras proferidas pelo jurista na década de 30 no Instituto dos Advogados Brasileiros, nas quais a questões políticas e jurídicas se interpenetram durante o governo varguista.

Em sua primeira palestra pública no IAB, em maio de 1930, sob o tema "Conceito de Estado", antes da revolução de outubro que derrubou Washington Luís, com base em seu viés evolucionista, Clóvis Beviláqua identifica três forças político-ideológicas naquele momento: o fascismo, o comunismo e a democracia representativa, classificando as duas primeiras como "sobrevivências malsãs de áreas recalcadas nos desvãos da história, anormalidades, que, em parte, desviam da nota progressiva, as forças que organizaram a vida social" e que "sob o pretexto de promover o bem comum, destrói-se a liberdade e sacrifica-se a ética" (MEIRA, 1990, p. 272).

Contra o fascismo – "a absorção do indivíduo pelo Estado" e "a supressão da liberdade, como perturbadora da harmonia social" –, o jurista afirma: "tal concepção inverte a ordem natural das ideias, pois a sociedade sem o Estado, concebe-se; o Estado sem a sociedade seria um teto no ar, sem paredes ou pilastras onde se apoiasse; portanto, é a sociedade que deve dar forma e orientação ao Estado e não este a ela" (p. 272-273).

No comunismo – "a ditadura do proletariado", que substitui a "máquina de opressão" da burguesia pelo proletariado –, continua o palestrante, "mudam-se apenas os papéis; os dominados passam a ser os dominantes, com rigor maior no exclusivismo; porque no chamado estado burguês, os operários exercem direitos políticos, e nas repúblicas soviéticas os burgueses não são eleitores nem elegíveis" (p. 273).

Tais ideologias seriam "produto de mentalidade estranha à cultura greco-romana" e que "não se baseia em ideias que se constituem aquisições definitivas da sociologia e do direito".

A partir de excertos de palestra do jurista na Faculdade de Direito de Niterói, em 22 de outubro de 1931, sobre as constituições brasileiras, percebe-se uma posição de defesa da ordem constitucional por meio da conservação da estrutura da Constituição de 1891 e a alteração de suas falhas, pois os erros do período anterior se encontravam "mais na aplicação das leis, ou no seu repúdio intencional, do que nos mandamentos em que ela sistematizara as aspirações democráticas do povo brasileiro" (MEIRA, 1990, p. 279).

Nessa palestra, o jurista faz enfática defesa do sistema democrático e crítica o "estatismo"[177], pois esse último "é o disfarce que o governo absoluto inventou para se manter em meios que a cultura tornara adversos sem, todavia, abrir mão de seus processos de arbítrio e prepotência" (MEIRA, 1990, p. 280).[178]

Devemos lembrar que Rui Barbosa, representante máximo da atuação político-institucional dos advogados, e que teve vinculada à sua imagem o papel

---

177 MEIRA (1990, p. 280) identifica as críticas como sendo endereçadas somente ao fascismo, por aproximação com a ascensão de Getúlio Vargas, no que discordamos por três motivos: em palestra anterior, já havia criticado o fascismo e o comunismo; o termo e as críticas permitem vínculo com as formas de totalitarismo tanto de esquerda como de direita; e, nesse momento, em 1931, não parece possível se delinear nem uma Era Vargas nem a sua aproximação com o modelo fascista.

178 O levantamento de MEIRA (1990) não aponta outras manifestações de Clóvis Beviláqua em relação ao governo Vargas após 1931, nem de forma direta nem indireta.

de "paladino do liberalismo", o que lhe valeu o reconhecimento como um *símbolo cívico*-patriótico, falecera em 1923, e, portanto, Clóvis Beviláqua, como "apóstolo do Direito", ocupa nesse período o lugar que antes fora do jurisconsulto baiano. E Meira (1990, p. 278), embora de forma superlativa, aponta a importância desse papel:

> É nesse período, que o seu nome surge, em toda parte, como o representante da ordem legal, republicana, democrática. Rui Barbosa não mais existia, todas as atenções se voltavam para aquele sábio, espécie de santo leigo, recolhido em seu lar, sempre coerente, sempre pregando, sempre sonhando, sempre aconselhando.

Os capítulos XIV e XV abordam a relação de Clóvis Beviláqua com a Academia Brasileira de Letras e o episódio da recusa da candidatura de Amélia de Freitas Beviláqua.

O capítulo XIV é antecedido por uma caricatura de Clóvis Beviláqua feita por Alvarus, possivelmente de 1931, e por uma foto de notícia de jornal da *Folha do Norte*, de Belém, com data de 9 de junho de 1930, noticiando a rejeição da candidatura de Amélia Beviláqua à ABL. O capítulo XV traz duas fotos, uma de Silva Jardim e outra de Clóvis Beviláqua após o primeiro concurso na Faculdade de Direito de Recife.

Meira faz um histórico da Academia Brasileira de Letras, surgida em 1896, e identifica Clóvis Beviláqua como seu sócio-fundador, na cadeira 14, cujo patrono (escolhido pelo jurista) foi Franklin Távora.

A participação de Clóvis Beviláqua na fundação da instituição, criada com base no modelo da Academia Francesa, fundada por Richelieu em 1634, apresenta uma questão interessante.

Ao contrário do caso francês, em que participavam pessoas de projeção cultural em qualquer setor do conhecimento, a instituição brasileira tinha como objetivo reunir literatos para a defesa da língua e da literatura nacional, surgiu sem financiamento público e reunia indivíduos que possuíam vínculos afetivos e intelectuais.

Meira (1990, p. 292) justifica a participação do jurista, que residia e lecionava em Recife, na fundação da instituição, no Rio de Janeiro, por meio do valor de sua obra literária e jurídica, o que o projetava em nível nacional: "professor dos mais acatados, homem de letras e crítico literário com sólidos estudos sobre o romantismo, o naturalismo e a literatura russa, especialmente Dostoiewski".

Não nos parece ser esse o fato decisivo, mas sim a proximidade do jurista com José Veríssimo[179], com quem mantinha laços de amizade, e a colaboração regular com a *Revista Brasileira*, a qual o crítico dirigia em sua terceira fase.

É inegável que a produção literária de Clóvis Beviláqua é bastante limitada em termos temporais, pois após 1898 adquire uma clara vinculação filosófica e jurídica, e os trabalhos de outra natureza praticamente desaparecem.

Meira (1990, p. 423-424) lista alguns trabalhos que mereceriam destaque, sendo que a maioria são estudos de crítica, como o livro de ensaios *Vigílias literárias* (1879), a conferência sobre Camões (1880), textos sobre o romantismo no Brasil (1882), Dostoiewski (1888) e o teatro no Brasil (1889), além dos livros *Épocas e individualidades*[180] (1889) e *Frases e fantasias* (1894), mas reconhece que o biografado se afasta dos temas literários conforme sua carreira jurídica se consolida.[181]

A questão religiosa é um ponto de tensão na narrativa do biógrafo, pois assim como afirma a santidade de Clóvis Beviláqua com base em seu modo de vida e em suas ações éticas, lança críticas constantemente reafirmadas ao positivismo e ao evolucionismo do personagem.

Aliás, um dos achados do biógrafo se refere justamente à localização de crítica incisiva de Clóvis Beviláqua – na introdução da tradução que fez, juntamente com seu cunhado, João de Freitas e Martins Júnior, de *Jesus e os evange-*

179 José Veríssimo, um dos idealizadores da ABL, defendia uma academia voltada exclusivamente à literatura – e por seus pares haverem eleito um não escritor (o político Lauro Müller), afasta-se de forma definitiva em 1912 dessa instituição. RODRIGUES (2003, p. 166) identifica na eleição de Müller, então ministro das Relações Exteriores e sem nenhuma obra literária publicada, um momento não de ruptura, mas de explicitação da dimensão política da ABL em suas relações com o poder instituído, sendo que tal pleito foi aquele que contou com a participação do maior número de imortais, registrando 22 votos favoráveis ao político e 15 favoráveis a Ramiz Galvão. Entre os 22 votos favoráveis ao ministro das Relações Exteriores, contavam-se o de Clóvis Beviláqua (consultor do Ministério), Oliveira Lima, Aluísio Azevedo, Domício da Gama, Graça Aranha e Magalhães de Azevedo (todos cônsules e embaixadores). Entre os 15 votos de Ramiz Galvão, o estavam os de José Veríssimo e de Rui Barbosa. (RODRIGUES, 2003, nota 79, p. 180)

180 Os textos sobre o romantismo, o teatro e Dostoiewski foram incluídos nesse livro, juntamente com mais três ensaios sobre Silvio Romero, Aluísio Azevedo e Júlio Soury (autor do qual Clóvis Beviláqua traduziu *Jesus e os evangelhos*, obra que defende uma natureza puramente humana de Cristo e patologiza seu comportamento, para escândalo dos católicos do século XIX).

181 Em 1907, publicou *Literatura e Direito*, em parceria com Amélia Beviláqua, obra na qual se reconhece uma clara divisão em que a autora discute a literatura e o autor discute o direito em capítulos bastante estanques.

lhos, de Júlio Soury – à tradução de Rui Barbosa intitulada *O Papa e o Concílio*, de Johann Joseph Ignaz von Dollinger.[182]

Meira (1990, p. 294-295) cita trechos da introdução de Clóvis Beviláqua:

> Os escritos do Sr. Rui Barbosa! Revelando mais erudição, ressentem-se dos mesmos defeitos. (...) Outros apoiados em princípios mais elevados e científicos, também vieram respingar no mesmo campo, mas pouco, pouquíssimo foi o que apresentaram. (...) [Pois] o carolismo, em religião como em filosofia, é que foi sempre a morte do pensamento. (MEIRA, 1990, p. 294-295)

Assim, o jovem Clóvis Beviláqua classificava Rui Barbosa, jurista e político já consagrado, como dono de pensamentos pouco elevados, sem cunho científico e carola, em texto que pode ter se tornado conhecido do baiano e motivado pelo menos alguma forma de reserva que se somou às tensões da codificação civil.

Mas o tema da religião e suas tensões e sutilezas, um pensador refratário à religião e à Igreja, mas chamado de santo e apóstolo, com a vida narrada por um biógrafo que defende o catolicismo cria uma mistura bastante particular.

Vejamos alguns trechos em que o biógrafo traça considerações sobre o tema:

> Seu estilo é leve, suave como o era a sua própria alma. Sua interpretação humana, sua visão dos problemas sociais, embora feitos à luz do positivismo e do evolucionismo, não tem nada de agressividade de alguns escritores não católicos talvez por isso, nas numerosas pesquisas por nós realizadas, nunca encontramos qualquer restrição por parte de pensadores católicos a Clóvis Beviláqua, a não ser, é óbvio, aquelas de natureza filosófica e de fé. Nós mesmos, autores desta biografia, não aceitamos suas ideias positivistas, litreístas, spencerianas e outras concepções que dá do mundo e da sociedade e do direito. (MEIRA, 1990, p. 293)
> Um de seus biógrafos diz que Clóvis rezava, ensinava as filhas a orar, se confessara e comungara por ocasião do casamento com Amélia Carolina de Freitas, no Maranhão, em 1883. [...] O que nos parece é que o materialismo dessa geração não passou dela. No seio das próprias famílias, os pais, irmãos, filhos e netos não foram mais positivistas nem evolucionistas ou monistas. Voltaram ao catolicismo dos avós. Sobre esse aspecto, nós, que redigimos este livro, integramos também um geração nova católica. (MEIRA, 1990, p. 338-339)
> Mas se Clóvis traduziu, prefaciou, enalteceu a obra de Jules Soury, que pretendia mostrar a não divindade de Jesus e aspectos patológicos de

182O texto, com edição financiada pelo próprio Rui Barbosa, em 1877, questiona a infalibilidade papal, sendo avaliado como uma defesa da liberdade de expressão e de culto, em uma posição de questionamento ao catolicismo como religião oficial do Império.

> sua personalidade! O mesmo fez o cientista francês na obra ´A Loucura de Jesus´. Estes homens passaram. Jesus continua. Assim como o materiaismo, o positivismo, o evolucionismo passaram. Nem sequer a descendência dos seus propagadores manteve as convicções paternas. (MEIRA, 1990, p. 340-341)

No balanço sobre os últimos anos do jurista, o biógrafo faz uma comparação entre Clóvis Beviláqua e o jurisconsulto italiano Contardo Ferrini, patrono da classe dos advogados na Itália, que fora beatificado.

> Ambos boníssimos, ambos puros, ambos juristas, ambos professores e estudiosos do direito romano. Parece que o direito romano, com a sua poesia, que despertara a atenção de Giambattista Vico, no seu ´La scienza Nuova´, livro IV, sc. XIV, impregnara a alma desses dois grandes cultores do direito, dando-lhes olor de santidade. A única diferença é que Ferrini – professor universitário – fora profundamente católico, a ponto de ser beatificado; enquanto Clóvis, positivista primeiro, depois evolucionista, não poderia, por suas convicções, crer no transcendental. (MEIRA, 1990, p. 404)

Trecho de correspondência de Clóvis Beviláqua a José Veríssimo, em 1896, demonstra a tolerância do jurista às críticas que recebia, pois, como reconhece o biografado, os "conselhos da crítica, mesmo os seus rigores, eu os recebo sempre de boa mente, para tirar deles o proveito que meu critério discernir, para esclarecer-me em pontos duvidosos, para restabelecer opiniões mal firmadas" (MEIRA, 1990, p. 297).[183]

Entre os achados nos arquivos por Meira (1990, p. 302-303), há um trecho da apresentação do primeiro número da revista *Ciências e Letras*, editada pelo casal Beviláqua, no qual a esposa homenageia escritores que, por já terem falecido, não poderiam contribuir com o órgão literário, tecendo uma rememoração de Euclides da Cunha que merece nota:

> Quem poderá esquecer este revolucionário da alma, que viveu sempre torturado por um grande anseio, a lutar com os sentimentos? Foi ainda no Recife que o conhecemos. [Em 1904] [...] Seu modo lhano, sem nenhum amaneiramento na forma simples do trato, o vestuário

183 Na mesma carta, ele continua: "Alguns amigos acharam que eu devia responder ao dr. Heráclito Graça; mas para que, perguntei-lhes eu, se ele tem razão em alguns reparos e por tê-los feito devo ser-lhe grato; e, se, onde não tem razão, foi sincero, e eu devo respeitar a sua sinceridade, qualidade essencial à crítica para poder servir de orientação aos produtores intelectuais? Não, não há que responder; há somente que aprender onde ele realmente ensinou, que agradecer onde ele elogiou, e silenciar onde parecer-me suas vistas não são exatas. E tudo isso farei, recolhido em meu gabinete, sem ir à imprensa, onde faria talvez pensar que a minha vaidade fora ofendida, quando é certo que não peco por vaidoso" (MEIRA, 1990, p. 297).

> modesto, e a cabeça grande, um pouco achatada, me fizeram pensar, quando assomou à entrada da sala, num cearense, dos muitos que, de vez em quando, aportados ali, iam nos procurar. [...] De volta do Amazonas, em 1905, de novo nos foi ver. Desta vez não era mais o desconhecido muito tímido, e sim o amigo, que pisava com segurança, na casa onde se sentia querido. Por muitas vezes falou na família, e, nessa ocasião, mostrou-me um lindo crucifixo. Não sou religioso, porém, como foi uma recordação que minha mulher me ofereceu no momento da partida, trago-o sempre comigo. [...] Oito dias antes da tragédia, que lhe acabou a existência, encontramo-nos na Avenida, perto da Equitativa. Sua feição era melancólica. Antes desse encontro, nos dissera que, desde a entrada do ano, sofria muito. Ninguém sabia o que passava. [...] discorreu sobre o ciúmes. Achava que era um dos mais nobres sentimentos. Esta ligeira palestra assinalou, sem eu saber por que, uma nota de tristeza, no momento da despedida. E eu nunca mais o encontrei. (MEIRA, 1990, p. 302-303)

Em 1916, o jurista já se define como "solitário, retraído e tímido, que adora o silêncio, o retiro e a sombra", e mais, solicitado a fazer o discurso de recepção de Osório Duque Estrada, declina do convite e reitera "afeto admirativo" pela Academia Brasileira de Letras, mas afirma que "intencionava afastar-se desse luminoso grupo" [...] "aos poucos, discretamente, e tinha certeza de consegui-lo, graças à minha insignificância". E afirma:

> Sinto que não me favoreceu o destino com os requisitos de um acadêmico. [...] Tenho sido, assim, um acadêmico inútil, e pesa-me continuar nesta incômoda situação de quem se sente inapto para o posto de relevo, que a inconsciência do destino lhe reservou. [...] É forçoso que apele para a sua benevolência, e solicite a graça de considerar, sem ocupante, a cadeira onde mal se deletreia meu apagado nome. (MEIRA, 1990, p. 318)[184]

Em outro daqueles momentos de ambição totalizante, Meira (1990, p. 320-321) enumera 28 diplomas e 10 medalhas recebidas pelo jurista, sendo que reivindica a originalidade da localização de um diploma que se encontrava perdido no Arquivo do Ceará, da "Ordem dos Chevaliers Du Devoir", da França, na primeira classe da "Étoile du Devoir" (p. 323).

---

184 Que desencanto abateu-se sobre o biografado para que 14 anos antes da polêmica que o envolveria e à sua esposa já externasse o interesse de se afastar da instituição? Poderia ser reflexo da guinada política vivida pela Academia Brasileira de Letras com a entrada de imortais sem produção literária e que culminou com o afastamento de José Veríssimo, em 1912? A eleição de Lauro Müller o colocou em uma situação difícil, pois subordinado ao ministro e amigo íntimo de José Veríssimo, talvez tenha optado por votar pela admissão do político e também por se afastar em solidariedade ao crítico paraense.

O capítulo XVI, sobre a produção de Clóvis Beviláqua no campo do Direito Internacional, tem como eixo narrativo o convite para integrar o comitê de juristas para elaborar um projeto para a Corte Permanente de Justiça Internacional, sendo precedido por duas fotos, uma do jurista com as vestes talares de professor catedrático e outra de Augusto Comte – reprodução de um daguerreótipo – ambas sem datação.

Clóvis Beviláqua declinou do convite, não viajando para Haia, mas enviou um projeto dividido em sete capítulos e com 40 artigos, que foi apresentado por seu substituto, Raul Fernandes, o qual, por ser substituto, inicialmente enfrentou dificuldades para que lhe reconhecessem o direito de voto nas deliberações do comitê.

O capítulo XVII, sobre a relação de Clóvis Beviláqua com o Direito Romano e o Direito Comparado, é antecedido por duas imagens de pensadores que o influenciaram, Rudolf von Ihering e Émile Littré.

Anteriormente, o biógrafo já chamava a atenção para a originalidade do capítulo específico sobre o tema, no qual, inclusive, é um especialista[185]:

> Conhecia os autores gregos e romanos. Surpreendeu-nos de tal forma o romanismo de Clóvis Beviláqua que resolvemos dedicar-lhe um capítulo especial. Não temos conhecimento de nenhum outro estudo de seus numerosos biógrafos anteriores abordando esse aspecto fundamental: Clóvis Beviláqua e o Direito Romano. (MEIRA, 1990, p. 271)

No entanto, no esforço de engrandecer a figura do jurista, busca dotá-lo de características extraordinárias por meio de uma mistificação intelectual, ou seja, a constatação de uma produção vinculada a um tema converte o biografado em especialista, de modo tal que não se trata de um jurista que na juventude teve interesse pela literatura e filosofia, mas sim de um crítico literário talentoso, de um filósofo refinado, de um sociólogo profundo, de um romanista primoroso, de um civilista inigualável e de outras especialidades adjetivadas.[186]

Assim, em claro exagero, o conhecimento sobre o Direito Romano demonstrado em alguns textos do jurista não é só um exemplo de erudição e de

185 Não basta legitimar o grupo social dos advogados com a utilização da memória do jurista, é preciso também mostrar a afinidade deste com o subgrupo no qual o biógrafo se vincula.

186 "Era um educador. Era um político. [...] Era um sociólogo. [...] Era um reformador" (MEIRA, 1990, p. 110). "Clóvis não era apenas o jurista. Através da Filosofia chegou à Sociologia. Era um sociólogo no mais alto sentido da palavra" (MEIRA, 1990, p. 368). [Esse "polímata", dotado de enorme] "curiosidade mental, servida por uma cultura invulgar, [que] levava-o a pesquisas fora da seara do direito strictu sensu. Na época em que se formou seu espírito, não havia tanta preocupação com as especializações como ocorre atualmente" (*idem*).

conhecimento panorâmico de sua área de atuação, mas também uma manifestação profunda de um especialista de subárea específica.

Assim:

> Remontando no tempo, analisando uma a uma as obras de Clóvis Beviláqua, as grandes e as pequenas, isto é, os compêndios e as monografias e conferências, encontra-se uma estrutura romanística, espinha dorsal de toda a sua vastíssima produção cultural. E isso vem de longe, desde a juventude. Antes de ser evolucionista, Clóvis já era um romanista no sentido de estudioso da história externa e da história interna do direito do povo romano. (MEIRA, 1990, p. 345)

O romanismo, inclusive, far-se-ia presente em outras manifestações intelectuais do jurista como influência fundamental:

> A verdade é que Clóvis Beviláqua, desde a juventude, era um romanista. O seu romanismo provinha, cremos, da sua própria vocação literária. O direito romano, para quem o conhece bem, é polvilhado de poesia. Desenvolve-se através dos tempos como um poema multissecular, a ecoar sobre a memória de muitas gerações. (MEIRA, 1990, p. 346)

Em um capítulo que tem como objetivo caracterizar o jurista como romanista, é elencado um número pouco significativo de fontes: um artigo de 1896 ("Uma página de história do direito romano: a constituição do estado, o rex, o senado, as magistraturas"); um capítulo de livro também de 1896 (*Estudos de Direito e Economia Política* intitulado "Sobre o valor jurídico do escravo romano"); uma conferência de 1934, ("Spengler e o Direito Romano"); e, por fim, referências da herança românica na obra de Ihering, que tanto influenciou o jurista.

Com a citação de apenas três textos, espalhados em um arco temporal de 38 anos, e a referência ao jurista germânico como matriz intelectual de Clóvis Beviláqua, o biógrafo não oferece ao leitor um perfil de romanista do biografado, mas não parece compartilhar dessa opinião:

> Não podemos alongar-nos mais na análise da formação e da obra de Clóvis Beviláqua. O romanismo está presente em todas as suas produções. Teríamos que escrever muitos volumes para expô-lo em toda a plenitude. Quem o lê encontra, a toda hora, as fontes romanas. Nesse passo o julgamos mais profundo do que Rui Barbosa. Suas bases culturais eram diferentes. Não poderia ser um grande civilista sem ser um grande romanista. (MEIRA, 1990, p. 353)

As fontes tratadas apresentam uma contradição, pois ao mesmo tempo em que são numerosas em termos gerais, apresentam-se rarefeitas em termos temáticos, o que produz uma fragmentação da narrativa que oscila em termos cronológicos e acaba produzindo um perfil no qual certos vácuos documentais são preenchidos por generalizações afirmadas pelo biógrafo.

O Direito Comparado também recebe um tratamento semelhante, embora tenha sido a disciplina que Clóvis Beviláqua ministrou na Faculdade de Direito de Recife, sendo, portanto, uma das áreas do direto com a qual mantinha maior afinidade.

O capítulo XVIII apresenta duas questões, um discurso que não chegou a ser lido, destinado aos formandos da Faculdade de Direito de Recife, em 1905, e a experiência do jurista com o Direito Criminal (particularmente o projeto de Código Penal da Armada), sendo antecedido por duas fotos de Clóvis Beviláqua na maturidade.

O referido discurso, cujo tema era "O direito como energia educativa", não foi lido muito possivelmente por causa do falecimento do pai do jurista, que embora tenha ocorrido em 25 de agosto de 1905, por ser parente próximo, pode ter levado o jurista a guardar luto "fechado" – costume por meio do qual a demonstração de sinais de luto se prolonga por um ano.[187]

Curiosamente, o biografado, em *História da Faculdade de Direito de Recife*, não faz nenhuma referência à colação de grau da turma de 1905 ou ao discurso "não pronunciado" (MEIRA, 1990, p. 362).

Sobre o viés criminalista de Clóvis Beviláqua, o biógrafo se utiliza de um livro, publicado em 1886 e reeditado em 1902, intitulado *Estudos de direito e economia política*, para afirmar uma perspectiva sociológica no pensamento do jurista, que se manifestaria como crítica social do direito e do crime no livro *Criminologia e direito*, de 1896, que reunia artigos publicados em jornais de Pernambuco e do Ceará desde 1887 e alguns acréscimos.

Meira (1990, p. 372) cita artigo de Joaquim Pimenta, publicado em 1994, sob o título "Um Clóvis talvez esquecido...", que salienta:

> Mal circulavam, no Brasil, os primeiros estudos de Criminologia das duas escolas penais – a positiva ou lombrosiana e a crítica ou eclética, a segunda em oposição à primeira, já Clóvis Beviláqua formava ao lado de um pequeníssimo número de juristas que, sem receio de deixar de parte a velha dogmática da escola clássica, até então dominante nos tribunais e nos cursos jurídicos, buscavam os novos rumos que aquelas indicavam ao exame e solução dos problemas fundamentais da criminalidade sob o duplo ponto de vista dos fatores que a determinam, e dos meios de a reprimir ou prevenir, de que a sociedade ou, antes, o Estado lançam mão. (p. 372)

---

187 O paralelo com Rui Barbosa novamente é reafirmado, pois o discurso também era dirigido aos "moços" como a oração do jurista baiano, que, inclusive, também não foi lida pelo autor por motivo de doença (MEIRA, 1990, p. 361).

Em relação ao Código Penal da Armada, que não só define a forma como o crime é tratado no interior da organização militar, mas também a relação dessa esfera da Justiça com a estrutura penal civil, o convite para que Clóvis Beviláqua estabelecesse a codificação partiu do presidente Hermes da Fonseca, em 1911.

O projeto do Código Civil ainda tramitava de forma lenta no Congresso, e sublevações militares agitavam o panorama político junto com uma enorme defasagem entre a legislação penal militar e a Constituição de 1891.

Em julho de 1911, o jurista encaminha documento intitulado "Esclarecimentos preliminares sobre o esboço do Código Penal para a Armada apresentado ao Governo da União", que é publicado na *Revista Acadêmica da Faculdade de Direito de Recife*, com 31 páginas que demonstram a influência dos códigos alemão, francês e belga, e o desejo de conciliar a disciplina militar com o liberalismo republicano (MEIRA, 1990, p. 375).[188]

O capítulo XIX, sobre Clóvis Beviláqua e os moços e que aborda dois momentos – a despedida da Faculdade de Direito de Recife devido à sua transferência para o Rio de Janeiro para assumir o cargo de consultor no Ministério das Relações Exteriores, em 1906, e a cerimônia de formatura para a qual foi escolhido paraninfo na mesma instituição, em 1934 –, é antecedido por duas fotos, uma de Clóvis Beviláqua na velhice, sem datação, e uma do Diploma de "Étoile Du Devoir, 1ª classe", do Conselho dos "Chevaliers Du Devoir", de Paris, de 1917.

O discurso de despedida foi publicado como capítulo do livro *Literatura e Direito*, de 1907, e assim como o discurso de 1934, apresenta palavras de incentivo aos jovens e declarações de afeto a Pernambuco e ao Brasil.

Nesse capítulo, o biógrafo reproduz o credo jurídico-político do jurista, escrito em 3 de abril de 1932, no qual são invocados o direito, a liberdade, a moral, a justiça, a democracia e o patriotismo (MEIRA, 1990, p. 397), e em que se percebe a ausência de referência a Deus (em contraste com o de Rui Barbosa) e à Ciência para este que era um apologista do positivismo e do evolucionismo, talvez por restringir as referências aos aspectos jurídico-políticos.

O capítulo XX, sobre os últimos anos do jurista, é antecedido por duas fotos, uma da última entrevista de Clóvis Beviláqua a Osmundo Pontes, de 22

---

188 MEIRA (1990, p. 379-385) chama a atenção para o fato de que o jurista não incluiu no seu esboço a categoria de "crimes políticos", pois repudiava a sua conversão em delitos militares, equiparados e julgados pela justiça castrense, assim como também previa a possibilidade de leis penais do estado de guerra, por aproximação com as condições que possibilitariam a decretação do estado de sítio, ambas situações submetidas ao poder do Congresso, e admitia a pena de morte somente em casos de tempos de guerra, repudiando-a em qualquer outra situação (o que era abrandar a legislação vigente).

de agosto de 1942, e outra do jurista na Faculdade de Direito da Universidade Federal de Goiás, inaugurada em 4 de outubro de 1959.

O biógrafo faz referência às dificuldades financeiras do jurista após a aposentadoria, quando cobra reduzidos proventos por seus pareceres jurídicos (MEIRA, 1990, p. 401).

Um fato curioso é o surgimento do nome de Clóvis Beviláqua como candidato à Câmara Federal em 1933, pelo Partido Ceará Irredento, em que obteve votação insignificante – "tem a votação em 1º. Turno de 34 sufrágios e em 2º turno 736 votos num eleitorado de 24569" – para a escolha de deputados na Assembleia Nacional Constituinte de 1934 (MEIRA, 1990, p. 402).

Outro fato pitoresco é a encomenda pelo jurista de cartões postais com o seu retrato, em uma demonstração de sua única vaidade, segundo o biógrafo, o prazer em ser fotografado, com o texto do artigo 279 do seu projeto do Código Civil: "Pelo casamento, torna-se a mulher companheira e sócia de seu marido, cuja posição social compartilha e cujo nome tem o direito de usar."[189]

Uma omissão do biógrafo, com certeza intencional, se refere aos vínculos de paternidade do jurista com suas filhas, pois, quando cita o amor deste pela mulher e as "meninas" separa-as em dois blocos, "Florisa e Dóris – Veleda e Vitória", sem que em nenhum momento caracterize as duas últimas como netas que foram assumidas como filhas para poupar a mãe e elas próprias do estigma de um casamento desfeito.

Por outro lado, reforça a união do casal Clóvis e Amélia, apontando o carinho do jurista pela companheira mesmo quando esta estava com problemas de saúde, tanto físicos quanto mentais:

> Amélia de Freitas Beviláqua, a 'Senhora de meu lar', entrava em franca decadência física e mental. [...] As enfermidades, a esclerose principalmente, os trabalhos, as dificuldades, as preocupações, os aborrecimentos de toda ordem, levam o corpo e a alma à desagregação. Amélia era a mulher do lar. [...] Os trabalhos domésticos, cozinhando talvez, lavando roupa sem dúvida, cuidando de bichos caseiros, desde cães, gatos, galinhas e pombos, levaram-na à ruína. Não era mais aquela vigorosa mulher nordestina, morena e de uma beleza rústica, que vemos nos retratos da mocidade. (MEIRA, 1990, p. 408)

O biógrafo narra de forma rápida e épica a morte e o enterro do biografado, reafirmando a ideia de santidade e grandeza intelectual e moral do jurista,

---

189O texto proposto colocava a mulher em situação de igualdade jurídica frente ao homem no casamento, mas o artigo, aprovado depois de diversas emendas reacionárias e conservadoras, retirava essa perspectiva, mantendo a submissão feminina na relação conjugal (MEIRA, 1990, p. 402-403).

encerrando o capítulo com uma frase-síntese: "Clóvis foi um servo de Deus. E assim morreu" (MEIRA, 1990, p. 410).

O capítulo XXI, "A bibliografia de Clóvis Beviláqua", antecedido de duas fotos, uma da estátua do jurista em sua cidade natal, Viçosa do Ceará, e outra do corpo deste durante seu velório, faz um balanço da produção bibliográfica do personagem, destacando a fragmentação dos arquivos e a crítica à forma incompleta dos levantamentos bibliográficos anteriores.

Meira (1990, p. 413) aponta o levantamento bibliográfico efetuado pela biblioteca da Câmara dos Deputados por ocasião do centenário de Clóvis Beviláqua como o melhor e mais completo levantamento dessa natureza[190], mas revela várias omissões:

> A especificação dos pareceres proferidos no Ministério das Relações Exteriores (mais de 300) e por nós relacionados no capítulo deste livro; os seus pareceres e conferências e outros escritos de vária natureza perante o Instituto Histórico e Geográfico Brasileiro, algumas publicações do século passado, em jornais e revistas do Ceará e Pernambuco, entre outros a revista "Congresso Acadêmico". Há erros vários, Shering em vez de Jhering; ´A hostilidade do passado´ em lugar de ´A Hospitalidade do Passado´ (Ver. Fac. Dri. Ceara, cit. p. 203). Considera entre as obras em colaboração, o discurso em saudação a Pedro Lessa na ABL e outras conferências, o que não nos parece acertado. (MEIRA, 1990, p. 414)

O biógrafo reconhece a dificuldade em se apresentar uma bibliografia completa, pois

> a obra do jurisconsulto é de tal forma numerosa que muitos originais ficaram desconhecidos, guardados em mãos particulares e produções antigas, com tiragens pequenas, desapareceram do mercado livreiro. Só alguns antiquários, vez por outra, conseguem raros exemplares. [...] Há discursos, prefácios e artigos disseminados por todo o país; assim como existem referências e críticas à sua obra insertos em publicações regionais, especificamente em revistas acadêmicas de numerosas Faculdades existentes no Brasil. Quanto aos inéditos, a qualquer momento podem vir a tona. (MEIRA, 1990, p. 413-414)

Com base no catálogo da exposição organizada pela Biblioteca Nacional para o centenário do jurista, em 1959, no qual há referência a "uns inéditos da juventude, contos ou romancetos a lápis", identifica uma publicação no jornal *O Congresso Acadêmico*, de 1896, intitulada "Romanceto a Lápis", assinada por Block, que po-

---

190 O biógrafo se refere ao Boletim da Biblioteca da Câmara dos Deputados, v. 7, n.º 2, 369, 517, jul./dez. 1959, e v. 8, n.º 2, jul./dez. 1959, p. 409-429.

deria ser o pseudônimo de um professor já renomado tentando publicar discretamente textos literários com temas amorosos (MEIRA, 1990, p. 415).

O biógrafo também faz referência a novelas inéditas do jovem Clóvis Beviláqua, que teriam sido encontradas por Vandick Londres da Nóbrega, presidente da Sociedade Educadora Pedro II, do Rio de Janeiro, quando a instituição adquiriu parte da biblioteca do jurista, mas que se perderam após o falecimento do depositário (MEIRA, 1990, p. 416).

Para encerrar o capítulo, são listadas algumas conferências, traduções, prefácios e artigos entendidos como dignos de destaque e enumerados 664 itens bibliográficos.

O capítulo XXII, sobre a produção literária de Amélia Beviláqua e os diplomas e honrarias concedidos a Clóvis Beviláqua, fecha a obra sem maiores destaques.

Esse capítulo é antecedido por duas fotos, uma delas com reprodução de carta manuscrita datada de 21 de julho de 1944 destinada a Macário Picanço, e outra, um retrato de Silvio Romero.

No que se refere a Amélia Beviláqua, há bem pouca coisa, uma biografia sucinta, a reprodução de uma notícia em jornal portenho do surgimento do jornal *O Lyrio*, fundado pela escritora, e uma listagem de 17 obras desta. E sobre os diplomas, medalhas e honrarias recebidos pelo jurista há uma listagem de 49 destas, de oito retratos e caricaturas e de quatro bustos e estátuas.

O trabalho de Meira (1990), assim como demonstra pesquisa arquivística de grande fôlego, se ressente de acuidade teórica no que se refere à historiografia, às ciências sociais e ao biografismo.

O biógrafo, na busca de se legitimar como portador de uma verdade sobre o biografado, perde-se em um labirinto de pormenores quantificáveis da vida e obra deste, da mesma forma que os níveis de aprofundamento são extremamente heterogêneos e a análise é superficial e fragmentada.

Meira sente-se confortável na exposição dos fatos que se encadeariam como uma trajetória predeterminada e com os documentos localizados, mas não se arrisca na análise das diversas possibilidades de escolha e de hábito que constituíram tal trajetória nem das dinâmicas das instituições e dos sujeitos que geraram esses documentos.

O subtítulo do livro, que enfatiza o binômio vida-obra, oferece já inicialmente a perspectiva de análise, na qual essas duas dimensões se interpenetram diretamente, como na ideia de "viobra", de Sainte-Beuve, com os abusos característicos do reducionismo e do teleobjetivismo.

O aspecto panegírico, com seus adjetivos superlativos e descrições míticas, mantém a narrativa dentro de um modelo clássico, através do qual se narra a vida exemplar de um indivíduo excepcional.

Logicamente, o contraste e a aproximação entre Clóvis Beviláqua e Rui Barbosa é inevitável, tanto em termos de personalidade quanto de realizações:

> Duas naturezas díspares. Um-Rui-exaltado, orgulhoso, lutador, erudito, capaz de apregoar os próprios méritos, homem de combate; outro sereno, modesto, filósofo, amigo do lar, do silêncio, da sombra. Difícil é dizer qual foi o maior. Um ajudando a construir a república, sob o aspecto político, desde a constituição de 1891, em que desempenhou papel preponderante nos primeiros atos do governo provisório; o outro concorrendo para a estruturação da sociedade, do direito privado codificado, da organização da família, da propriedade e a disciplina das obrigações e sucessões. (MEIRA, 1990, p. 337-338)

O desapego ao ganho monetário, tantas vezes apontado como sinal de transcendência de Clóvis Beviláqua, também é lembrado como aspecto contrastante:

> Rui valorizando seus serviços profissionais, altamente reputados. [...] [O biógrafo diversas] cartas de clientes em que por antecipação fixam honorários vultosíssimos e ainda pedem desculpas por não ser tão pouco. [...] Um dos clientes chega a oferecer a Rui Barbosa, além da volumosa soma de dinheiro, uma 'chacrinha em Niterói', para livrá-lo da prisão, em Curitiba, em momento de desespero na quadra difícil do governo de Floriano Peixoto. [...] A modéstia deste outro mestre [Clóvis Beviláqua] fazia os consulentes de todo o país se acercarem com vera humildade, apelando para os seus pareceres, que proferia por preços ínfimos e muitas vezes até sem pagamento. (MEIRA, 1990, p. 338)

E, finalmente, a questão religiosa:

> Rui e Clóvis, duas naturezas distintas. O primeiro profundamente católico. 'Não há justiça sem Deus', escrevia. O outro, positivista, primeiro, evolucionista depois, vale dizer, materialista, no fim da vida um eclético agnóstico, aparentemente descrendo de Deus – porquanto como se conciliar o positivismo científico com a vida transcendental que tanto combateu? (MEIRA, 1990, p. 338)

A trajetória de Clóvis Beviláqua, ligada de forma profunda mais ao campo jurídico (mesmo que sem projeção forense) do que intelectual ou político, sua personalidade tímida e pacata, as relações cordiais, mas distanciadas com as instituições (ABL, IHGB e IAB), nas quais a simples participação como membro lhe bastava, não lhe ofereceram respaldo suficiente para sua expressão para além do grupo profissional e sua transformação em símbolo cívico.[191]

---

191 O contraste com Rui Barbosa, nesses aspectos, não só é exemplar como inevitável, mas em relação ao jurista baiano estabeleceram-se diversos mecanismos de panteonização: as referências biográficas quase míticas ao personagem quanto à sua memória, cultu-

No interior do grupo profissional, no entanto, foi honrado e definido como símbolo e modelo, "santo" e "erudito", tanto que o IAB lhe rendeu sessão solene de comemoração pelo seu jubileu jurídico, em 1932, e em 1943, quando a instituição completava 100 anos, sugeriu a inclusão deste – e foi atendida – no Livro Nacional do Mérito[192], além de fixar na Praça Paris, no Rio de Janeiro, um busto de bronze do jurista com os dizeres: "Clóvis Beviláqua. Grande na bondade evangélica de um santo, maior ainda na autoridade pontificial de jurisconsulto."[193]

Historiograficamente, essa idealização, se, por um lado, se assemelha às tentativas de grandes sínteses que, por suas limitações e artificialidade, mostram-se atualmente impossíveis, indesejáveis e conceitualmente errôneas em termos acadêmicos; por outro, as histórias não acadêmicas que são destinadas a um público de não especialistas facilmente fazem concessões aos modelos e às sínteses.[194]

---

ra e oratória; a institucionalização do personagem (com a criação do museu com seu nome em 1927 – convertido em Casa de Rui Barbosa em 1928, a sua escolha como Patrono dos Advogados em 1948, e o "Prêmio Medalha Rui Barbosa", criado em 1957, extinto em 1961 e ressuscitado em 1970, por iniciativa da OAB); o agenciamento de sua memória (a ampla utilização de sua imagem em selos, notas e moedas e de seu nome em inúmeros logradouros); e ainda a instrumentalização do personagem (símbolo do liberalismo e da legalidade – reafirmado em momentos de crise republicana, e das elites jurídicas do país).

192 Foram agraciados naquele ano, além de Clóvis Beviláqua, o general Cândido Rondon e os cientistas Cardoso Fontes e Vital Brasil, sendo que o jurista não compareceu à cerimônia de entrega no palácio de governo (MEIRA, 1990, p. 313 e 321).

193 O boletim do IAB que descreve a instalação do bronze o justifica pela necessidade de se homenagear o "velho mestre", que é "sábio e cidadão, cheio daquelas virtudes que caracterizam os santos e os heróis." O busto trazia inscrito: "Clóvis Beviláqua. Grande na bondade evangélica de um santo, maior ainda na autoridade pontificial de jurisconsulto" (MEIRA, 1990, p. 286).

194 "As regras do método da disciplina histórica (incluindo suas lutas pelo poder acadêmico) supervisionam os modos de reconstituição do passado ou pelo menos consideram ser esse um ideal epistemológico que garante o artesanato aceitável de seus produtos. A discussão das modalidades reconstitutivas é explícita, o que não quer dizer que a partir dela se alcance uma história de grande interesse público. Isso depende, antes, do texto e de temas que chamem a atenção dos especialistas; e depende também de o historiador acadêmico não se obstinar em provar obtusamente sua aquiescência às regras do método, mas, ao contrário, de demonstrar que elas são importantes justamente porque permitem fazer história melhor" (SARLO, 2007, p. 13).

(In)Conclusões Finais

A maior riqueza do homem é a sua incompletude, nesse ponto sou abastado. Palavras que me aceitam como sou – eu não aceito. (Manoel de Barros)

Read no history: nothing but biography, for that is life without theory. (Benjamin Disraeli)

Na peça *Todos os gatos são pardos* (1970), Carlos Fuentes atribui a criação dos homens à serpente emplumada, Quetzalcoatl, que, para diferenciá-los dos deuses, deu-lhes a liberdade e um rosto que espelha o tempo, um tempo que reflete o desejo e um desejo que nasce da necessidade.

Quetzalcoatl, a serpente emplumada, símbolo dualístico que une céu e terra, é o guardião do conhecimento e da memória, aquele que ensinou aos homens a escrita e o calendário, sendo representado pela estrela que brilha quando o dia começa e termina.

Sendo reverenciado pelos sacerdotes e tido como patrono dos ourives e artesãos, poderia muito bem ser apropriado pelos historiadores, pois as complexas relações entre liberdade, rosto, tempo, desejo e necessidade, nessa distinção entre a condição divina e a humana, permitiu aos homens a criação da identidade, da narrativa, da memória e da história.

E a história, na condição de artesanato, encontra na biografia uma manifestação bastante particular, ao permitir que as matérias-primas do contexto e do indivíduo ofereçam suporte para a narração de uma época e de uma vida com uma infinidade de distinções de aprofundamento informacional, enfoque temático, vínculos políticos etc.[1] Mas ela reflete também as diferentes formas nas quais dimensões objetivas e subjetivas se inter-relacionam ao longo do tempo

1 "A biografia definitiva, ao estilo inglês, conta-se entre os gêneros mais admiráveis da historiografia. Extensa, meticulosamente documentada, densamente anotada e generosamente entremeada de citações, geralmente aparece em dois grandes volumes e conta mais, e mais vividamente, sobre o período histórico em questão do que todos os livros de história mais importantes" (ARENDT, 1991, p. 41).

e em diferentes formas de narrativa, por meio de referenciais sociais, políticos e estéticos.

O embate entre lembrança e esquecimento tem no campo jurídico um local privilegiado: em primeiro lugar, pela forma como o bacharel de direito, símbolo de uma forma de cultura, tem seu papel redimensionado com base na legitimação de instituições científicas e universitárias a partir da década de 30 no país; em segundo, pela maneira como a referência a um passado glorioso e a personagens míticos surge como uma tentativa de resistência a uma nova ordem valorativa na qual o prestígio social do grupo declina; e, em último lugar, pela forma como o universo intelectual de natureza jurídica manteve, pela retórica e a ritualística, alguns significativos referenciais oitocentistas.

Assim, a figura de Clóvis Beviláqua poderia ser identificada como um "antepassado intelectual", aquele indivíduo no qual se reconhecem particularidades e habilidades pessoais que o grupo identifica como características constitutivas ou tipologia ideal, tendo sido ao mesmo tempo "homem de letras" (porque ocupava cadeira na Academia Brasileira de Letras, escrevia livros, artigos e textos jornalísticos) e "homem de ciência" (dedicado ao direito, às ciências sociais e ao magistério).

Analisando as quatro biografias de Clóvis Beviláqua, escritas por Lauro Romero (1956), Raimundo Menezes e Ubaldino de Azevedo (1959), Noemia Paes Barreto Brandão (1989) e Silvio Meira (1990), busca-se a percepção da manutenção de certos modelos narrativos e a presença de diferentes enfoques com base nas mudanças de perspectiva do biógrafo sobre seu personagem.

Cada uma dessas biografias representa formas distintas como o personagem e sua memória são apreendidos e apresentados, tendo em vista os pertencimentos de seus autores assim como as condições nas quais foram geradas: Lauro Romero, filho de Silvio Romero, faz um tributo ao homem bom e justo que foi amigo de seu pai; Raimundo Menezes e Ubaldino de Azevedo (1959), ambos advogados, produzem uma monografia para um concurso cívico que comemora o centenário do jurista, caracterizando seu texto como uma memória entre pares; Noemia Paes Barreto Brandão (1989), que foi amiga de infância das filhas do personagem, oferece uma abordagem na qual a monumentalidade é acompanhada pela intimidade; e, finalmente, Silvio Meira, civilista de renome, se propõe a abordar a trajetória profissional e intelectual do autor do Código Civil.

Clóvis Beviláqua é apresentado nesse conjunto de biografias de uma forma extremamente positiva, sendo que seus carismas (a erudição, a humildade, a retidão de caráter) sempre têm destaque, e seus estigmas[2] (o pai padre, a ti-

---

2 "A noção de estigma surgiu com o estudo pioneiro de Goffman que a partir da noção grega embutida no termo, criado com a finalidade de se referir "aos sinais corporais com

midez, as limitações de escrita, a relação com a esposa) são apresentados com diferentes ênfases.

A ausência de qualquer referência deliberada a qualquer sinal de impropriedade sexual, financeira ou política mostra um consenso narrativo na construção da memória do jurista, embora existam duas outras situações atípicas da trajetória do personagem que encontram tratamento diferenciado pelos biógrafos: a autoria de artigos em 1882, nos quais reivindica o cargo de promotor em Aquiraz e ataca o governador do Ceará, Domingos Antônio Raiol, que é abordado sem as tintas do arrivismo; e a acusação, em 1914, feita por Félix Pacheco, de que o jurista recebia vencimentos exagerados como consultor do Ministério das Relações Exteriores, que só é apontada por Meira (1990, p. 190).

As origens corporativas ou memorialísticas das narrativas sobre a vida de Clóvis Beviláqua aqui analisadas reforçam, por meio de uma memória monolítica e consagrada do "santo laico", os aspectos de determinismo, moralismo e didatismo (em contraste com a possibilidade de uma narrativa mais densa e crítica, que poderia adotar uma ênfase mais relativista e multifacetada), em que se fazem ausentes tanto a reflexão historiográfica quanto a invenção narrativa.

Essa narrativa homogênea reflete a "notoriedade retrospectiva" do personagem, que faz com que o renome adquirido, a partir de um certo momento, no caso, a confecção do Código Civil, possa iluminar toda a extensão da vida biografada.

A adoção de uma trajetória já referenciada, com a utilização dos mesmos modelos narrativos, reforça os traços que a tradição grupal tornaram consensuais e representativos, no sentido de que, no caso de Clóvis Beviláqua, a retidão moral, o desapego aos bens materiais, a dedicação profissional e a capacidade intelectual não são só do indivíduo, mas também do grupo no qual ele se insere.

A relativa homogeneidade narrativa nas biografias estudadas parece apontar para a manutenção de um conjunto de referenciais narrativos dominantes e residuais e para a desconsideração dos emergentes, o que se traduziu em uma panteonização multidimensionada do personagem e no ofuscamento das tensões contextuais no qual ele se insere.

---

os quais se procurava evidenciar alguma coisa de extraordinário ou mau sobre o status moral de quem os apresentava" (GOFFMAN, 1987, p. 11), define o indivíduo estigmatizado como aquele que tem uma característica diferente da que a sociedade prevê como desejável ou positiva. A partir da relação do estigma com a questão do desvio, Goffman busca identificar mecanismos de categorização das pessoas, que como pré-concepções estabelecem expectativas e exigências que se apresentam de modo rigoroso aos indivíduos. Em seu estudo, Goffman distingue três diferentes tipos de estigmas: as abominações do corpo (deformidades físicas), as culpas de caráter individual (vontade fraca, desonestidade, crenças falsas etc.) e estigmas tribais de raça, nação e religião.

Dessa forma, explicitam-se "eventos marcantes", "episódios nucleares", "situações definidoras do self" que são expostos como referenciais de identidade pessoal e profissional, reconhecimento de uma experiência/vivência, ou, ainda, percepção de uma trajetória coletiva e singular, mesmo preservando uma narrativa em certa medida homogênea e unidimensional, que afirma os vínculos sociais e históricos dos biógrafos tanto quanto da vida do biografado.

Logicamente, a questão que fica sem resposta é em qual medida as perspectivas biográficas adotadas tendem a influenciar ou mesmo a distorcer a memória do personagem, ou, por outro lado, em que proporção a memória constituída do biografado pode influenciar ou distorcer a construção biográfica.

A memória constituída, patrimonializada e/ou panteonizada, em sua dimensão didática e/ou cívica, é um exercício de autointerpretação constantemente reafirmado para a legitimação e continuidade dos grupos e das comunidades que disputam a manutenção da memória social enquanto recordação e representação (que, psicanaliticamente, tem uma dimensão de "compulsão repetitiva").

Essa repetição, portanto, fixa uma certa sensibilidade grupal e exprime formas de consciência em um processo que não é simplesmente cumulativo, linear e espontâneo, permitindo vislumbrar as lutas simbólicas através das inserções e subtrações possíveis (vide as questões dos estigmas pessoais do biografado).

A patrimonialização da memória de Clóvis Beviláqua, nesse momento, também pode ser pensada como ação dos bacharéis como grupo, em uma ação que transcende os vínculos individuais e afirma convenções coletivas através da celebração e da reelaboração do passado em meio às demandas e tensões políticas do presente.

A mesma exposição linear, coerente, teleobjetivada e unidimensional presente nas quatro obras atesta a patrimonialização da memória do personagem que, sem dúvida, tem uma dimensão corporativista que se faz notar também na forma discursiva rica em hipérboles e auxeses que acredita-se ornamental e letrada e denota um claro viés bacharelesco.

Nesse contexto, Clóvis Beviláqua surge como personagem que oferece a fusão entre o pensador que demonstrara sensibilidade literária e humanística e o jurista que sistematizava e construía doutrinas, constituindo-se em um modelo capaz de justificar a manutenção das posições de destaque para os "doutores advogados".

No caso do Código Civil de 1916, a contraposição da memória subterrânea à memória hegemônica permitiria pensar o contraste entre barbosistas e bevilaquistas, assim como a afirmação de dois modelos de ação política e jurídica, o de Clóvis Beviláqua, representante do criticismo da Escola de Recife, que se mostra desiludido com o modelo de República construído no país das oligarquias e de Vargas e se exilou no reino do trabalho técnico e intelectual; e o de Rui Barbosa, representante do pragmatismo da Faculdade de Direito de São Paulo, que na mesma situação se inseriu como parte fundamental do sistema político na República Velha.

O jurista baiano ocupou cargos no Executivo e no Legislativo federal, e teve atuação decisiva na implantação da estrutura jurídico-institucional republicana na Constituição de 1891, no Código Criminal (1890) e na Lei do Registro e do Casamento Civil, também de 1890, instrumentos jurídicos que conjugavam um formalismo liberal a um caráter disciplinar e repressivo.

Clóvis Beviláqua recusou diversos cargos públicos, dedicou-se mais à atividade intelectual do que política, foi autor de um projeto de Código Civil bastante liberal e inovador (que perdeu algumas de suas características ao longo de mais de uma década de debates e disputas legislativas) e consultor do Ministério das Relações Exteriores na defesa dos interesses do país em contraste com os interesses externos (portanto, para além dos grupos locais).

De algum modo, entre os advogados, Clóvis Beviláqua é referenciado enquanto jurista – inclusive pela influência que o Código Civil proposto por ele teve na prática cotidiana destes, e Rui Barbosa enquanto modelo de ação política.

Falar de uma memória subterrânea sobre um indivíduo que ocupa relativa centralidade no imaginário de um grupo soa contraditório, mas se Clóvis Beviláqua ocupa uma posição relevante no panteão dos juristas nacionais, ao lado de outros destaques, sua figura enquanto literato e pensador esvaneceu-se por completo.

A distribuição temporal da produção de biografias de Clóvis Beviláqua, com predominância das datas de sua morte e de seu centenário (1944 e 1959, respectivamente), assim como a forte presença de relatos memorialísticos nesses textos, remete, inevitavelmente, aos processos de canonização e mitificação que se projetam tendo por base a construção de um vínculo de pertencimento, uma vez que, em linhas gerais, literatos falam do literato e juristas falam do jurista na explicitação de vínculos, amizades e afinidades eletivas.

Essas publicações apresentam dificuldades significativas em superar a limitação da oposição indivíduo x sociedade, e embora valorizem a trajetória individual, buscam traduzir as dimensões subjetivas do personagem e suas práticas para um modelo coerente e teleobjetivado, sem a percepção de dinâmicas que permitam ir além de certos determinismos e simplificações.

Embora nenhum dos biógrafos dos textos analisados tenha formação específica em história, todos desenvolveram atividades regulares de consulta em arquivos e utilização de documentação razoavelmente diversificada, alguns se utilizaram da história oral e, mesmo sem explicitá-las, todos se utilizaram de hipóteses explicativas.

No entanto, a ausência de formação específica, somada aos limites do talento narrativos, podem explicar a linearidade narrativa, as simplificações, os esquematismos e as concessões ao proselitismo e a outros vícios narrativos.

Para além da simples oposição indivíduo x sociedade, o biografismo permite destacar o registro da ação e a demonstração da crítica da estabilidade do sujeito e da identidade fixa, estável e unitária do ego por meio da sobreposição de múltiplas experiências, escolhas e contradições nas tramas do pessoal e do social, o que não foi explorado pelos autores.

Um aspecto problemático das biografias analisadas, recorrente em grande parte do biografismo, é a falta de uma abordagem suficientemente historicizada que se afirme capaz, por meio de um conjunto flexível de referências epistemológicas, teóricas e processuais, de dar conta de forma pertinente e funcional das inferências generalistas de natureza tipológica e de atender as referências particularistas da singularidade do biografado.

No entanto, nenhum dos biógrafos analisados buscou esse enriquecimento, pelo contrário, quer por suas ambições hagiográficas, quer por seus pertencimentos institucionais ou vínculos subjetivos, o biografado é patrimonializado de tal forma que somente o seu deslocamento por estruturas objetivas é contemplado, sendo que a experiência do sujeito e a contingência histórica são minimizadas ou descartadas.

O estudo da correspondência de Clóvis Beviláqua, por exemplo, permite o contato com um indivíduo mais fragmentado, pela diversidade das situações a serem constatadas ou intuídas, no cotidiano e na formalidade, tanto no que se refere à correspondência ativa quanto à passiva.

No biografismo, os referenciais dominantes e residuais seriam aqueles que em maior ou menor incidência identificam-se como tradição moderna, de viés psicologizante e relativista e tradição clássica, que se espelha na *historia magistra vitae*, enquanto o emergente seria a incorporação de novas dimensões de aprofundamento e duração que buscam abalar orientações unificadoras e universalistas e afirmar dimensões fragmentárias e subjetivas.

Essas biografias buscam justamente apresentar o campo sobre o qual se projetam, familiar, profissional ou institucional, como manifestação de inúmeros consensos e de nenhum conflito, sendo os carismas e os estigmas sintomas do maior ou menor sucesso dessa homogeneização.

Por maior que seja uma personalidade isolada, por mais penetrante que seja sua inteligência, por maior que seja seu poder social, assim como por mais homogêneo que possa ser um meio ou uma época, essa dupla dimensão se interpenetra de forma complementar, sem permitir hierarquia, subordinação, determinismo ou teleobjetivação.

Assim como é descartada a ideia de dimensões estanques (indivíduo e sociedade), também se questiona o excesso de sentido e coerência atribuídos à narrativa de uma trajetória, em clara distinção entre o narrado e o vivido, na qual o primeiro nem sempre é capaz de situar os acasos, as hesitações e as escolhas.

O homem Clóvis Beviláqua tem diluídas suas contradições, minimizadas suas fragilidades, esquecidos seus desejos, de modo tal que, antes de sua condição humana, se afirma sua "ação social" carregada de passividade, simplificação e idealização, na qual desaparecem vivências sociais, práticas e negociações das particularidades do sujeito.

A repetição narrativa, com seus recorrentes tópicos narrativos, não permite afirmar nem mesmo tensões esquemáticas dentro de uma chave conceitual como "visão de mundo" ou "ideologia", ou mesmo referências ao personagem como agente, ator ou sujeito, pois, ao adotar uma perspectiva historicista, descarta rupturas, enfatiza o viés funcional e adota um reducionismo formal via instituições.

A afirmação das mesmas dimensões e variáveis baseadas em uma mesma documentação (muitas vezes restrita e/ou institucionalizada) resulta em um empobrecimento progressivo da análise pela redundância narrativa e a simplificação explicativa.

Curiosamente, os valores dos biógrafos, que por definição estão no campo do afetivo e do simbólico, são apresentados como dimensão objetiva que seria garantida pela factualidade, pela previsibilidade e pela coerência narrativa que, de certo modo, ocultam os conflitos, as disputas e qualquer reflexo de acaso.

Tais biografias significam o esforço de contar, inscrever, escrever e registrar uma vida, apresentando nexos sempre questionáveis entre relações sociais, experiências reais e esforços imaginativos que inter-relacionam pessoas, personagens, ações e acontecimentos de forma incompleta e provisória.

A trama narrativa é, portanto, condicionada por diversos determinantes, interiores e exteriores, individuais e coletivos, os quais estabelecem uma nova relação com a verdade, não pela factualidade, mas pelo seu significado.

O fetiche da "verdade factual", no sentido de reprodução completa e minuciosa do real, não só é uma ambição impossível, ao entendermos o texto como uma representação do real moldada pela memória e por diversos condicionantes, como mesmo indesejável.

Talvez valha para tais obras e para todo biografismo a frase célebre de Hipócrates sobre a medicina: "*Vita brevis, ars longa, occasio praeceps, experimentum periculosum, iudicium difficile.*"[3]

---

3 A vida é breve, a ciência é grande, a ocasião é fugaz, a experiência é perigosa, o julgamento é difícil.

Anexo

LEI Nº 3.426, DE 10 DE JULHO DE 1958

Determina providências para a comemoração do centenário de nascimento de Clóvis Bevilácqua.

O PRESIDENTE DA REPÚBLICA, faço saber que o CONGRESSO NACIONAL decreta e eu sanciono a seguinte Lei:

Art. 1º O centenário do nascimento de Clóvis Bevilácqua, a verificar-se em 4 de outubro de 1959, deverá ser comemorado pelo Poder Executivo e instituições culturais, num preito de homenagem ao grande jurisconsulto pátrio.

Art. 2º Para organizar e executar o plano das comemorações do centenário do nascimento de Clóvis Bevilácqua, o Poder Executivo designará, no Ministério da Educação e Cultura, uma comissão que superintenderá todos os trabalhos e da qual façam parte, entre outros: representantes dos Ministérios da Justiça e das Relações Exteriores, Conselho Federal da Ordem dos Advogados do Brasil, Instituto da Ordem dos Advogados, Academia Brasileira de Letras, Supremo Tribunal Federal, Universidades do Brasil e do Ceará e Instituto Histórico e Geográfico Brasileiro.

Art. 3º Dentre as comemorações a serem programadas deverá constar:

a) reedição das obras completas de Clóvis Bevilácqua a ser feita pelo Instituto Nacional do Livro para distribuição entre as Bibliotecas Públicas, Centros de Estudos e Magistrados em exercício;

b) instituição de um concurso sôbre o melhor trabalho a ser apresentado sôbre a vida e obra do grande jurista pátrio;

c) instituição de prêmios a serem distribuídos aos universitários de todo o País a respeito dos melhores trabalhos apresentados sôbre a vida e obra de Clóvis Bevilácqua em cada Universidade ou Faculdade de Direito;

d) inauguração no Fórum Clóvis Bevilácqua, na cidade de Fortaleza, Estado do Ceará, da cripta em que deverão ser depositados os despojos do grande jurisconsulto;

e) celebração de um Congresso de Direito a realizar-se em Fortaleza, Estado do Ceará;

f) emissão de sêlo postal comemorativo.

Art. 4º Para a efetivação do disposto na alínea a do art. 3º, o Instituto Nacional do Livro realizará, com os legítimos portadores dos direitos autorais das obras de Clóvis Bevilácqua, os acôrdos necessários à aquisição dos direitos e licenças relativos à reedição nesta lei determinada.

Parágrafo único. A reedição das obras completas de Clóvis Bevilácqua far-se-á mediante normas a serem fixadas por uma subcomissão organizada pelo Ministro da Educação e Cultura e subordinada à comissão de que trata o art. 2º desta lei, composta de juristas de renome, de forma que contenha as mesmas anotações destinadas a atualizar a doutrina da obra do mestre e referências à legislação brasileira atual.

Art. 5º O autor do trabalho premiado, de que trata a alínea b do art. 3º, fará jus ao prêmio Clóvis Bevilácqua no valor de Cr$200.000,00 (duzentos mil cruzeiros) e terá seu trabalho publicado pela Comissão Geral. Aos dois outros colocados serão distribuídos prêmios no valor de Cr$150.000,00 (cento e cinquenta mil cruzeiros) e Cr$20.000,00 (vinte e mil cruzeiros).

Art. 6º Os prêmios, de que trata a alínea c do art. 3º, serão de Cr$20.000,00 (vinte mil cruzeiros), Cr$10.000,00 (dez mil cruzeiros) e Cr$5.000,00 (cinco mil cruzeiros) e serão distribuídos em cada Universidade ou Faculdade autônoma de Direito, mediante concursos próprios, obedecidas as normas fixadas pelo Ministério da Educação e Cultura em acôrdo com a Comissão Central.

Art. 7º Fica o Poder Executivo autorizado a abrir, pelo Ministério da Educação e Cultura, o crédito especial de Cr$15.000.000,00 (quinze milhões de cruzeiros) para ocorrer às despesas decorrentes desta lei.

§ 1º Dêsse total, será entregue, de uma só vez ao Govêrno do Estado do Ceará, a importância de Cr$10.000.000,00 (dez milhões de cruzeiros), como auxílio à construção e aparelhamento do Fórum Clóvis Bevilácqua e respectiva cripta em construção, na cidade de Fortaleza, para ser sede do Poder Judiciário.

§ 2º O restante de Cr$5.000.000,00 (cinco milhões de cruzeiros) ficará à disposição da Comissão Central para ocorrer às mais despesas previstas nesta lei.

Art. 8º Esta lei entrará em vigor na data de sua publicação, revogadas as disposições em contrário.

Rio de Janeiro, 10 de julho de 1958; 137º da Independência e 70º da República.

Juscelino Kubitschek

Carlos Cyrillo Junior

Francisco Negrão de Lima

Lucas Lopes

Clóvis Salgado

(Disponível em: <http://www6.senado.gov.br/legislacao/ListaPublicacoes.action?id=112168>. Acessado em: 15/12/2011)

Bibliografia

ABEL, Richard L.; LEWIS, Phillip S. C. *Lawyers in society: the civil law world.* Los Angeles: University of California Press, v. 2, 1988, .

ABREU, Regina. *A Fabricação do Imortal: memória, história e estratégias de consagração no Brasil.* Rio de Janeiro: Lapa/Rocco, 1996.

______. "Entre a nação e a alma: quando os mortos são comemorados". *Estudos Históricos.* Rio de Janeiro, Fundação Getúlio Vargas, n. 14, v. 7, 1994, p. 205-230.

______. "Subjetividade, alteridade e memória social em Ruth Landes". In: LEMOS, Maria Teresa Toríbio Brittes; MORAES, Nilson Alves de. *Memória e construção de identidades.* Rio de Janeiro: 7 Letras, 2001, p. 40-58.

ADORNO, Sérgio. "O abolicionismo na Academia de Direito de São Paulo". *Regaste: Revista de Cultura do Centro de Memória,* Campinas, Unicamp, 1993, p. 93-101.

______. *Os aprendizes do poder: o bacharelismo liberal na política brasileira.* Rio de Janeiro: Paz e Terra, 1988.

AGUIAR, Ronaldo Conde. *Pequena Bibliografia Crítica do Pensamento Social Brasileiro.* Brasília: Paralelo 15; São Paulo: Marco Zero, 2000.

ALBERTI, Verena. "Literatura e autobiografia: a questão da narrativa". *Estudos Históricos,* Rio De Janeiro, Fundação Getúlio Vargas, n. 7, v. 4, 1991, p. 66-81.

ALBUQUERQUE, José Joaquim de Campos da Costa de Medeiros e. "Um censor censurável". *Suplemento Literário de "A Manhã",* v. VIII, fev. 1945, p. 38.

ALENCAR, José Almino. "O Brasil é fatalmente uma Democracia: Sílvio Romero". *Revista Tempo Brasileiro,* n. 145, abr./jun. 2001, p. 5-37.

ALENCASTRO, Luiz Felipe de. "O Fardo dos Bacharéis". *Novos Estudos CEBRAP*, São Paulo, CEBRAP, n. 19, p. 68-72, 1987.

ALMEIDA, Ângela Mendes de. *Família e Modernidade: o pensamento jurídico brasileiro no século XIX*. São Paulo: Porto Calendário, 1999.

ANDERSON, Benedict. *Comunidades imaginadas: reflexões sobre a origem e a difusão do nacionalismo*. São Paulo: Companhia das Letras, 2008.

______. *Nação e consciência nacional*. São Paulo: Ática, 1989.

ANDREAU, Jean. "Prosopografia". In: BURGUIÈRE, André. *Dicionário das Ciências Históricas*. Rio de Janeiro, 1993, p. 625-626.

ANHEZINI, Karina. "Correspondência escrita da história na trajetória intelectual de Afonso Taunay". *Estudos Histórico,* Rio de Janeiro, Fundação Getúlio Vargas, n. 32, 2003, p. 51-70.

ANSART, Pierre. "História e memória dos ressentimentos". In: BRESCIANI, Maria Stella; NAXARA, Márcia (org.). *Memória e (res)sentimento: Indagações sobre uma questão sensível.* Campinas: Unicamp, 2004, p. 15-34.

APPADURAI, Arjun. *A vida social das coisas*. Niterói: EDUFF, 2008.

ARENDT, Hanna. *Homens em tempos sombrios*. Lisboa: Relógio D´Água, 1991.

ARFUCH, Leonor. *Crítica cultural entre política y poética*. Buenos Aires: Fondo de Cultura Económica, 2008.

ARFUCH, Leonor. *O espaço biográfico: dilemas da subjetividade contemporânea.* Rio de Janeiro: UERJ, 2010.

ARRUDA JR., Edmundo Lima de Arruda. *A função social das escolas de Direito: a (re) produção do saber em San Tiago Dantas*. Dissertação (Mestrado em Direito) – Centro de Ciências Jurídicas-UFSC, Florianópolis, 1981.

ARRUDA, José Jobson. *O Trágico 5º Centenário da Descoberta do Brasil: comemorar, celebrar, refletir*. Bauru: Edusc, 1999.

______. TENGARRINHA, José Manuel. *Historiografia Luso-Brasileira Contemporânea*. Bauru: Edusc, 1999.

ARTIÈRES, Pierre. "Arquivar a própria vida". *Estudos Históricos,* Rio de Janeiro, Fundação Getúlio Vargas, n. 21, 1988.

AUSTIN, John L. *How to do things with words*. Nova York: Oxford, 1976.

AVELAR, Alexandre de Sá. "A biografia como escrita da História: possibilidades, limites e tensões". *Dimensões,* Vitória, UFES, v. 24, 2010, p. 157-172.

______. "A retomada da biografia histórica". *Oralidades*, São Paulo, USP, n. 2, jul./dez. 2007, p. 45-60.

AZEVEDO, Fernando de. *A cultura brasileira*. Brasília: Editora Universidade de Brasília, 1963.

BARBOSA, Raquel Lazzari Leite. *A construção do "herói". Leitura na escola: Assis - SP - 1920/1950*. São Paulo: Editora Unesp, 2001.

BARBOSA, Rui. *Parecer sobre a Redação do Código Civil*. Rio de Janeiro: Ministério da Educação e Saúde, 1949.

BARBOSA, Rui. *Réplica*. v. I. Rio de Janeiro: Ministério da Educação e Saúde, 1953a.

______. *Réplica*. v. II. Rio de Janeiro: Ministério da Educação e Saúde, 1953b.

BARCELLOS, Sérgio. "Diários revisados: sujeitos retocados." *Escrita*, Rio de Janeiro, UFRJ, s.d.

BARMAN, Roderick J.; BARMAN, Jean A. "Critique of Thomas Flory's ´Judicial politics in nineteenth-century Brazil´". *Hispanic American Historical Review*, Carolina do Norte, Duke University, n. 57, v. 4, 1977, p. 695-701.

______; BARMAN, Jean. "The Prosopography of the Brazilian Empire". *Latin American Research Review*, Estados Unidos, Pittsburgh University, v. 13, n. 2, 1978, p. 78-97.

______; BARMAN, Jean. "The role of the law graduate in the political elite of imperial Brazil". *Journal of Interamerican Studies and World Affairs*. Estados Unidos: Lynne Rienner Publishers, n. 4, v. 18, 1976, p. 423-450.

BARRETO, Carlos Xavier Paes. *Clóvis Beviláqua e suas atividades*. Rio de Janeiro: Aurora, 1960.

BARTHES, Roland. "A morte do autor". In: *O rumor da língua*. São Paulo: Martins Fontes, 2004. p. 57-64.

______. *Mitologias*. Rio de Janeiro: Bertrand-Brasil, 1989.

______. *O prazer do texto*. São Paulo: Perspectiva, 1999.

______. *Sade, Fourier, Loyola*. São Paulo: Martins Fontes, 2005.

BASTOS, Tavares. *A província de São Paulo*. São Paulo: Ed. Nacional, 1937.

BEAUVOIR, Simone de. *A cerimônia do adeus*. Rio de Janeiro: Nova Fronteira, 1981.

BEBIANO, Rui. "A História como Poética". In: D´ENCARNAÇÃO, José. *As Oficinas da História*. Lisboa: Edições Colibri; Coimbra; Faculdade de Letras da Universidade de Coimbra, 2002, p. 47-70.

BELLAMY, Richard. *Liberalismo e sociedade moderna*. São Paulo: Unesp, 1994.

BENATTE, Antônio Paulo. "História e antropologia no campo da Nova História". *História em Reflexão*, Dourados, UFGD, n. 1, v. 1, jan./jun. 2007, p. 1-25.

BENCHIMOL, Jaime. "Narrativa documental e literária nas biografias". *Manguinhos: história, ciências, saúde*, Rio de Janeiro, Fundação Osvaldo Cruz, n. 2, v. 2, jul./out. 1995, p. 93-113.

BENJAMIN, Walter. "Sobre o conceito de História". In: *Obras Escolhidas: Magia e Técnica, Arte e Política*. São Paulo: Brasiliense, 1987, p. 222-232.

BERGER, Peter. *Perspectivas sociológicas: uma visão humanística*. Petrópolis: Vozes, 2002.

BERGSON, Henri. *Matéria e Memória*. São Paulo: Martins Fontes, 1990.

BERTAUX, D. L. "Aproche Biographique: as validité méthodologique, sés potentialités". *Cahiers Internationaux de Sociologia*, n. 2, v. LXIX, jul./dez. 1980, p. 198-225.

BETHENCOURT, Francisco; CURTO, Diogo Ramada. *A memória da nação*. Lisboa: Sá da Costa, 1991.

BEVILÁQUA, Amélia de Freitas. *Impressões*. Rio de Janeiro: Bresnard Fréres, 1929.

BEVILÁQUA, Clóvis. *Cultura Jurídica do Brasil*. Rio de Janeiro: Livraria Leite, 1922.

______. *Em Defesa do Projeto de Código Civil Brasileiro*, 1906 (Trecho). Disponível em: <http://www.academia.org.br/cads/14/clovis2.htm>. Acessado em: 10 set. 2003.

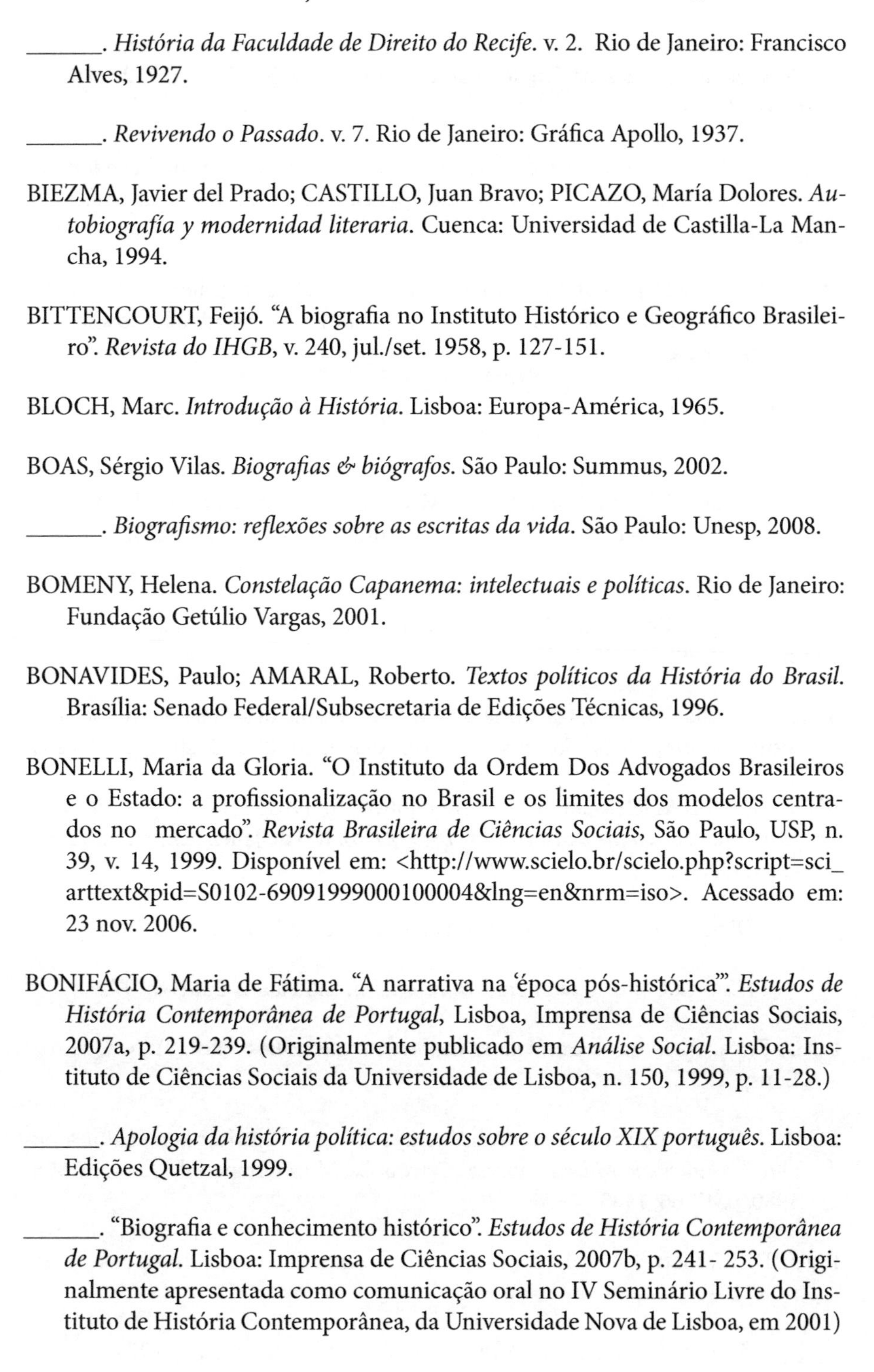

______. *História da Faculdade de Direito do Recife*. v. 2. Rio de Janeiro: Francisco Alves, 1927.

______. *Revivendo o Passado*. v. 7. Rio de Janeiro: Gráfica Apollo, 1937.

BIEZMA, Javier del Prado; CASTILLO, Juan Bravo; PICAZO, María Dolores. *Autobiografía y modernidad literaria*. Cuenca: Universidad de Castilla-La Mancha, 1994.

BITTENCOURT, Feijó. "A biografia no Instituto Histórico e Geográfico Brasileiro". *Revista do IHGB*, v. 240, jul./set. 1958, p. 127-151.

BLOCH, Marc. *Introdução à História*. Lisboa: Europa-América, 1965.

BOAS, Sérgio Vilas. *Biografias & biógrafos*. São Paulo: Summus, 2002.

______. *Biografismo: reflexões sobre as escritas da vida*. São Paulo: Unesp, 2008.

BOMENY, Helena. *Constelação Capanema: intelectuais e políticas*. Rio de Janeiro: Fundação Getúlio Vargas, 2001.

BONAVIDES, Paulo; AMARAL, Roberto. *Textos políticos da História do Brasil*. Brasília: Senado Federal/Subsecretaria de Edições Técnicas, 1996.

BONELLI, Maria da Gloria. "O Instituto da Ordem Dos Advogados Brasileiros e o Estado: a profissionalização no Brasil e os limites dos modelos centrados no mercado". *Revista Brasileira de Ciências Sociais*, São Paulo, USP, n. 39, v. 14, 1999. Disponível em: <http://www.scielo.br/scielo.php?script=sci_arttext&pid=S0102-69091999000100004&lng=en&nrm=iso>. Acessado em: 23 nov. 2006.

BONIFÁCIO, Maria de Fátima. "A narrativa na 'época pós-histórica'". *Estudos de História Contemporânea de Portugal*, Lisboa, Imprensa de Ciências Sociais, 2007a, p. 219-239. (Originalmente publicado em *Análise Social*. Lisboa: Instituto de Ciências Sociais da Universidade de Lisboa, n. 150, 1999, p. 11-28.)

______. *Apologia da história política: estudos sobre o século XIX português*. Lisboa: Edições Quetzal, 1999.

______. "Biografia e conhecimento histórico". *Estudos de História Contemporânea de Portugal*. Lisboa: Imprensa de Ciências Sociais, 2007b, p. 241- 253. (Originalmente apresentada como comunicação oral no IV Seminário Livre do Instituto de História Contemporânea, da Universidade Nova de Lisboa, em 2001)

______. "O abençoado retorno da velha história". *Análise Social*, Lisboa, Instituto de Ciências Sociais da Universidade de Lisboa, v. XXVIII, n. 122, 1993, p. 623-630.

BORELLI, Andrea. "Adultério e a mulher: considerações sobre a condição feminina no direito de família". *Caderno Espaço Feminino*, v. 11, n. 14, jan./jul. 2004, p. 7-19.

BORELLI, Silvia Helena Simões. "Memória e temporalidade: diálogo entre Walter Benjamin e Henri Bérgson". In: *Margem*. São Paulo: Faculdade de Ciências Sociais - PUC, 1992.

BORGES, Jorge Luis. "A Cabala". *Obras Completas*, v. III, Rio de Janeiro, Globo, 1999, p. 300-310.

BORGES, Vavy Pacheco. "Grandezas e Misérias da Biografia". In: PINSKY, Carla Bassanezi. *Fontes Históricas*. São Paulo: Contexto, 2005, p. 203-233.

______. "O 'eu' e o 'outro' na relação biográfica: algumas reflexões". In: NAXARA, Márcia; MARSON, Izabel; BREPOHL, Marion. *Figurações do outro*. Uberlândia: UFU, 2009, p. 225-238.

BORN, Claudia. "Gênero, trajetória de vida e biografia: desafios metodológicos e resultados empíricos". *Sociologias*, Porto Alegre, UFRS, n. 5, 2001, p. 240-265.

BOSI, Alfredo. "As letras na Primeira República". In: FAUSTO, Boris. *O Brasil Republicano: Sociedade e Instituição (1889-1930)*. Rio de Janeiro: Bertrand, 1990, p. 293-320.

______. *Dialética da Colonização*. São Paulo: Companhia das Letras, 1992.

______. *História Concisa da Literatura Brasileira*. São Paulo: Cultrix, 1972.

BOSI, Ecléa. *Memória e Sociedade: lembranças de velhos*. São Paulo: Queiroz/ Edusp, 1987.

BOSON, Gerson de Brito Melo. "A influência dos cursos jurídicos na cultura mineira". *Anuário do Museu Imperial*, Petrópolis, Museu Imperial, v. 37-41, 1976-1980, p. 47-66, 1983.

BOURDIEU, Pierre. "A codificação". In: *Coisas ditas*. São Paulo: Brasiliense, 1990, p. 96-107.

______. *A Economia das Trocas Simbólicas*. São Paulo: Perspectiva, 1974.

______. "A força do Direito: elementos para uma sociologia do campo jurídico". In: *O Poder Simbólico*. Lisboa: Difel, 1989, p. 209-254.

______. "A ilusão biográfica". In: FERREIRA, Marieta de Moraes; AMADO, Janaína (Orgs.). *Usos & abusos da história oral*. Rio de Janeiro: Fundação Getúlio Vargas, 1996, p. 181-191.

______. *As regras da arte*. São Paulo: Companhia das Letras, 1996.

BRACKSCHREIDER, Paula R. *Reflections on biography*. Estados Unidos: Oxford University Press, 2001.

BRANDÃO, Maria de Fátima; FEIJÓ, Rui Graça. "Entre textos e contextos: os estudos de comunidade e as suas fontes históricas". *Análise Social*, Lisboa: Universidade de Lisboa, v. XX (4), n. 83, 1984, p. 489-503.

BRANDÃO, Noêmia Paes Barreto. *Clóvis Beviláqua na Intimidade*. Rio de Janeiro: Editora do Autor, 1989.

BRUNER, Edward M. "Ethnography as Narrative". In: TURNER, Victor W.; BRUNER, Edward M. *The Anthropology of Experience*. Urbana: University of Illinois, 1986, p. 139-155.

BRUNO, Ernani da Silva. *História e tradições da cidade de São Paulo*. Rio de Janeiro, Livraria José Olympio Editora, 1954.

BURGUIÈRE, André. *Dicionário das Ciências Históricas*. Rio de Janeiro: Imago, 1993.

BURKE, Peter. "A Invenção da Biografia e o Individualismo Renascentista". *Estudos Históricos*, Rio de Janeiro, Fundação Getúlio Vargas, n. 19, 1997, p 1-14.

______(org.). *O Mundo como Teatro: estudos da antropologia histórica*. Lisboa: Difel, 1992.

______(org.). *A Escrita da História: Novas Perspectivas*. São Paulo: Unesp, 1992.

______. "História como memória social". In: *Variedades de história cultural*. Rio de Janeiro: Civilização Brasileira, 2000, p. 67-89.

______. *A Arte da Conversação*. São Paulo: Unesp, 1995.

______; PORTER, Roy. *Linguagem, Indivíduo e Sociedade*. São Paulo: Unesp, 1993.

______; PORTER, Roy. *Línguas e Jargões*. São Paulo: Unesp, 1997.

CAETANO, Marcelo. "A formação dos juristas brasileiros à data da criação dos cursos juridícos no Brasil". *Revista do Instituto Histórico e Geográfico Brasileiro*, Rio de Janeiro, IHGB, n. 320, 1978, p. 5-17.

CALLIGARIS, Contardo. "Verdades de autobiografias e diários íntimos". *Estudos Históricos,* Rio de Janeiro, Fundação Getúlio Vargas, n. 21, 1998, p. 48.

CÂMARA JÚNIOR, J. Matoso. "Filologia". In: MORAIS, Rubem Borba de; BERRIEN, William. *Manual Bibliográfico de Estudos Brasileiros*, Brasília, Senado Federal, 1998, p. 381-420.

CÂMARA, José Gomes Bezerra. "Teixeira de Freitas, o máximo civilista do hemisfério ocidental". *Revista do Instituto Histórico e Geográfico Brasileiro,* Rio de Janeiro, IHGB, n. 343, 1984, p. 185-213.

______. "A história do direito e a história do Brasil". *Revista do Instituto Histórico e Geográfico Brasileiro*, Rio de Janeiro, IHGB, n. 313, 1976, p. 46-66.

CAMINHA, Adolfo. *Cartas Literárias*. Fortaleza: UFC, 1999.

CAMPOS, Paulo Mendes. "Para Maria da Graça". In: *Para gostar de ler: crônicas*. São Paulo, Ática, v. 4, 1979, p. 73-76.

CANDAU, Joel. *Memoria e Identidad*. Buenos Aires: Ediciones Del Sol, 2008.

CANDIDO, Antonio. *Formação da Literatura Brasileira*. v. 2. Belo Horizonte: Itatiaia; São Paulo: USP, 1975.

CANO, Jefferson. "Liberdade, cidadania e política de emancipação escrava". *Revista de História*, São Paulo, FFLCH - USP, n. 136, 1997, p. 107-120.

CAPRANZANO, Vincent. "A Cena: lançando sombra sobre o real". *MANA*, v. 11, n. 2, 2005, p. 357-383.

______. "Horizontes imaginativos e o aquém e além". *Revista de Antropologia*, São Paulo, USP, v. 48, n. 1, 2005, p. 363-384.

______. "Life-Histories". *American Anthropologist*, n. 86, 1984, p. 953-965.

______. "O dilema de Hermes: o mascaramento da subversão na descrição etnográfica". *Teoria & Sociedade*, Belo Horizonte, UFMG, v. 2, n. 12, 2005, p. 106-137.

CARDOSO DE OLIVEIRA, Roberto. *Os diários e suas margens*, Brasília: UnB, 2002.

______. "O ofício do antropólogo, ou como desvendar evidências simbólicas". In: *Sobre o pensamento antropológico*. Rio de Janeiro: Tempo Brasileiro, 1988, p. 13-25.

CARDOSO, Ângela Miranda. *O Historiador, o Leitor, o Rei e as Amantes deles: Sobre alguns efeitos perversos do fim das teorias*. Lisboa: Centro em Rede de Investigação em Antropologia (CRIA), Instituto Universitário de Lisboa - ISCTE 2011. (workpaper)

CARDOSO, Ciro Flamarion S.; VAINFAS, Ronaldo. *Domínios da História: Ensaios da Teoria e da Metodologia*. Rio de Janeiro: Campos, 1997.

CARONE, Edgar. *A República Velha (instituições e classes sociais)*. São Paulo: Difel, 1970.

CARPEAUX, Otto Maria. *Pequena Bibliografia Crítica da Literatura Brasileira*. Rio de Janeiro: Ediouro, 1968.

CARVALHO, José Jorge de. "Antropologia: saber acadêmico e experiência iniciática". *Série Antropológica*, Brasília, UnB, n. 127, 1992.

CARVALHO, José Murilo de. *A construção da ordem: a elite política imperial*. Brasília: UnB, 1981.

______. "Brazil 1870-1914: The Force of Tradition". *Journal of Latin America Studies*, v. 24, Quincentenary Supplement: The Colonial and Post Colonial Experience. Five Century of Spanish and Portuguese America, 1992, p. 145-162.

______. "Escravidão e razão nacional". *Dados: Revista de Ciências Sociais*, v. 3, n. 31, 1988, p. 287-308.

______. "História intelectual no Brasil: a retórica como chave de leitura". *Revista Topoi*, Rio de Janeiro, UFRJ, n. 1, 2000, p. 123-152.

______. *Os Bestializados: o Rio de Janeiro e a República que não foi*. São Paulo: Companhia das Letras, 1987.

______. *Pontos e Bordados: Escritos de História e Política*. Vol 2. Belo Horizonte: Editora UFMG, 1998.

______. *Teatro de Sombras: a política imperial*. São Paulo: Vértice; Rio de Janeiro: Iuperj, 1988.

CASTELLO, José Aderaldo. *A Literatura Brasileira: origens e unidade*. São Paulo: USP, 1999.

CASTRO, Eduardo Viveiros; ARAÚJO, Ricardo Benzaquen. "Romeu e Julieta e a origem do Estado". In: VELHO, Gilberto (Org.). *Arte e Sociedade: ensaios de sociologia da arte*. Rio de Janeiro: Zahar, 1977.

CATROGA, Fernando. *Caminhos do fim da história*. Coimbra: Quarteto, 2003.

______. *Memória, história e historiografia*. Coimbra: Quarteto Editora, 2001.

CAVALCANTI, Themistocles Brandão. "A formação jurídica do Brasil". *Revista de Ciência Política*, n. 20, v. 3, 1977, p. 3-16.

CDPB - Centro de Documentação do Pensamento Brasileiro. *Dicionário Biobiliográfico de Autores Brasileiros*. Brasília: Senado Federal, 1999.

CERQUEIRA LEITE, Beatriz Westin de. "Zacarias de Goes e Vasconcelos: o professor dos cursos jurídicos de Olinda". *Estudos Históricos*, Rio de Janeiro, Fundação Getúlio Vargas, n. 16, 1977, p. 7-15.

CERTEAU, Michel de. *A Escrita da História*. Rio de Janeiro: Forense Universitária 1983.

______. *A Invenção do Cotidiano: artes de fazer*. Petrópolis: Vozes, 1994.

CHACON, Vamireh. *O Humanismo Brasileiro*. São Paulo: Summus, 1980.

CHAIA, Josephine; LISANTE, Luís. "O escravo na legislação brasileira (1808-1889)". *Revista de História*, São Paulo, USP, jul./set. 1974, p. 77-92.

CHALHOUB, Sidney. *Visões da Liberdade: uma história das últimas décadas da escravidão na corte*. São Paulo: Companhia das Letras, 1990.

CHARTIER, Roger. "A História hoje: dúvidas, desafios e propostas". *Estudos Históricos*, Rio de Janeiro, Fundação Getúlio Vargas, v. 7, n. 13, 1994, p. 97-113.

CHAUSSINAND-NOGARET, Guy. "Biografia". In: BURGUIÈRE, André. *Dicionário das Ciências Históricas*. Rio de Janeiro: Imago, 1993, p. 95-97.

CLIFFORD, James. *A experiência etnográfica: antropologia e literatura no século XX*. Rio de Janeiro: UFRJ, 2002.

______. "Sobre a autoridade etnográfica". *A experiência etnográfica: antropologia e literatura no século XX*, Rio de Janeiro, UFRJ, 2002, p. 17-62.

CLOT, Yves. "La otra ilusión biográfica". *Historia y Fuente Oral*, Barcelona, n. 2, 1989, p. 37-41.

COCKS, Raymond. "'That exalted and noble science of jurisprudence': the recruitment of jurists with 'superior qualifications' by the middle temple in the mid-nineteenth century". *Journal of Legal History*, Londres, v. 20, n. 2, 1999, p. 62-94.

COELHO, Edmundo Campos. *As Profissões Imperiais: Medicina, Engenharia e Advocacia no Rio de Janeiro (1822-1930)*. Rio de Janeiro: Record, 1999.

COMPAGNON, Antoine. *O demônio da teoria: literatura e senso comum*. Belo Horizonte: UFMG, 2003.

______. *Os cinco paradoxos da modernidade*. Belo Horizonte: UFMG, 2003.

CONDE, Idalina. "Problemas e virtudes na defesa da biografia". *Sociologia: problemas e práticas*, Lisboa: CIES-ISCTE / CELTA, n. 13, 1993, p. 39-57.

CONNERTON, Paul. *Como as Sociedades Recordam*. Oeiras: Celta Editora, 1999.

CORADINI, Odaci L. "Grandes famílias e elite 'profissional' na Medicina no Brasil". *História, Ciências, Saúde – Manguinhos*, Rio de Janeiro, Fundação Osvaldo Cruz, v. 3, n. 3, p. 425-466, 1996.

CORRÊA, Mariza. "A natureza imaginária do gênero na história da antropologia". *Cadernos Pagu*, Campinas: Unicamp, n. 5, 1995.

______. *Antropólogas e antropologia*. Belo Horizonte: UFMG, 2003.

COSTA E SILVA, Valeria Torres da. *Os Segredos da Imortalidade: uma Etnografia da Academia Brasileira de Letras*. Dissertação (Mestrado em Antropologia Social) – Universidade Federal do Rio de Janeiro, Rio de Janeiro, 1999.

COSTA LIMA, Luiz. *História. Ficção. Literatura*. São Paulo: Companhia das Letras, 2006.

COSTA, João Cruz. *Contribuição a História da Ideias no Brasil*. Rio de Janeiro: José Olympio, 1956b.

______. "O pensamento brasileiro sobre o império". In: HOLANDA, Sergio Buarque de. *História geral da civilização brasileira*. II. O Brasil monárquico. 3.Relações e transações. São Paulo: Bertrand, 1987, p. 323-342.

COSTA, João Cruz. *O positivismo na República: notas sobre a história do positivismo no Brasil*. São Paulo: Companhia Editora Nacional, 1956a.

COSTA, Mário Júlio de Almeida. "Fundamentos Históricos do Direito Brasileiro". In: TRIGUEIROS, Luis Forjaz; DUARTE, Lélia Parreira. *Temas Portugueses e Brasileiros*. Lisboa: Instituto de Cultura e Língua Portuguesa, 1992, p. 375-387.

COUTINHO, Afrânio. (org.) *Obra crítica de Araripe Júnior (1895-1900)*. v. III. Rio de Janeiro: Ministério da Educação e Cultura/Casa de Rui Barbosa, 1963.

______. *Caminhos do Pensamento Crítico*. Rio de Janeiro: Pallas; Brasília: INL--MEC, 1980.

CUNHA, Carlos M. F. "Silêncio e silenciados da memória das nações". In: MACEDO, Ana Gabriela; KEATING, Maria Eduarda. *O Poder das Narrativas, As Narrativas do Poder*. Colóquios de Outono 2005-2006. Braga: Universidade do Minho/Centro de Estudos Humanísticos, 2007, p. 17-24.

CUNHA, Paulo Ferreira da. "Dialéctica, Tópica e Retórica Jurídicas". *Mirandum*, ano VII, n. 14, 2003. Disponível em: <http://www.hottopos.com/mirand14/_ftn7> Acessado em: 02/12/2003.

D'ALÉSSIO, Márcia Mansor. "Memória: leituras de M. Halbwachs e P. Nora". *Revista Brasileira de História*, São Paulo, Marco Zero/ANPUH, v. 13, n. 25-26, set. 1992/ago. 1993, p. 97-103.

DAVIES, Susan. "História e Patrimônio". In: LAMBERT, Peter. SCHOFIELD, Phillip. *História: Introdução ao ensino e à prática*. Porto Alegre: ARTMED, 2011, p. 319-329.

DAVIS, Kathy. "La biografia como metodologia crítica". *Historia, antropología y fuentes orales*, Barcelona, n. 30, 2003, p. 153-171.

DELGADO, Luis. *Rui Barbosa (tentativa de compreensão e síntese)*. Rio de Janeiro: José Olympio, 1945.

DIAS, Juliana Braz. "Língua e poder: transcrevendo a questão nacional". *Maná*, Rio de Janeiro, Museu Nacional/UFRJ, v. 1, n. 8, 2002, p 7-27.

Dicionário Eletrônico Houaiss da Língua Portuguesa [CD-ROM]. Rio de Janeiro: Instituto Antônio *Houaiss*, 2001.

DICKEMAN, Mildred. "From 'savage' to self: the anthropologist, the classroom and the crisis in values". *Peace and Change*, Idaho, Idaho State University/Fairfield University, v. 3, n. 2-3, 1975, p. 94-97.

DIGNEFFE, Françoise. "Do individual ao social: a abordagem biográfica". In: ALBARELLO, Luc. *et al. Práticas e métodos de investigação em Ciências Sociais.* Lisboa: Gradiva, 1997, p. 203-245.

DO RIO, João. Entrevista com Clóvis Beviláqua. *O Momento Literário*. Rio de Janeiro, 30 set. 1944.

DOSSE, François. *A História à Prova do Tempo: Da História em Migalhas ao Resgate do Sentido*. São Paulo: Unesp, 2001.

______. *A História em Migalhas: dos "Annales" à "Nova História"*. São Paulo: Ensaios, 1992.

______. *El arte de la biografia: entre historia y ficcion*. México: Universidad Ibero-Americana, 2007.

DOUGLAS, Mary. *Como as instituições pensam*. São Paulo: USP, 1998.

DUARTE, Luiz Fernando Dias. "A Construção Social da Memória Moderna: três ensaios sobre pessoa e modernidade". *Boletim do Museu Nacional*, Rio de Janeiro, Antropologia, n. 41, ago. 1983.

DUARTE, Nestor. *A Ordem privada e a organização política nacional*. São Paulo: Editora Nacional, 1939.

DUBY, Georges. *A história continua*. Rio de Janeiro: Zahar/UFRJ, 1993.

______. "O Prazer do Historiador". In: NORA, Pierre. *Ensaios de Ego-história*. Lisboa: Edições 70, 1987, p. 94-119.

DUMONT, Louis. *O individualismo: uma perspectiva antropológica da ideologia moderna*. Rio de Janeiro: Rocco, 1985.

DUTRA, Pedro. *Literatura jurídica no Império*. Rio de Janeiro: Top Books, 1992.

DWORKIN, Ronald. *O Império do Direito*. São Paulo: Martins Fontes, 2001.

______. *Uma questão de princípio*. São Paulo: Martins Fontes, 2000.

ECKERT, Cornélia. "Questões em torno do uso de relatos e narrativas biográficas na experiência etnográfica". *Humanas*, Porto Alegre, v. 19-20, n. 12, 1996-1997, p. 21-44.

ECKERT, Cornélia; ROCHA, Ana Luiza Carvalho da. "Os jogos da memória". *A Ilha*, Florianópolis, v. 3, 2000, p. 70-84.

EDELMAN, Lauren B.; FULLER, Sally Riggs; MARA-DRITA, Iona. "Diversity Rhetoric and the managerialization of law". *American Journal of Sociology*, Chicago, Chicago University, v. 6, n. 106, 2001, p. 1589-1641.

ELIADE, Mircea. *Mito e realidade*. São Paulo: Perspectiva, 1972.

ELIAS, Norbert. *A Sociedade dos Indivíduos*. Rio de Janeiro: Zahar, 1994.

ENCARTA 2001. CD-ROM, Enciclopédia da Microsoft Corporation, 1993-2000.

ENCICLOPÉDIA EINAUDI. *Direito – Classes* (v. 39). Lisboa: Imprensa Nacional, 1999.

______. *Literatura – Texto* (v. 17). Lisboa: Imprensa Nacional, 1989.

______. *Memória – História* (v. 1). Lisboa: Imprensa Nacional, 1984.

ENDERS, Armelle. "L'age d'or des bachareis? Les elites politiques federales de la Premiere Republique Bresil, 1889-1930". *Fronteras*, Colômbia, v. 4, n. 4, 1999, p. 71-89.

______. "O 'Plutarco brasileiro': a produção de vultos nacionais no Segundo Reinado". *Estudos Históricos*, Rio de Janeiro, Fundação Getúlio Vargas, v. 14, n. 25, p. 41-62, 2000.

ERTZOGUE, Marina Haizenreder; PARENTE, Temis Gomes. *História e sensibilidade*. Brasília: Paralelo 15, 2006.

ESPÍNDOLA, Hugo Hanisch. "Augusto Teixeira De Freitas y Andres Bello". *Revista de Estudios Histórico-Jurídicos*, Chile, n. 8, 1983, p. 101-122.

EWALD, François. *Foucault, a Norma e o Direito*. Lisboa: Vega, 1993.

FALCI, Miridan Britto Knox. "Amélia de Freitas Beviláqua: ' intelectual piauiense avançada". Disponível em: <www.fnt.org.br/dwp.php?a=b46d45af1e.pdf&id=109>. Acessado em: 21 nov. 2011.

FALCON, Francisco Calazans. "História das ideias". In: CARDOSO, Ciro Flamarion; VAINFAS, Ronaldo. *Domínios da história: ensaios de teoria e metodologia*. Rio de Janeiro: Campus, 1997, p. 91-125.

______. "Historiografia Portuguesa Contemporânea: um ensaio histórico-interpretativo". *Estudos Históricos*, Rio de Janeiro, Fundação Getúlio Vargas, n. 1, 1988, p. 79-99.

FANINI, Michele Asmar. *Fardos e Fardões: mulheres na Academia Brasileira de Letras (1897-2003)*. Tese (Doutorado em Sociologia) - FFCHL -USP, 2009.

FAORO, Raimundo. "Ideologia e Retórica" In: *Machado de Assis: a pirâmide e o trapézio*. São Paulo: Nacional, 1976, p. 163-180.

______. *Os donos do poder: formação do patronato político brasileiro*. São Paulo: Globo/Publifolha, 2000.

FARIA, Sheila Siqueira de Castro. *Fortuna e família no cotidiano colonial (sudeste, século XVIII)*. Tese (Doutorado em História) - Universidade Federal Fluminense, Niterói, 1994.

FAUSTO, BÓRIS. *História Geral da Civilização Brasileira: O Brasil Republicano: sociedade e instituições (1889-1930)*. Rio de Janeiro: Bertrand Brasil, t. III, v. 2, 1990.

FENTRESS, James; WICKHAM, Chris. *Memória Social. Novas Perspectivas sobre o Passado*. Lisboa: Editorial Teorema, 1994.

FERES JUNIOR, João. "De Cambidge para o mundo, historicamente: revendo a contribuição metodológica de Quentin Skinner". *DADOS - Revista de Ciências Sociais*, Rio de Janeiro, v. 3, n. 48, 2005, p. 655-680.

______. "For a Critical Conceptual History of Brazil: receiving Begriffsgeschichte". *Contributions to the history of concepts*, v. 1, n. 2, out. 2005, p. 185-200.

FERRAROTTI, Franco. "Breve nota sobre historia, biografia, privacidad". *Historia y Fuente Oral*, Barcelona, n. 2, 1989, p. 53-58.

FERRAZ JUNIOR, Tercio Sampaio. *Direito, Retórica e Comunicação*. São Paulo: Saraiva, 2002.

FERREIRA FILHO, Manuel Gonçalves. "A criação dos cursos jurídicos em São Paulo". *Anuário do Museu Imperial*, Petrópolis, Museu Imperial, v. 37-41, 1976-1980, p. 33-45, 1983.

FERREIRA, Marieta de Moraes. "A nova 'velha história': o retorno da história política". *Estudos Históricos*, Rio de Janeiro, Fundação Getúlio Vargas, n. 10, 1992, p. 265-271.

______. "Entrevista com Fernando Catroga". *Revista Brasileira de História*, São Paulo, ANPUH, n. 58, v. 29, dez. 2009.

FERREIRA, Pinto. *História da Faculdade de Direito de Recife*. Recife: UFPE, 1980.

FERREIRA, Tania Maria Tavares Bessone da Cruz. "História e Prosopografia". *Anais Eletrônicos da X Encontro Regional de História*, Rio de Janeiro, ANPUH--RJ, 2002. Disponível em: <www.rj.anpuh.org/Anais/2002/Conferencias/Ferreira%20Tania%20M%20T%20B.doc>. Acessado em: 15 fev. 2009.

FIALHO, Maria do Céu Fialho; JIMÉNEZ, Aurélio Pérez; FERREIRA, José Ribeiro. *O Retrato e a Biografia como estratégia de teorização política*. Coimbra: Universidade de Coimbra, 2004.

FLORY, Thomas. "Judicial politics in nineteenth-century Brazil". *Hispanic American Historical Review*, Carolina do Norte, Duke University, v. 4, n. 55, 1975, p. 664-692.

FOLHA DE SÃO PAULO. "Código Civil". Caderno especial, 10/01/2003.

FONSECA, Ricardo Marcelo. "A formação da cultura jurídica nacional e os cursos jurídicos no Brasil do século XIX: relendo os traços do bacharelismo jurídico". *Revista do Instituto dos Advogados do Paraná*, v. 35, 2007, p. 581-600.

______. "A cultura jurídica brasileira e a questão da codificação civil no século XIX". *Revista da Faculdade de Direito. Universidade Federal do Paraná*, v. 44, 2006, p. 61-76.

FOOT HARDMAN, Francisco. *A modernidade na Selva: trem fantasma*. São Paulo: Companhia das Letras, 1988.

FOUCAULT, Michel. *A Ordem do Discurso*. São Paulo: Loyola, 1996.

______. *A Verdade e as Formas Jurídicas*. Rio de Janeiro: Nau/PUC/RJ, 1996.

______. *As Palavras e as Coisas*. São Paulo: Martins Fontes, 1985.

______. *Ditos & Escritos (v. II): Arqueologia das ciências e História dos Sistemas de Pensamento*. Rio de Janeiro: Forense Universitária, 2000.

______. *Em Defesa da Sociedade*. São Paulo: Martins Fontes, 1999.

______. *Microfísica do poder*. Rio e janeiro: Graal, 1989.

FOURNIER, Marcel. "Para reescrever a biografia de Marcel Mauss...". *Revista Brasileira de Ciências Sociais*, v. 18, n. 52, jun. 2003, p. 5-13.

FRAIZ, P. "A dimensão autobiográfica dos arquivos pessoais: o arquivo de Gustavo Capanema". *Estudos Históricos*. Rio de Janeiro: Fundação Getúlio Vargas, n. 21, 1988.

FRANÇA, Limongi. "Código Civil (Histórico)". *Enciclopédia Saraiva do Direito*, São Paulo, Saraiva, 2001.

FREIDSON, Eliot. "Para uma análise comparada das profissões: a institucionalização do discurso e do conhecimento formais". *Revista Brasileira de Ciências Sociais*, v. 11, n. 31, 1996, p. 141-155.

FREIRE, Gilberto. *Casa-Grande e senzala*. Ed. Record. Rio de Janeiro: 1996.

______. "Introdução". In: NABUCO, Joaquim. *Perfis parlamentares*. Brasília: Câmara dos Deputados, 1983.

______. *Ordem e Progresso*. Rio de Janeiro: José Olympio, 1959.

______. "República". In: MORAIS, Rubem Borba de; BERRIEN, William. *Manual Bibliográfico de Estudos Brasileiros*. Brasília: Senado Federal, 1998, p. 669-736.

______. *Retalhos de jornais velhos*. Rio de Janeiro: José Olympio, 1964.

______. *Sobrados e Mucambos*. Rio de Janeiro: José Olympio, 1977.

______. *Sociologia*. Rio de Janeiro: José Olympio, 1967.

FUNDAÇÃO GETÚLIO VARGAS. *Dicionário de Ciências Sociais*. Rio de Janeiro: Fundação Getúlio Vargas, 1986.

GADAMER, Hans-Georg. *O problema da consciência histórica*. Rio de Janeiro: Fundação Getúlio Vargas, 1998.

______. *Verdad y metodo I*. Salamanca: Sígueme, 1997.

GAGNEBIN, Jeanne Marie. "Verdade e memória do passado". *Projeto História. Trabalhos da memória*, São Paulo, Educ/Fapesp, n. 17, nov. 1998, p. 213-221.

______. *História e Narração em Walter Benjamin*. São Paulo: Perspectiva, 1984.

______. "O início da história e as lágrimas de Tucídides". *Margem*, São Paulo, Educ, n. 1, 1992, p. 9-28.

______. *Walter Benjamin: os Cacos da História*. São Paulo: Brasiliense, 1982.

GALVÃO, Manuel Arcanjo. *Relação dos cidadãos que tomara parte no governo do Brasil no período de março de 1808 a 15 de novembro de 1889*. Rio de Janeiro, Arquivo Nacional, 1969.

GALVÃO, Walnice Nogueira. "A voga do biografismo nativo". *Estudos Avançados*, São Paulo, USP, v. 19, n. 55, 2005, p. 351-366.

______. *As musas sob assédio: literatura e indústria cultural no Brasil*. São Paulo: SENAC, 2005.

GAY, Peter. *Freud para historiadores*. Rio de Janeiro: Paz e Terra, 1989.

HOOK, Sidney. *O herói na história*. Rio de Janeiro: Zahar, 1962.

GEERTZ, Clifford. *A interpretação das culturas*. Rio de Janeiro: Zahar, 1978.

______. "Afirmação política: espetáculo e cerimônia". In: N*egara: o estado teatro no século XIX*. Lisboa: Difel, 1991, p. 127-152.

______. "O saber local: fatos e leis em uma perspectiva comparativa". In: *O saber local: novos ensaios em antropologia interpretativa*. Rio de Janeiro: Vozes, 1998, p. 249-356.

______. *Obras e vidas: o antropólogo como autor*. Rio de Janeiro: UFRJ, 2005.

GENETTE, Gerard. "A retórica restrita". In: COHEN, Jean. *Pesquisas de Retórica*. Petrópolis: Vozes, 1975, p. 129-146.

GHISALBERTI, Carlo. "La sistematica nella codificazione del diritto civile". *Clio*, Itália, v. 24, n. 4, 1988, p. 543-555.

GINZBURG, Carlo. *O fio e os rastros: verdadeiro, falso, fictício*. São Paulo: Companhia das Letras, 2007.

______. "O inquisidor como antropólogo". *Revista Brasileira de História*, São Paulo, Marco Zero/ANPUH, v. 11, n. 21, set. 1990-fev. 1991, p. 9-20.

______. *Relações de Força: História, Retórica, Prova*. São Paulo: Companhia das Letras, 2002.

GLENDON, Mary Ann. *A nation under lawyers*. Nova York: Farrar, Straus and Giroux, 1994.

GOFFMAN, Erving. *Estigma: notas sobre a manipulação da identidade deteriorada*. Rio de Janeiro: Zahar, 1987.

GOMES, Ângela de Castro *et al. Engenheiros e Economistas: novas elites burocráticas*. Rio de Janeiro: Fundação Getúlio Vargas, 1994.

______ *et al.* "Primeira república: um balanço historiográfico". *Estudos Históricos,* Rio de Janeiro, Fundação Getúlio Vargas, v. 2, n. 4, 1989, p. 244-280.

GOMES, Angela de Castro. *História e Historiadores.* Rio de Janeiro: Fundação Getúlio Vargas, 1996.

______; SCHMIDT, Benito Bisso (Org.). *Memórias e narrativas (auto) biográficas.* Porto Alegre: UFRGS; Rio de Janeiro: Fundação Getúlio Vargas, 2009.

GOMES, Orlando. *Raizes Históricas e Sociológicas do Código Civil Brasileiro.* Salvador: Universidade da Bahia, 1958.

GOMIDE, Bruno. "Clóvis Bevilácqua e o romance russo: entre naturalismo superior e emancipação literária". *Revista Inventário,* n. 4., jul. 2005. Disponível em: <www.inventario.ufba.br/04/04bgomide.htm> Acessado em: 15 dez. 2011.

GONCALVES, João Felipe. "Enterrando Rui Barbosa: um estudo de caso da construcão fúnebre de heróis nacionais na Primeira República". *Estudos Históricos.* Rio de Janeiro: Fundação Getúlio Vargas, v. 14, n. 25, p. 135-161, 2000.

______. *Vida, Glória e Morte de Rui Barbosa: a construção de um herói nacional.* Dissertação (Mestrado em Antropologia Social) - Universidade Federal do Rio de Janeiro, Rio de Janeiro, 1999.

GONÇALVES, Marcia de Almeida. *Em terreno movediço: biografia e história de Octávio Tarquínio de Souza.* Rio de Janeiro: EDUERJ, 2009a.

______. *Em terreno movediço: biografia e história na obra de Octávio Tarquínio de Sousa.* Tese (Doutorado em História Social) - FFLCH-USP, São Paulo, 2003.

______. "História de Gênios e Heróis: Individuo e Nação no Romantismo Brasileiro". In: GRIMBERG, Keila; SALLES, Ricardo. *O Brasil Imperial.* Rio de Janeiro: Civilização Brasileira, v. 2, 2009b.

GONTIJO, Rebeca. "A vida póstuma de um historiador nacional: Capistrano de Abreu (1853-1927), memória e biografia". In: XXIII Simpósio Nacional de História. *Anais...* Londrina: ANPUH, 2005. Disponível em: <http://www.anpuh.uepg.br/xxiii-simposio/anais/textos/REBECA%20GONTIJO.pdf>. Acessado em: 20 jun. 2007.

GOTLIB, Nádia. "Com Dona Gilka Machado, Eros pede a palavra: Poesia erótica feminina brasileira nos inícios do século XX". *Polímica: Revista de Criação e Crítica,* São Paulo, n. 4, 1982, p. 23-47.

GRAHAM, Richard, *Clientelismo e política no Brasil do século XIX*. Rio de Janeiro: UFRJ, 1997.

______. "An interview with Sergio Buarque de Holanda". *Hispanic American Historical Review*, Carolina do Norte, Duke University, v. 62, n. 1, 1982, p. 3-17.

GRINBERG, Keila. *O fiador dos brasileiros - cidadania, escravidão e direitos civis no tempo de Antônio Pereira Rebouças*. Rio de Janeiro: Civilização Brasileira, 2002.

______. *Código Civil e Cidadania*. Rio de Janeiro: Zahar, 2001.

______. "Freedom Suits and Civil Law in Brazil and the United States". *Slavery & Abolition*, Inglaterra, v. 22, n. 3, 2001, p. 66-82.

______. *Liberata: a lei da ambiguidade. As ações de liberdade na corte de apelação do Rio de Janeiro no século XIX*. Rio de Janeiro: Relume - Dumará, 1994.

GRYNSZPAN, Mario. *Ciência, política e trajetórias sociais: uma sociologia histórica da teoria das elites*. Rio de Janeiro: Fundação Getúlio Vargas, 1999.

GUERRA, Flávio. "O curso jurídico de Olinda dentro de um conceito histórico". *Anuário do Museu Imperial*, v. 37-41, 1976-1980, 1983, p. 23-31.

GUIMARÃES, Valéria Lima. "Em torno da biografia como um gênero histórico: apontamentos para uma reflexão epistemológica". *X Encontro Regional de História*. Anais eletrônicos. Rio de Janeiro: ANPUH-RJ, 2002. Disponível em: <http://www.rj.anpuh.org/resources/rj/Anais/2002/Comunicacoes/Guimaraes%20Valeria%20L.doc>. Acessado em: 15 fev. 2009.

GUMBRECHT, Hans Ulrich. "Sobre la desintegracion de la 'Historia' y la vida del pasado". *Historia y Grafía*, México, n. 21, p. 55-71, 2003.

______. *As funções da retórica parlamentar na Revolução Francesa*. Belo Horizonte: UFMG, 2003.

HALBWACHS, Maurice. *A memória coletiva*. São Paulo: Vértice, 1990.

HAROCHE, Claudine. *Fazer dizer, querer dizer*. São Paulo: HUCITEC, 1992.

HENDRICKS, Craig; LEVINE, Robert M. "Pernambuco's Political Elite and the Recife Law School". *The Americas*, v. 37, n. 3, jan. 1981, p. 291-313.

HERSCHMANN, Micael M.; PEREIRA, Carlo Alberto Messeder. *A Invenção do Brasil Moderno: medicina, educação e engenharia nos anos 20-30*. Rio de Janeiro: Rocco, 1994.

HESPANHA, António Manuel. "A emergência da história". *Penélope*, n. 5, 1991, p. 9-25.

______. "História e sistema: interrogações à historiografia pós-moderna". *Ler História*, n. 9, 1986, p. 65-84.

______. *A História do Direito na História Social*. Lisboa: Horizonte, 1978.

______. "O género biográfico em curso". *História*, III Série, ano XXIV, n. 41, jan. 2002, p. 16-17.

______. *Panorama Histórico da Cultura Jurídica Europeia*. Lisboa: Europa-América, 1997.

______. "Senso comum, memória e imaginação na construção da narrativa historiográfica". In: CARDIM, Pedro *et al*. *A História: entre Memória e Invenção*. Lisboa: CNCDP/Europa-América, 1998, p. 21-34

HISGAIL, Fani *et al*. *Biografia: sintoma da cultura*. São Paulo: Hacker Editores/ Cespuc, 1996.

HOBSBAWM, Eric. *Era dos extremos: o breve século XX (1914-1991)*. São Paulo, Companhia das Letras, 2003.

______. *Era dos impérios*. Rio de Janeiro: Paz e Terra, 1995.

______. *Nações e nacionalismo desde 1780*. Rio de Janeiro: Paz e Terra, 1998.

______; RANGER, Terence. *A invenção das tradições*. Rio de Janeiro: Paz e Terra 1984.

HOCHMAN, Gilberto. *A era do saneamento: as bases da política de saúde pública no Brasil*. São Paulo: HUCITEC / ANPOCS, 1998.

HOLANDA, Sérgio Buarque de. *Raízes do Brasil*. São Paulo: Companhia das Letras, 1995.

______. *História geral da civilização brasileira*. São Paulo: Difel, 1971.

HOLROYD, Michael. *Works on paper: the craft of biography and autobiography*. Londres: Abacus, 2003.

HOMEM, Armando Luís de Carvalho. "Os Historiadores, esses desconhecidos". *Revista Portuguesa de História*, Coimbra, Faculdade de Letras da Universidade de Coimbra/Instituto de Historia Economica e Social, n. XXIX, 1994, p. 33-53.

______. "Revistas universitárias de História no Portugal do século XX". *Revista de História das Ideias*, Coimbra, Faculdade de Letras da Universidade de Coimbra, Instituto de Historia e Teoria das Ideias, n. 18, 1996, p. 339-372.

ISER, Wolfgang. "Os atos de fingir ou O que é fictício no texto ficcional". In: COSTA LIMA, Luiz (Org.). *Teoria da Literatura em suas fontes*. Rio de Janeiro: Francisco Alves, v. 2, 1983, p. 384-416.

JANOTTI, Maria de Lourdes Monaco. "O diálogo convergente: políticos e historiadores no início da República". *Luso-Brasilian Review*, v. 36, n. 2, 1999, p. 93-102.

JARRATT, Susan C. "New Dispositions for Historical Studies in Rhetoric". In: OLSON, Gary A. *Rhetoric and composition as intellectual work*. Southern Illinois University, 2002, p. 65-80.

JASMIN, Marcelo Gantus. "História dos conceitos e teoria política e social: referências preliminares". *Revista Brasileira de Ciências Sociais*, v. 20, n. 57, fev. 2005, p. 27-38.

JEUDY, Henri-Pierre. *Memórias do social*. Rio de Janeiro: Forense. 1990.

JOHNSON, Phil Brian. "Up-Tight about Ruy: an Essay on Brazilian Cultural Nationalism and Mythology". *Journal of Interamerican Studies and World Affairs*, v. 15, n. 2, mai. 1973, p. 191-204.

JOUTARD, Phillippe. *Esas Voces que nos llegan del Passado*. Mexico: Fondo de Cultura Económica, 1986.

JUNQUEIRA, Eliane Botelho. "O bacharel de Direito no seculo XIX: herói ou anti-herói?" *Luso-Brazilian Review*, Wisconsin, University of Wisconsin–Madison, v. 34, n. 1, 1997, p. 77-93.

______. *A Sociologia do Direito no Brasil*. Rio de Janeiro: Lunen Juris. 1993.

KARNAL, Leandro; FREITAS NETO, José Alves de. *A escrita da memória*. São Paulo: Instituto Cultural Banco Santos, 2004.

KENDALL, Paul Murray. *The art of biography*. Nova Yorque: W. W. Norton & Company, 1965.

KHOTE, Flávio (org.). *Walter Benjamin*. São Paulo: Ática, 1985.

KIRKENDALL, Andrew John. *Language, Patronage, and Liberalism: Student Culture and Elite Male Identity in Nineteenth-Century Brazil*. Tese (Doutorado em História) – University of North Carolina, Carolina do Norte, 1996.

KOFES, Suely *et al. História de vida: biografias e trajetórias.* Campinas: IFCH--Unicamp, 2004.

______. "Itinerário, em busca de uma trajetória". In: *Uma trajetória, em narrativas.* Campinas: Mercado de Letras, 2001.

KONDER, Leandro. *Walter Benjamin: o Marxismo da Melancolia.* Rio de Janeiro: Campus, 1988.

KOSELLECK, Reinhardt. *Crítica e crise.* Rio de Janeiro: Eduerj/Contraponto, 1999.

______. *Future past: on the semantics of historical time.* Cambridge: The MIT Press, 1985.

______; GADAMER, Hans-Georg. *Historia y hermenéutica.* Barcelona: Paidós, 1997.

______. "Uma história dos conceitos: problemas teóricos e práticos". *Estudos Históricos*, Rio de Janeiro, Fundação Getúlio Vargas, n. 10, p. 134-146, 1992.

______. "Uma História dos Conceitos: problemas teóricos e práticos". *Estudos Históricos,* Rio de Janeiro, Fundação Getúlio Vargas, v. 5, n. 10, p. 134-146, 1992.

KOURY, Mauro Guimarães. *Imagem e memória: ensaios de antropologia visual.* Rio de Janeiro: Garamond, 2001.

KUENTZ, Pierre. "O 'retórico' ou o distanciamento". In: COHEN, Jean. *Pesquisas de Retórica.* Petrópolis: Vozes, 1975, p. 109-146.

LaCAPRA, Dominique; KAPLAN, Steven L. *Modern european intellectual history: reappraisals and new perspectives.* Ithaca/Londres: Cornell University Press, 1982.

LACOMBE, Américo Jacobina. "A cultura jurídica". In: HOLANDA, Sérgio Buarque de. *História geral da civilização brasileira.* São Paulo: Difel, t. II, v. 3, 1985, p. 356-368.

LACOMBE, Américo Jacobina. *À sombra de Rui Barbosa.* São Paulo: Nacional, Brasília: INL, 1978.

LAHUERTA, Milton. "Os intelectuais e os anos 20: moderno, modernista, modernização". In LORENZO, Helena Carvalho de; COSTA, Wilma Peres da. *A década de 1920 e as origens do Brasil moderno.* São Paulo: Editora da Unesp/Fapesp, 1997.

LAMBERT, Peter; SCHOFIELD, Phillip. *História - Introdução ao ensino e à prática*. Porto Alegre: ARTMED, 2011.

LAQUEUR, Thomas W. "Corpos, detalhes e a narrativa humanitária". In: HUNT, Lynn. *A Nova História Cultural*. São Paulo: Martins Fontes, 1992, p. 239-277.

LARRETA, Enrique Rodríguez; GIUCCI, Guillermo. *Gilberto Freyre: uma biografia cultural*. Rio de Janeiro: Civilização Brasileira, 2007.

LAVALLE, Adrián Gurza. *Vida Pública e Identidade Nacional: Leituras Brasileiras*. São Paulo, Editora Globo, 2004.

LE GOFF, Jacques. *A história nova*. São Paulo: Martins Fontes, 1990.

______. "Comment écrire une biographie historique aujourd'hui?". *Le Débat*, n. 54, mar./abr. 1989, p. 48-53.

______. "Progresso/reação". *História e Memória*, Campinas, Unicamp, 1990, p. 233-281.

LEITE, Marli Quadros. *Metalinguagem e discurso jurídico: a configuração do purismo brasileiro*. São Paulo: Humanitas, 1999.

______. "Purismo Linguístico: do Preconceito ao Conceito". *Revista da ANPOLL*, São Paulo, HUMANITAS LIVRARIA, v. 3, n. 3, 1997, p. 57-80.

______. "Uma Aplicação da Análise do Discurso ao Texto Legal". *Revista Con s Ciência*, São Paulo, 1996, p. 46-62.

LEJEUNE, Philippe. *O pacto autobiográfico: de Rousseau à internet*. Belo Horizonte: UFMG, 2008.

______. *Je est an autre*. Paris: Seuil, 1980.

LEVI, Giovanni. "Usos da biografia". In: FERREIRA, Marieta de Moraes; AMADO, Janaína (Orgs.). *Usos & abusos da história oral*. Rio de Janeiro, Fundação Getúlio Vargas, 1996, p. 167-182.

______. "Usos da biografia". In: AMADO, Janaína; FERREIRA, Marieta de Moraes (Orgs.). *Usos e abusos da história oral*. Rio de Janeiro: Fundação Getúlio Vargas, 1996, p. 167-182.

LEVILLAIN, Philipe. "Os protagonistas: da biografia". In: RÉMOND, René. *Por uma história política*. Rio de Janeiro: UFRJ/Fundação Getúlio Vargas, 1996, p. 141-184.

LEVI-STRAUSS, Claude. *Mito e Significado*. Lisboa: Edições 70, 1987.

______. "O feiticeiro e sua magia". In: *Antropologia Estrutural*. Rio de Janeiro: Tempo Brasileiro, 1975, p. 194-213.

LIMA FILHO, Henrique Espada. "Biografia e micro-história: o uso da biografia na historiografia italiana contemporânea". *Cadernos do Centro de Filosofia e Ciências Humanas da UFPA*, Belém, v. 12, n. ½, jan./dez. 1993, p. 1-11.

LIMA, Herman. *Rui e a Caricatura*. Rio de Janeiro: Fundação Casa de Rui Barbosa, 1949.

LIMA, Lana G. (Org.). *Mulheres, Padres e Adúlteros: história e moral na sociedade brasileira*. Rio De Janeiro: Dois Pontos, 1987.

LIMA, Luiz Costa. *Sociedade e discurso ficcional*. Rio de Janeiro: Guanabara, 1986.

LIMA, Miridan Rejane Soares; FONTINELES FILHO, Pedro Pio. "Entre falas e silêncios da escrita: representações sociais e relações de gênero na obra de Amélia Beviláqua". Comunicação em *Semana de Iniciação Científica*, Universidade Estadual do Piauí, 2010. Disponível em: <http://www.uespi.br/prop/XSIMPOSIO/TRABALHOS/INICIACAO/Ciencias%20Humanas%20e%20Letras/ENTRE%20FALAS%20E%20SILENCIOS%20DA%20ESCRITA%20--%20REPRESENTACOES%20SOCIAIS%20E%20RELACOES%20DE%20GENERO%20NA%20OBRA%20DE%20AMELIA%20Beviláqua.pdf> Acessado em: 21/11/2011.

LIMA, Nisia Trindade de. *Um sertão chamado Brasil: intelectuais e representações da identidade nacional*. Rio de Janeiro: IUPERJ – REVAN, 1999.

LINS, Ivan. *História do Positivismo no Brasil*. São Paulo: Companhia Editora Nacional, 1964.

LLOSA, Mario Vargas. *A verdade das mentiras*. São Paulo: Arx, 2004.

LOPES, Eliane Cristina. *Revelar o pecado: filhos ilegítimos na São Paulo do século XVIII*. São Paulo: Annablume/Fapesp, 1998.

LOPES, José Sergio Leite; ALVIM, Rosilene. "Uma autobiografia operária: a memória entre a entrevista e o romance". *Estudos Avançados*, São Paulo, USP, v. 13, n. 37, 1999, p. 105-124.

LORIGA, Sabina. O pequeno *x*: da *biografia* à história. Belo Horizonte: Autêntica, 2011.

______. "A biografia como problema". In: REVEL, Jacques (Org.). *Jogos de escalas: a experiência da microanálise*. Rio de Janeiro: Fundação Getúlio Vargas, 1998. p. 225-249.

______. "Biographical and Historical Writing in the 19th and 20th Centuries". In: *Transitions to Modernity Colloquium*. The MacMillan Center: Yale University, 18 fev. 2008. Disponível em: <http://www.yale.edu/macmillan/transitionsto-modernity/papers/SabinaLoriga.pdf>. Acessado em: 12 mai. 2009.

LOTMAN, Iuri. "La biografía literaria en el contexto histórico-cultural (la correlación tipológica entre el texto y la personalidad del autor)". *Signa: Revista de la Asociación Española de Semiótica*, Madrid, n. 4, 1995, p. 9-44.

LUSTOSA *et al. Estudos históricos sobre Rui Barbosa*. Rio de Janeiro: Fundação Casa de Rui Barbosa, 2000.

LUZ, Guilherme Amaral. "A insubordinação da História à Retórica: manifesto transdisciplinar". *Revista ArtCultura*, Uberlândia, UFU, 2005, p. 102-110.

LUZ, Madel. *Medicina e Ordem Política Brasileira*. Rio de Janeiro: Graal, 1982.

LYRA, Tavares de. *Instituições políticas do Império*. Brasília: Senado Federal, 1979.

MADELENAT, Daniel. *La biographie*. Paris: Presses Universitaires de France, 1984.

MAIA, Pedro. *O Mestre Clóvis Beviláqua*. Rio de Janeiro: Laemmert, 1961.

MALUF, Marina; MOTT, Maria Lúcia. "Recônditos do mundo feminino". In: SEVCENKO, Nicolau. *História da vida privada no Brasil*. v. 3. São Paulo: Companhia das Letras, 1998, p. 368-421.

MANGABEIRA, João. *Rui: o Estadista da República*. Rio de Janeiro: José Olympio, 1943.

MARCHANT, Anyda. "Clóvis Beviláqua and the Brazilian Civil Code". *Michigan Law Review*, Michigan, University of Michigan, v. 43, n. 5, abr. 1945, p. 970-975.

MARCUS, George E; FISCHER, Michael M. J. "Conveying other cultural experience: the person, self, and emotions". In: *Anthropology as Cultural Critique: an experimental moment in the Human Sciences*. Chicago: University of Chicago, 1999, p. 45-76.

MARTINS, Fernando. "Historiografia, biografia e ética". *Análise Social*, Lisboa, Instituto de Ciências Sociais da Universidade de Lisboa, n. 171, 2004, p. 391-408.

______. “Historiografia, biografia e ética”. *Análise Social*, Lisboa: ISCTE, v. XX-XIX, n. 171, 2004, p. 391-408.

MARTINS, Luciano. “A gênese de uma intelligentsia: os intelectuais e a política no Brasil”. *Revista Brasileira de Ciências Sociais*, São Paulo, ANPOCS, v. 2, n. 4, jun. 1987, p. 165-187.

MARTINS, Wilson. *A Crítica Literária no Brasil*. v. 1. Rio de Janeiro: Francisco Alves, 1983.

______. *História da inteligência brasileira (1550-1794)*. v. I. São Paulo: Cultrix/Edusp. 1977.

______. *História da inteligência brasileira (1794-1855)*. v. II. São Paulo: Cultrix,/USP, 1978a.

______. *História da inteligência brasileira (1897-1914)*. v. V. São Paulo: Cultrix,/USP, 1977-1978.

______. *História da inteligência brasileira (1915-1933)*. v. VI. São Paulo: Cultrix,/USP, 1978b.

MASSI, Fernanda Peixoto; PONTES, Heloisa André. *Guia bibliográfico de brasilianistas: obras e autores editados no Brasil entre 1930 e 1988*. São Paulo: Sumaré/Fapesp, 1992.

MATOS, Odilon Nogueira de. “A cidade de São Paulo no século XIX”. *Revista de História*, v. VI, n. 21-22, 1955, p. 89-126.

MATOS, Sérgio Campos. “Historiografia e memória social (1945-2000): Balanço e perspectivas futuras”. In: ARRUDA, José Jobson; FONSECA, Luís. *Brasil-Portugal: História, agenda para o milênio*. Bauru: Edusc, 2001, p. 537-558.

MATTOS, Ilmar R. “Construtores e herdeiros: a trama dos interesses na construção da unidade política”. *Almanack Braziliense*, São Paulo, IEB/USP, n. 1, mai. 2005. Disponível em: <http://www.almanack.usp.br/PDFS/1/01_forum_1.pdf> Acessado em: 12 jul. 2010.

______. *O Tempo Saquarema: a formação do estado imperial*. Rio de Janeiro: Access, 1999.

MATTOS, Marco Aurélio Vannucchi Leme de. *Os cruzados da ordem jurídica: a atuação da Ordem dos Advogados do Brasil (OAB), 1945-1964*. Tese (Doutorado em História) – Departamento de História Social - USP, São Paulo, 2011.

MAY, Georges. *La autobiografia*. Mexico: Fondo de Cultura Económica, 1982.

MEDEIROS, Antônio Cachapuz de. *Pareceres dos Consultores Jurídicos do Itamaraty*. v. 9. Brasília: Senado Federal/Fundação Alexandre de Gusmão, 2000.

MEDICK, Hans. "Missionários num barco a remos? Modos etnológicos de conhecimento como desafio à História Social". *Ler História*, n. 6, 1985.

MEIRA, Silvio. "Andres Bello e Teixeira de Freitas em face das codificações civis do Chile e do Brasil: um paralelo". *Revista Chilena de Historia del Derecho*, Santiago, Universidad de Chile, n. 10, 1984, p. 85-120.

MEIRA, Silvio. *Clóvis Beviláqua: sua vida, sua obra*. Fortaleza: Universidade Federal do Ceará, 1990.

______. "O Código Civil de 1917: o projeto Beviláqua". In: *Studi in Onore di Cesare Sanfillipo*. Itália: Giuffré Editores, 1982.

______. "O legado cultural de Teixeira de Freitas". *Revista do Instituto Histórico e Geográfico Brasileiro*, Rio de Janeiro, IHGB, n. 337, 1982, p. 197-206.

MELLO E SOUZA, Marina de. "Os Missionários da Nacionalidade". *Papéis Avulsos*, n. 36, CIEC, UFRJ, 1991.

MELLO, Maria Tereza Chaves de. *A República consentida: cultura democrática e científica do final do Império*. Rio de Janeiro: Editora Fundação Getúlio Vargas, 2007.

MENDES, Algemira de Macedo. *A representação feminina nos romances de Amélia Beviláqua: da submissão à transgressão*. Dissertação (Mestrado em Letras) – Universidade Federal de Pernambuco, Fortaleza, 2002.

______. *Amélia Beviláqua e Maria Firmina dos Reis na história da literatura:representação, imagens e memórias nos séculos XIX e XX*. Tese (Doutorado em Linguística e Letras) - PUCRS, Porto Alegre, 2006.

______. *Imagem da mulher na obra de Amélia Beviláqua*. Rio de Janeiro: Caetés, 2004.

MENDES, J. Amado. "Caminhos e problemas da historiografia portuguesa". In: TORGAL, Luís Reis; MENDES, José Amado; CATROGA, Fernando. *História da história em Portugal séculos XIX-XX*, v II, Lisboa, Círculo de Leitores, 1996, p. 17-83.

______. "A História Econômica e Social nos últimos vinte anos: principais tendências e metodologias". *Revista Portuguesa de História*, Coimbra, Faculdade de Letras da Universidade de Coimbra/Instituto de História Econômica e Social, t. XXIX, 1994, p. 1-32.

MENDIOLA, Alfonso. "Hans Ulrich Gumbrecht: la fascinacion por el pasado (Entrevista)". *Historia y Grafía*, México, n. 19, 2002, p. 195-217.

MENDONÇA, Joseli Maria Nunes. *Entre a mão e os anéis. A Lei dos sexagenários e os caminhos da abolição no Brasil.* Campinas: Unicamp-Cecult, 1999.

MENEZES, Djacir de. *O Brasil no Pensamento Brasileiro*. Rio de Janeiro: MEC, 1956.

______. "A influência de Tobias Barreto na conceituacão filosófica do Direito de Clóvis Beviláqua". *Revista de Ciência Política,* Rio de Janeiro, Fundação Getúlio Vargas, v. 25, n. 2, 1982, p. 56-62.

______. "A proposta da criação dos cursos jurídicos: de 1827 a 1977". *Revista de Ciência Política*, Rio de Janeiro, Fundação Getúlio Vargas, v. 20, n. 2, 1977, p. 13-22.

MENEZES, Raimundo de; AZEVEDO, Manoel Ubaldino de. *Clóvis Beviláqua: jurista-filósofo – Ensaio Bio-Bibliográfico*. Rio de Janeiro: Editora Nacional, 1959.

MERCADANTE, Paulo. *A consciência conservadora no Brasil.* Rio de Janeiro: Nova Fronteira, 1985.

MERQUIOR, José Guilherme. "Walter Benjamin ou a verdade como morte da invenção". In: *Arte e sociedade em Marcuse, Adorno e Benjamin: ensaio crítico sobre a escola neo-hegeliana de Frankfurt.* Rio de Janeiro: Tempo Brasileiro, 1969, p. 113-146.

MEYER, Michel. *Questões de Retórica: Linguagem, Razão e Sedução*. Lisboa: Edições 70, 1998.

MICELI, Paulo. "Com herói (não) se brinca?". *História, Histórias: o jogo dos jogos.* Coleção Trajetória, n. 4, Campinas, IFCH-Unicamp, 1996, p. 407-412.

MICELI, Paulo. *O mito do herói nacional.* São Paulo: Contexto, 1994.

MICELI, Sérgio. *Imagens negociadas: retratos da elite brasileira (1920-1940)*. São Paulo: Companhia das Letras, 1996.

______. *Intelectuais à brasileira*. São Paulo: Companhia das Letras, 2001.

MIGNOLO, Walter. "Lógica das diferenças e política das semelhanças: da literatura que parece história ou antropologia, e vice-versa". In: CHIAPPINI, Ligia. AGUIAR, Flávio Wolf de. *Literatura e História na América Latina*. São Paulo: Edusp, 1993.

MIGUEL, Luis Felipe. "Em Torno do Conceito de Mito Político", *DADOS*, Rio de Janeiro, IUPERJ, v. 41, n. 3, 1998.

______. "Em Torno do Conceito de Mito Político". *Revista DADOS*, Rio de Janeiro, IUPERJ - Instituto Universitário de Pesquisas do Rio de Janeiro, v. 41 n. 3, 1998.

MILLS, Charles Wright. *A imaginação Sociológica*. Rio de Janeiro: Zahar, 1969.

MIRANDA, Danilo Santos de. *Memória e Cultura: a importância da memória na formação cultural humana*. São Paulo: SESC, 2007.

MISKELL, Peter. "Os historiadores e o cinema". In: LAMBERT, Peter; SCHOFIELD, Phillip. *História - Introdução ao ensino e à prática*. Porto Alegre: ARTMED, 2011, p. 282-293.

MITIDIERI, André Luis. *Como e porque (des)ler os clássicos da biografia*. Porto Alegre: IEL/PUCRS, 2009.

MOISÉS, Massaud. *História da Literatura Brasileira: Modernismo*. São Paulo: Cultrix, 2003.

MOMIGLIANO, Arnaldo. "History and biography". In: FINLEY, Moses (Org.). *The legacy of Greece*. Oxford: University of Oxford, 1984, p. 155-184.

MONTEIRO, Regina Maria. "Civilização e cultura: paradigmas da nacionalidade". *Cadernos CEDES*, v. 20, n. 51, nov. 2000, p. 50-65.

MONTEIRO, Tobias. *Funcionários e doutores*. Rio de Janeiro: Liv. Franisco Alves, 1919.

MONTEÓN, Michael. "Biography and Latin American History". *Latin American Research Review*, Dallas, University of Texas, v. 40, n. 2, jun. 2005, p. 193-206.

MORAIS, Fernando. *Olga*. São Paulo: Alfa-Ômega, 1986.

MORAIS, Maria Luiza Nóbrega de. "Presença feminina no jornalismo pernambucano: dos primórdios à regulamentação profissional". In: GT de Jornalismo no V Congresso Nacional de História da Mídia, Facasper e Ciee, São Paulo, 2007.

MORAIS, Miguel Salazar Mendes de. *Repertório da Réplica de Rui Barbosa*. Rio de Janeiro: Casa de Rui Barbosa, 1950.

MORAIS, Rubem Borba de; BERRIEN, William. *Manual Bibliográfico de Estudos Brasileiros*. Brasília: Senado Federal, 1998.

MOREIRA, José Carlos Barbosa. "Quelques aspects de la procedure civile bresilienne et de ses rapports avec d'autres systemes juridiques". *Revue Internationale de Droit Compare*, Paris, Société de Lgislation Comparée, v. 34, n. 4 , 1982, p. 1215-1224.

MOREIRA, Regina L. "Os diários pessoais e a (re)construção histórica". *Estudos Históricos*, Rio de Janeiro, Fundação Getúlio Vargas, n. 17, 1996.

MORSE, Richard M. *Formação histórica de São Paulo*. São Paulo: Difel, 1970.

MOTA, Maria Aparecida Rezende. *Sílvio Romero: dilemas e combates no Brasil da virada do século XX*. Rio de Janeiro: Fundação Getúlio Vargas, 2000.

MOTTA, Marly Silva da. "O relato biográfico como fonte para a história". *Vidya*, Santa Maria, UFSM, n. 34, jul./dez. 2000, p. 101-122.

MOURA, Américo de. *Rui e a "Réplica"*. Rio de Janeiro: Fundação Casa de Rui Barbosa, 1949.

MOURA, Cristina Patriota de. "Herança e metamorfose: a construção social de dois Rio Branco". *Estudos Históricos*, Rio de Janeiro, Fundação Getúlio Vargas, v. 14, n. 25, 2000, p. 81-101.

MUNSLOW, Alun. "Biography and History: Criticism, Theory and Practice". In: A. L. Macfie (ed.). *The Philosophy of History: Talks Given at the Institute of Historical Research, 2000-2006*. Londres: Palgrave Macmillan, 2006.

MUSIEDLAK, Didier. "Biografia e História: reflexões metodológicas". *Esboços*, Florianópolis, UFSC, n. 15, 2006, p. 103-109.

NACHMAN, Robert G. "Positivism, Modernization, and the Middle Class in Brazil". *The Hispanic American Historical Review*, Carolina do Norte, Duke University, v. 57, n. 1, fev. 1977, p. 1-23.

NAVARRO, Mariza. *Evita*. Buenos Aires: Planeta, 1997.

NEDER, Gizlene. *Amélia e Clóvis Bevilácqua: o casamento, o casal e a ideia de indivíduo*. X Encontro Regional de História da ANPUH-RJ. *Anais*. Rio de Janeiro: UERJ, 14 a 18 out. 2002.

______. "Coimbra e os juristas brasileiros". *Revista Discursos Sediciosos: Crime, Direito e Sociedade*, Rio de Janeiro, ano 3, n. 5-6, p. 195-214, 1998. Disponível em: <http://www.estig.ipbeja.pt/~ac_direito/neder_coimbra.pdf> Acessado em: 10 mai. 2005.

______. *Discurso jurídico e ordem burguesa no Brasil.* Porto Alegre: S. A. Fabris, 1995.

______; CERQUEIRA FILHO, Gisálio. "Os filhos da lei". *Revista Brasileira de Ciências Sociais,* São Paulo, ANPOCS, v. 16, n. 45, fev. 2001, p. 113-125.

NEVES, Guilherme Pereira das. "Elétrons não são intrinsecamente interessantes como gente". X Encontro Regional de História da ANPUH-RJ. Anais Eletrônicos. 2002. Disponível em: <www.rj.anpuh.org/Anais/2002/Conferencias/Neves%20Guilherme%20P%20N.doc>. Acessado em: 15/02/2009.

NOGUEIRA, Alcântara. *Conceito ideológico do Direito na Escola do Recife*. Fortaleza: Banco do Nordeste do Brasil S. A., 1980.

NOGUEIRA, J. L. de Almeida. *A Academia de São Paulo: Tradições e reminiscências*. São Paulo: Saraiva, v. 4, 1977.

NORA, Pierre. "Entre Memória e História: a problemática dos lugares". In: *Projeto História*, São Paulo, PUC, n. 10, dez. 1993, p. 7-28.

______. "Entre Memória e História: a problemática dos lugares". *Projeto História*, São Paulo, PUC, n. 10, dez. 1993, p. 7-28.

OATES, Stephen. *Biography as high adventure: life-writers speak on their art.* Amherst: Massachusetts Press, 1986.

OCTAVIO, Rodrigo. "Conflict of Laws in Brazil". *The Yale Law Review*, v. 28, n. 5, 1919, p. 463-477.

OKELY, Judith; CALLAWAY, Helen. *Anthropology e Autobiography*. Nova York: Routledge, 1992.

OLIVEIRA, Cândido de. "A Justiça". *Década Republicana*, v. II, Brasília, UnB, 1986, p. 7-90.

OLIVEIRA, José Carlos de. "Ciência e politica em Rui Barbosa". *Quipu*, México, v. 5, n. 2, 1988, p. 231-264.

OLIVEIRA, Lúcia Lippi de. *A Questão Nacional na Primeira República*. São Paulo: Brasiliense, 1990.

______; GOMES, Eduardo Rodrigues; WHATELY, Maria Celina. *Elite intelectual e debate político nos anos 30*. Rio de Janeiro: Fundação Getúlio Vargas, 1980.

OLIVEIRA, Nanci Vieira de. "História e Antropologia: encontros e desencontros". In: RAGO, Margareth; GIMENES, Renato A. O. *Narrar o passado, repensar a história*. Campinas: IFCH Unicamp, 2000, p. 253-264.

ORTIZ, Alicia Dujovne. *Eva Perón: la biografía*. Buenos Aires: Aguilar, 1995.

PAIM, Antônio. *A Escola de Recife: Estudos complementares à História das Ideias Filosóficas no Brasil*, v. V. Londrina: UEL, 1979.

______. *A Filosofia Brasileira Contemporânea: Estudos complementares à História das Ideias Filosóficas no Brasil*, v. VII. Londrina: CEFIL, 2000.

______. *Bibliografia filosófica brasileira: 1808-1930*. Salvador: Centro de Documentação do Pensamento Brasileiro, 1983.

______. *Bibliografia filosófica brasileira: 1931-1980*. Salvador: Centro de Documentação do Pensamento Brasileiro, 1987.

PAIS, Amélia Pinto. *Para compreender Fernando Pessoa*. Porto: Areal Editores, 1999.

PAIXÃO, Sylvia Pemingueiro. "O Olhar Condescendente: Critica literária e literatura feminina no século XIX e inicio do século XX". *Travessia*, Florianópolis, UFSC, n. 21, p. 50-63, 1990.

PALLARES-BURKE, Maria Lúcia Garcia. *As muitas faces da História*. São Paulo: Unesp, 2000.

PANG, Eul-Soo; SECKINGER, Ron L. "The Mandarin of Imperial Brazil". *Comparative Studies in Society and History*, v. 14, n. 2, mar. 1972, p. 215-244.

PASSERON, Jean-Claude. "A escrita sociológica: um controle das línguas naturais". In: *O Raciocínio Sociológico*. Petrópolis: Vozes, 1995, p. 149-252.

PAULO FILHO, Pedro. *O Bacharelismo Brasileiro: da colônia à República*. Campinas: Bookseller, 1997.

PEACOCK, James L.; SOURCE, Dorothy C. Holland. "The Narrated Self: Life Stories in Process". *Ethos*, Arlington, American Anhtropological Association, v. 21, n. 4, dez. 1993, p. 367-383.

PÉCAUT, Daniel. *Os Intelectuais e a Política no Brasil*. São Paulo: Ática: 1990.

PENA, Eduardo Spiller. *Pajens da casa imperial. Jurisconsultos, escravidão e a lei de 1871*. Campinas: Editora da Unicamp, 2001.

PENA, Felipe. *Teoria da Biografia sem fim*. Rio de Janeiro: Mauad, 2004.

PERARO, Maria Adenir. "Fardas, saias e batinas: a ilegitimidade na paróquia Senhor Bom Jesus de Cuiabá, 1853-1890". Tese (Doutorado em História) - Universidade Federal do Paraná, Curitiba, 1997.

PEREIRA, Antônio Marcos. *Alton Becker, Linguista: por uma linguística antropológica crítica*. Tese (Doutorado em Linguística) - UFMG, Belo Horizonte, 2005.

PEREIRA, Astrojildo. "Pensadores, críticos e ensaístas". In: MORAIS, Rubem Borba de; BERRIEN, William. *Manual Bibliográfico de Estudos Brasileiros*. Brasília: Senado Federal, 1998, p. 973-1027.

PEREIRA, Luisa Rauter. *A História e o "Diálogo que Somos": historiografia de Reinhart Koselleck e a Hermenêutica de Hans-Georg Gadamer*. Dissertação (Mestrado em História)- PUC-RJ, Rio de Janeiro, 2004.

PEREIRA, Miriam Halpern. "A História e as Ciências Sociais". *Ler História*, Lisboa/ICSTE, n. 49, 2005, p. 5-29.

PERELMAN, Chaim; OLBRECHTS-TYTECA, Lucie. *Tratado da argumentação: a nova retórica*. São Paulo: Martins Fontes, 1999b.

______. *Retóricas*. São Paulo: Martins Fontes, 1999a.

PICANÇO, Macário Lemos. *Clóvis Beviláqua, sua vida e sua obra*. Rio de Janeiro: Educadora, 1935.

PINHEIRO, Magda. "A biografia em Portugal:uma agenda". *Ler História*. Lisboa: ISCTE, n. 50, 2006, p. 67-80.

______. "Os arquivos familiares e a biografia: dos perigos da abundância". In: *Olhares cruzados entre arquivistas e historiadores*. Mesas redondas na Torre do Tombo. Lisboa: Instituto dos Arquivos/Torre do Tombo, 2004, p. 151-155.

PINHEIRO, Paulo Sérgio. "Classes médias urbanas: formação, natureza, intervenção na vida política". In: FAUSTO, Boris. *História geral da civilização brasileira*, t. III, v. 2, O Brasil Republicano, São Paulo, Difel, 1978, p. 9-37.

PINTO FERREIRA, Luis. *História da Faculdade de Direito de Recife*. Recife: UFPE, 1980.

POCOCK, John Greville Agard. *Linguagens do ideário político*. São Paulo: Edusp, 2003.

POLLAK, Michael. "Memória e Identidade Social". *Estudos Históricos*. Rio de Janeiro: Fundação Getúlio Vargas, v. 5, n. 10, 1992, p. 200-212.

______. "Memória, esquecimento, silêncio". *Estudos Históricos*, Rio de Janeiro, Fundação Getúlio Vargas, v. 2, n. 3, p. 3-15, 1989.

POMIAN, Krzysztof. *Memória-História. Enciclopédia Einaudi*. v. 1. Lisboa: Imprensa Nacional/Casa da Moeda, 1997, p. 51-86.

PORTUGAL, Silvio. "Direito de 1500 a 1943". In: MORAIS, Rubem Borba de; BERRIEN, William. *Manual Bibliográfico de Estudos Brasileiros*. Brasília: Senado Federal, 1998, p. 155-225.

POSSE, Zulmara Clara Sauner; POSSE, Atila Sauner. "O processo judicial como revelador da fonte histórica: relendo uma perícia antropológica". *Revista da SBPH - Sociedade Brasileira de Pesquisa Histórica*, n. 21, 2001, p. 101-107.

POST, Robert. *Law and the Order of Culture*. Berkeley/Los Angeles/Oxford: University Of California Press, 1991.

QUADROS, António. *Fernando Pessoa: vida, personalidade e gênio*. Lisboa: Publicações Dom Quixote, 1984, Col. Estudos Portugueses, n. 15.

QUEIROZ, Maria Isaura Pereira de. *O mandonismo local e a vida política no Brasil e outros ensaios*. São Paulo: Alfa-Ômega, 1976.

QUEIROZ, Suely Robles Reis de. "Aspectos ideológicos da escravidão". *Estudos Econômicos*, São Paulo, IPE-USP, v. 13, n. 1, jan./abr. 1983, p. 85-101.

QUEIROZ, Suely Robles Reis de. *Os radicais da República*. São Paulo: Brasiliense, 1986.

QUINTILIANO, Deise. *Sartre: philía e autobiografia*. Rio de Janeiro: DP & A, 2005.

RABELLO, Sílvio. *Itinerário de Sílvio Romero*. Rio de Janeiro: Civilização Brasileira, 1967.

REALE, Miguel. *A doutrina de Kant no Brasil: dois ensaios*. São Paulo: Editora Revista dos Tribunais, 1949a.

______. *Posição de Rui Barbosa no mundo da filosofia*. Rio de Janeiro: Casa de Rui Barbosa, 1949b.

REMÉDIOS, Maria Luiza Ritzel (org.). *Literatura confessional: autobiografia e ficcionalidade*. Porto Alegre: Mercado Aberto, 1997.

RÉMOND, René. *Por uma História Política*. Rio de Janeiro: UFRJ/Fundação Getúlio Vargas, 1996.

REVEL, Jacques. "A biografia como problema historiográfico". In: *História e historiografia: exercicios críticos*. Curitiba: Ed. UFPR, 2010, p. 235-248.

______. "História e Ciências Sociais: uma confrontação instável". In: BOUSIER, Jean; JULIA, Dominique. *Passados Recompostos: campos e canteiros da História*. Rio de Janeiro: UFRJ/Fundação Getúlio Vargas, 1998, p. 79-90.

REVISTA DE HISTÓRIA. "Os filhos do padre", 5/9/2007. Disponível em: <http://www.revistadehistoria.com.br/secao/conteudo-complementar/os-filhos-do--padre>. Acessado em: 12 jun. 2011.

RHEINGANTZ, Carlos G. *Titulares do Império*. Rio de Janeiro: Arquivo Nacional, 1960.

RIBEIRO, Ernesto Carneiro. *A Redacção do Projecto do Código Civil e a Replica do Dr. Ruy Barbosa: Treplica*. Salvador: Progresso, 1951.

RICOEUR, Paul. *O si-mesmo como outro*. Campinas: Papirus, 1991.

ROBIN, Régine. "Literatura y biografia". *Historia y Fuente Oral*, Barcelona, n. 2, 1989, p. 73-90.

RODRIGUES, João Paulo Coelho de Souza. *A dança das cadeiras: literatura e política na Academia Brasileira de Letras (1896-1913)*. Campinas: Unicamp, 2003.

RODRIGUES, Ricardo Vélez. "Rui Barbosa e o bacharelismo liberal". *Curso de Introdução ao Pensamento Político Brasileiro*, unidades III e IV, Brasíla, UnB, 1982.

ROMERO, José Luis. *La vida histórica*. Buenos Aires: Sudamericana, 1988.

ROMERO, Lauro. *Clóvis Beviláqua*. Rio de Janeiro: José Olympio, 1956.

ROSALDO, Renato. *Culture & Truth: The Remaking of Social Analysis*. Boston: Beacon Press, 1989.

ROSAS, Afonso Cláudio de Freitas. "Bosquejo biográfico do Doutor Clóvis Beviláqua". *Revista do Instituto do Ceará*, 1916.

ROUSSO, Henry. "A memória não é mais o que era". In: FERREIRA, Marieta de Moraes; AMADO, Janaína. *Usos e abusos da História Oral*. Rio de Janeiro: Fundação Getúlio Vargas, 1998, p. 93-101.

ROWLAND, Robert. *Antropologia, História e Diferença: alguns aspectos*. Porto: Afrontamento, 1987.

RUBINSTEIN, Willian D. "História e História 'Amadora". In: LAMBERT, Peter; SCHOFIELD, Phillip. *História: introdução ao ensino e à prática*. Porto Alegre: ARTMED, 2011, p. 307-318.

SADEK, Maria Tereza; DANTAS, Humberto. "Os Bacharéis em Direito na reforma do Judiciário: técnicos ou curiosos?". *São Paulo em Perspectiva*, abr./jun. 2000, v. 14, n. 2, p. 101-111. Disponível em: <http://www.scielo.br/scielo.php?script=sci_arttext&pid=S0102-88392000000200013&lng=pt&nrm=iso>. Acessado em: 05 jan. 2004.

SAHLINS, Marshal. "Experiência Individual e ordem cultural". In: *Cultura na Prática*. Rio de Janeiro: UFRJ, 2004.

______. *Ilhas de História*. Rio de Janeiro: Zahar, 1999.

SAINT-HILAIRE, Auguste de. *Viagem à província de São Paulo*. Belo Horizonte/Itatiaia/São Paulo: Edusp, 1976.

SAMARA, Eni Mesquita de. *As mulheres, o poder e a família em São Paulo, século XIX*. São Paulo: Marco Zero, 1989.

SAN TIAGO DANTAS, Francisco Clementino de. *Rui Barbosa e o Código Civil*. Rio de Janeiro: Fundação Casa de Rui Barbosa, 1949.

SANTOS, Myrian. "O pesadelo da amnésia coletiva: um estudo sobre os conceitos de memória, tradição e traços do passado". *Revista Brasileira de Ciências Sociais*, São Paulo, ANPOCS, n. 3, ano 8, out. 1993.

SANTOS, Wanderley Guilherme dos. *Roteiro Bibliográfico do Pensamento Político-Social Brasileiro (1870-1965)*. Belo Horizonte: UFMG; Rio de Janeiro: Casa de Oswaldo Cruz, 2002.

SARAMAGO, José. "História e ficção". *Jornal de Letras, Artes e Ideias*, Lisboa, s/e, 1990, p. 7-19.

SARLO, Beatriz. *Paisagens imaginárias: intelectuais, arte e meios de comunicação*. São Paulo: USP, 2005.

______. *Tempo passado: cultura da memória e guinada subjetiva*. São Paulo: Companhia das Letras, 2007.

SARRACENO, Chiara. "La estructura temporal de la biografia". *Historia y Fuente Oral*, Barcelona, n. 2, 1989, p. 43-52.

SCHMIDT, Benito Bisso (org.). *O biográfico: perspectivas interdisciplinares*. Santa Cruz do Sul: EDUNISC, 2000.

______. "A biografia histórica: o 'retorno' do gênero e a noção de 'contexto'. In: GUAZZELLI, César Augusto Barcellos *et al.* (Orgs.). *Questões de teoria e metodologia da história*. Porto Alegre: UFRGS, 2000, p. 121-129.

______. "Biografia e regimes de historicidade". *MÉTIS: História & Cultura*, v. 2, n. 3, jan./jun. 2003, p. 57-72.

______. "Biografias históricas: o que há de novo". In: PIRES, Ariel José; GANDRA, Edgar Ávila; COSTA, Flamarion Laba da; SEBRIAN, Raphael Nunes Nicoletti. *História, linguagens, temas: escrita e ensino da história*. Guarapuava: Unicentro, 2006, p 73-82.

______. "Construindo Biografias...Historiadores e Jornalistas: aproximações e afastamentos". *Estudos Históricos,* Rio de Janeiro, Fundação Getúlio Vargas, n. 19, 1997, p. 3-21.

______. "Grafia da vida: reflexões sobre a narrativa biográfica". *História Unisinos*. v. 8, n. 10, jul./dez. 2004, p. 131-142.

______. "Quando o historiador espia pelo buraco da fechadura: ética e narrativa biográfica". XXV Simpósio Nacional de História – ANPUH, Conferência. Fortaleza, jul. 2009.

SCHNEIDER, Michel. *Mortes imaginárias*. São Paulo: A Girafa, 2005.

SCHUBSKY, Cássio. *Clóvis Beviláqua: um senhor brasileiro. São Paulo:* Lettera, doc, 2010.

SCHULZE, Winfried. "Sobre el significado de los ego-documentos para la investigación de la Edad Moderna". In: AMELANG, James A. *De la autobiografía a los ego-documentos: un forum abierto. Cultura, Escrita y Sociedad*. Universidad de Alcala, n. 1, 2005, p. 106-109.

SCHWARCZ, Lilia K. Moritz. "História e Etnologia: Lévi-Strauss e os embates em região de fronteira". *Revista de Antropologia*, v. 42, n. 1-2, 1999, p. 199-222.

______. *O espetáculo das raças: cientistas, instituições e questão racial no Brasil: 1870-1930*. São Paulo: Companhia das Letras, 1995.

______. "Questões de fronteira: sobre uma antropologia da História". *Novos Estudos Cebrap*, n. 72, jul. 2005, p. 119-135.

SCHWOB, Marcel. *Vidas imaginárias*. São Paulo: Editora 34, 1999.

SCURO NETO, Pedro. *Manual de sociologia básica e jurídica*. São Paulo: Saraiva, 1996.

SEIXAS, Jacy Alves de. "Percursos de memórias em terras de história: problemáticas atuais". In: BRESCIANI, Stella; NAXARA, Márcia (org.). *Memória e (res) sentimento: indagações sobre uma questão sensível*. Campinas: Unicamp, 2004. p. 37-55.

SELIGMANN-SILVA, Márcio. "Reflexões sobre a memória, a história e o esquecimento". In: SELIGMANN-SILVA, Márcio. *História, memória, literatura: o testemunho na era das catástrofes*. Campinas: Unicamp, 2003.

SENA, Homero. *Rui e o Imaginário Popular*. Rio de Janeiro: Fundação Casa de Rui Barbosa, 1994.

SENADO FEDERAL - SECRETARIA DE INFORMAÇÃO E DOCUMENTAÇÃO. *Bibliografia Brasileira de Direito*. Brasília: Senado Federal, 2004.

SERBIN, Kenneth P. *Padres, celibato e conflito social: uma história da Igreja Católica no Brasil*. São Paulo: Companhia das Letras, 2008.

SEVCENKO, Nicolau. *Literatura como Missão: Tensões sociais e criação cultural na Primeira República*. São Paulo: Brasiliense, 1985.

SILVA JARDIM, Antônio. *Cartas a Clóvis Beviláqua*. Rio de Janeiro: Gráfica Apolo, 1936.

SILVA, J. M. Pereira da. *Memórias do meu tempo*. Rio de Janeiro: Garnier, s. d., v. 2.

SILVA, Maria Aparecida de Oliveira. "Biografia como fonte histórica". *Cadernos de Pesquisa do CDHIS*, Uberlândia, UFU, n. 36-37, ano 20, 2007.

SILVA, Vicentônio Regis Nascimento. *Vossa Excelência, Vossa Senhoria, Excelentíssimo Senhor e Prezado Amigo: considerações sobre a correspondência de Clóvis Beviláqua*. Dissertação (Mestrado em História) – Unesp, Campus de Assis, Assis, 2009.

SILVA, Wilton C. L. "A linguagem e o Código Civil de 1916". XXV Congresso da Associacão Latinoamericana de Sociologia (ALAS). *Anais*, Porto Alegre, 2005.

______. "Biografias em contraste: memória e desmemoria em Ruy Barbosa e Clóvis Beviláqua". IV Simpósio Nacional de História Cultural. *Anais*, Goiânia, 2008.

______. "Espelho de palavras: escrita de si, autoetnografia e ego-história". In: SCHMIDT, Benito Bisso; AVELAR, Alexandre de Sá (Org.). *Grafia da Vida*. São Paulo: Letra e Voz, 2011, p. 39-62.

______. "Memória cívica e memória intelectual: imortalidade e ocaso de Rui Barbosa". 31º Encontro Anual da ANPOCS. *Anais*, Caxambu, 2007.

______. "Para ler a leitura: reflexões sobre anotações de Florestan Fernandes em um livro de Franz Boas". *Revista Anthropológicas*, UFPE, Recife, v. 16, n. 2, 2006, p. 67-99.

______. "Rui Barbosa: mito, memória e esquecimento". *Diálogos*, Maringá, v. 16, 2012, p. 1111-1135.

______. "Vidas exemplares após o Estado Novo A biografia na historiografia em Portugal depois de 1974". *Estudos do Século XX*, v. 11, 2011, p. 407-421.

______. "Os doutores advogados: elites e disputas políticas em um período de mudanças (1870-1930)". In: *Diálogo Jurídico*. Fortaleza: Faculdade Farias Brito, 2007, p. 27-44.

______. "Vida póstuma de um ilustre desconhecido: a construção biográfica de Clóvis Beviláqua (1859-1944)". *Maracanan*, 2012.

______. "Biografias: construção e reconstrução da memória". *Revista Fronteira* (Cessou em 2008. Cont. ISSN 1984-8226 Revista Fronteiras (Online), v. 11, 2009, p. 151-166.

______. "Os guardiões da linguagem e da política: o bacharelismo na República Velha". *Justiça & História*, Porto Alegre, v. 5, n. 10, 2005.

SIMIONI, Ana Paula Cavalcanti. "As mulheres artistas e os silêncios da história: a história da arte e suas exclusões". *Labrys: Estudos Feministas*, v. 11, 2007. Disponível em: <http://www.unb.br/ih/his/gefem>. Acessado em: 20 dez. 2011.

______. *Profissão Artista: pintoras e escultoras brasileiras entre 1884 e 1922*. Tese (Doutorado em Sociologia) – FFLCH-USP, São Paulo, 2004.

SIMÕES NETO, Francisco Teotonio. *Os bachareis na política e a política dos bacharéis*. Tese (Doutorado em Sociologia) – FFLCH-USP, São Paulo, v. 2, 1983.

SIQUEIRA, Elizabeth Angélica Santos. *Um discurso feminino possível: pioneiras da imprensa em Pernambuco (1830-1910)*. Recife: UFPE, Ed. Universitária, 1995.

SIRINELLI, Jean-Françoise. "Os Intelectuais". In: REMOND, René. *Para uma História Política*. Rio de Janeiro: UFRJ/Fundação Getúlio Vargas, 1996, p. 231-269.

SKINNER, Quentin. *As Fundações do Pensamento Político Moderno*. São Paulo: Companhia das Letras, 1998.

______. "Meaning and understanding in the history of ideas". *History and Theory*, v. 8, n. 1, p. 3-53, 1969.

SOARES, Carlos Eugênio L. "Clamores da escravidão: requerimento dos escravos da Nação do Imperador, 1828". *História Social*, Campinas, Unicamp, n. 4-5, 1997-1998, p. 223-228.

SOARES, Luiz Carlos. *O Povo de Cam na capital do Brasil. A escravidão urbana no Rio de Janeiro do século XIX*. Rio de Janeiro: Faperj – Editora 7 Letras, 2007.

SOARES, Luiz Eduardo. "Hermenêutica e Ciências Humanas". *Estudos Históricos*, Rio de Janeiro, Fundação Getúlio Vargas, n. 1, 1988, p. 100-142.

SOBRAL, José Manuel. "Da casa à nação: passado, memória e identidade". *Etnográfica*, Lisboa, Centro de Estudos de Antropologia Social/Celta Editora, v. III, n. 1, mai. 1999, p. 71-85.

SODRÉ, Nelson Werneck. *História da Literatura Brasileira*. São Paulo: Difel, 1982.

______. *O que se deve ler para conhecer o Brasil*. Rio de Janeiro: Centro Brasileiro de Pesquisas Educacionais, 1960.

SOUZA, Adriana Barreto de. "Biografia e escrita da História: reflexões preliminares sobre relações sociais e de poder". *Revista Universitária Rural: Série Ciências Humanas*, Seropédica, EDUR, v. 29, n. 1, jan./jul. 2007, p. 27-36.

______. *Duque de Caxias: o homem por trás do monumento*. Rio de Janeiro: Civilização Brasileira, 2008.

______. "Entre o mito e o homem: Caxias e a construção de uma heroicidade moderna". *Locus: Revista de História*, v. 7, n. 1, 2001c, p. 93-106.

SOUZA, Carlos Fernando Mathias de. "Ainda sobre o Código Civil (II)". *Correio Braziliense*, 01/10/2001a. Disponível em: <http://www.unb.br/acs/acsweb/clipping/cod_civil2.htm>. Acessado em: 04 jan. 2004.

______. *Evolução histórica do direito brasileiro. Correio Braziliense*, 01/10/2001b. Disponível em: <http://www.unb.br/fd/carlos_mathias.html>. Acessado em: 03 jan. 2004.

SOUZA, Eneida Maria de. *Janelas indiscretas: ensaios de crítica biográfica*. Belo Horizonte: UFMG, 2011.

______. *Traço crítico*. Rio de Janeiro: UFRJ; Belo Horizonte: UFMG, 1993.

SOUZA, Ricardo Luiz. "Da crítica ao bacharel à construção do autoritarismo". *MNEME Revista De Humanidades*, v. 2, n. 4, jun./jul. 2001a. Disponível em: <http://www.seol.com.br/mneme/ed4/017.php?atual=017&edicao=4>. Acessado em: 10 dez. 2002.

STEINER, Henry J. "Legal Education and Socio-Economic Change: Brazilian Perspective". *The American Journal of Comparative Law*, v. 19, n. 1, 1971, p. 39-90.

STONE, Lawrence. "O ressurgimento da narrativa: reflexões sobre uma nova velha história". *Revista de História*, Campinas, IFCH-Unicamp, 1991, p. 13-37. (Original: "The Revival of Narrative: Reflections on a New Old History". *Past and Present*, 85, nov. 1979, p. 3–24).

SÜSSEKIND, Flora. *A voz e a série*. Belo Horizonte: Sete Letras/UFMG, 1998.

______. *Cinematógrafo das Letras: literatura, técnica e modernização no Brasil*. São Paulo: Companhia das Letras, 1987.

______; DIAS, Tânia. *A Historiografia Literária e as Técnicas de escrita: do manuscrito ao hipertexto*. Rio de Janeiro: Vieira & Lent, 2004.

______. *Literatura e Vida Literária; Polêmicas, Diários & Retratos*. Rio de Janeiro: Zahar: 1985.

SZELENYI, Ivan; MARTIN, Bill. "The legal professions and the rise and fall of the new class". In: ABEL, R. ; LEWIS, P. (eds.). *Lawyers in society: comparative theories*. Berkeley: University of California Press, 1989.

TEIXEIRA, Nuno Severiano. "A História Política na Historiografia Contemporânea". *Ler História*, Lisboa, ISCTE, n. 13, 1988, p. 77-102.

TELLES, Norma. "Escritoras, escritas, escrituras". In: DEL PRIORE, Mary; BASSANEZI, Carla. *História das mulheres no Brasil*. São Paulo: Contexto, 1997, p. 401-442.

TENGARRINHA, José Manuel. "A Historiografia Portuguesa pós-74". In: ARRUDA, José Jobson; TENGARRINHA, José Manuel. *Historiografia Luso-Brasileira Contemporânea*. Bauru: Edusc, 1999, p. 111-189.

THOMAS, Keith. "History and Anthropology". In: *Past & Present*. Oxford: Oxford University, v. 24. n. 1, 1963, p. 3-24.

THOMPSON, E. P. *As peculiaridades dos ingleses e outros artigos*. Campinas: Editora da Unicamp, 2001.

THOMPSON, Paul. *A voz do passado: Historia Oral*. Rio de Janeiro: Paz e Terra, 1992.

KOPYTOFF, Igor. "The cultural biography of things: commoditization as process". In: APPADURAI, Arjun. *The social life of things: commodoties in cultural perspective*. Cambidge: University Pres, 1986, p. 64-91.

TORGAL, Luís Reis. *História e ideologia*. Coimbra: Livraria Minerva, 1989.

______. "O Poder da História". In: D´ENCARNAÇÃO, José. *As Oficinas da História*. Lisboa: Edições Colibri/Faculdade de Letras da Universidade de Coimbra, 2002, p. 177-185

______; MENDES, José M. Amado; CATROGA, Fernando. *História da História em Portugal: séculos XIX-XX*. Circulo de Leitores: Lisboa, 1996.

TREBITSCH, Michel. "Correspondances d'intellectuells. Le cas des lettres d'Henri Lefebvre à Norbert Guterman (1935-1947)". *Le Cahiers de l'IHTP*, Paris, n. 20, 1992.

TRIGALI. Dante. *Introdução à Retórica: a Retórica como crítica literária*. São Paulo: Livraria Duas Cidades, 1988.

TRIGUEIROS, Luis Forjaz; DUARTE, Lélia Parreira. *Temas portugueses e brasileiros: selecção de textos de autores portugueses sobre temas culturais do Brasil e de autores brasileiros sobre temas culturais portugueses*. Lisboa: Instituto de Cultura e Língua portuguesa, 1992.

TUCHMAN, Barbara. *A prática da história*. Rio de Janeiro: José Olympio, 1991.

______. "Biography as a prismo of history". In: *Practising History: selected essays.* Londres: Papermac, 1983, p. 80-90.

TURAZZI, Maria Inez. *A Euforia do Progresso e a Imposição da Ordem.* Rio de Janeiro: Marco Zero, 1989.

URICOECHEA, F. *O minotauro imperial. A burocratização do Estado patrimonial brasileiro no século XIX.* Rio de Janeiro: Difel, 1978.

VAINFAS, Ronaldo. *Dicionário do Brasil Colonial (1500-1822).* Rio de Janeiro: Objetiva, 2001.

______. *Dicionário do Brasil Imperial (1822-1889).* Rio de Janeiro: Objetiva, 2002.

______. *História e sexualidade no Brasil.* Rio de Janeiro: Graal, 1986.

______. *Tropico dos pecados: moral, sexualidade e Inquisição no Brasil.* Rio de Janeiro: Ed. Campus, 1989.

VALLADÃO, Haroldo T. "O sesquicentenário da criação dos cursos de ciências jurídicas". *Revista do Instituto Histórico e Geográfico Brasileiro,* n. 316, 1977, p. 434-451.

VAMPRÉ, Spencer. *Memórias para a História da Academia de São Paulo.* São Paulo: Liv. Acadêmica Saraiva, v. 2, 1924.

VASCONCELOS, Mario Cesariny de. *Louvor e simplificação de Álvaro de Campos.* Lisboa: Contraponto, 1953.

VECCHI, Roberto. "Estilhaços de ausências: vidas como texto em Olga, de Fernando Morais, e No Hospício, de Rocha Pombo". In: DECCA, Edgar Salvadori de; LEMARE, Ria (Orgs.). *Pelas margens: outros caminhos da história e da literatura.* Campinas: Unicamp; Porto Alegre: UFRGS, 2000, p. 191-209.

VEIGA, Gláucio. *História das Ideias da Faculdade de Direito de Recife.* Recife: UFPE, 1981.

VELHO, Gilberto. Ciências Sociais e biografia individual, aula inaugural do curso de graduação em Ciências Sociais do CPDOC da Fundação Getulio Vargas, em 6 mar. 2006. Disponível em: <http://www.cpdoc.Fundação Getúlio Vargas.br/cursos/arq/AulaGilbertoVelho.pdf>. Acessado em: 24 mai. 2008.

VELLASCO, Ivan de Andrade. *As seduções da ordem: violência, criminalidade e administração da justiça – Minas Gerais, século 19.* São Paulo: ANPOCS/Bauru: Edusc, 2004.

VENÂNCIO FILHO, Alberto. "A criação dos cursos jurídicos no Brasil". *Anuário do Museu Imperial*. Petrópolis: Museu Imperial. v. 37-41, 1976-1980, p. 11-22, 1983.

______. "As mulheres na Academia". *Revista Brasileira*, Rio de Janeiro, Academia Brasileira de Letras, fase VII, ano XIII, n. 49, out./nov. 2006, p. 7-44.

______. "Os Bacharéis na República". *Revista do Instituto dos Advogados Brasileiros*, Rio de Janeiro, IAB, n. 73-74, 1989-1990.

______. *Das arcadas ao bacharelismo: 150 anos de ensino jurídico no Brasil*. São Paulo: Perspectiva, 1982.

VENTURA, Roberto. *Estilo tropical: história cultural e polêmicas literárias no Brasil*. São Paulo: Companhia das Letras, 1991.

VERÍSSIMO, José. *História da Literatura Brasileira*. Brasília: UnB, 1963.

VERSIANI, Daniela Beccaccia. *Autoetnografias: conceitos alternativos emconstrução*. Rio de Janeiro: 7 Letras, 2005.

VEYNE, Paul. *Como se escreve a história*; *Foucault revoluciona a história*. São Paulo: Brasiliense, 1982.

VIDEIRA, Antonio Augusto Passos. "É a biografia científica um instrumento útil para a história da ciência?". X Encontro Regional de História da ANPUH-RJ. Anais Eletrônicos. Rio de Janeiro: ANPUH-RJ, 2002. Disponível em: <www.rj.anpuh.org/Anais/2002/Comunicacoes/Videira%20Antonio%20A%20P.doc>. Acessado em: 15 fev. 2009.

VIEIRA, Gláucio. *História das Ideias da Faculdade de Direito de Recife*. Recife: UFPE, 1981.

VIEIRA, Ricardo. "Vidas revividas: etnografia, biografias e a descoberta de novos sentidos". In: CARIA, Telmo H. *Experiência etnográfica em Ciências Sociais*. Porto: Afrontamento, 2002, p. 77-96.

VIVIANI, Aglasia. *Strange spirits and even stranger bodies: l'icona di Elizabeth I nelle biografie di tre modernisti inglesi*. Firenze: Firenze University Press, 2003.

WAGNER, Roy. "The Invention of Self". In: *The invention of culture*. Chicago: University of Chicago, 1981, p. 56-75.

WATSON, Alan. *The Making of the Civil Law*. Cambridge, Mass.: Harvard University, 1981.

WEFFORT, Francisco Correa. "As escritas de Deus e as profanas: notas para uma história das ideias no Brasil". *Revista Brasileira de Ciências Sociais*, v. 20, n. 57, fev. 2005, p. 5-25.

______. *Por que democracia?* São Paulo: Brasiliense, 1985.

WERNECK, Maria Helena. *O Homem Encadernado: Machado de Assis na escrita das biografias*. Rio de Janeiro: UERJ, 1996.

WILLIANS, Garreth. "A cultura popular e os historiadores". In: LAMBERT, Peter; SCHOFIELD, Phillip. *História: introdução ao ensino e à prática*. Porto Alegre: ARTMED, 2011, p. 294-306.

WOODMANSEE, Martha. *The Construction of Authorship: Textual Appropriation in Law and Literature*. Carolina do Norte: Duke University, 1994.

WORCMAN, Karen; PEREIRA, Jesus Vasquez. *História Falada: memória, rede e mudança social*. São Paulo: SESC/Museu da Pessoa/Imprensa Oficial, 2006.

YORKE, Clifford. "Review: Anna Freud: a biography by Elisabeth Young-Bruehl". *The International Journal of Psychoanalys*, Londres, n. 71, 1990, p. 167.

ZALUAR, Augusto Emílio. *Peregrinação pela Província de São Paulo (1860-1861)*. Belo Horizonte: Itatiaia/São Paulo: Edusp, 1975.

ZONABEND, F. "Le temps d une vie". In: *La mémoire longue*. Paris: PUF, 1980, p. 223-266.

Agradecimentos

Gratidão, o substantivo feminino que define o sentimento de reconhecimento por um benefício recebido, permite a sua expressão através da correta combinação de alguns desses vinte e seis brinquedos que chamamos letras e que são usados para fabricarmos palavras.

Com certeza a lista de pessoas a quem eu deveria agradecer poderia ser muito mais longa e pormenorizada do que a que se apresenta a seguir, mas creio que na maneira em que está, de uma forma ou outra, ela incorpora a todos.

Assim, meu muito obrigado:

- aos Professores Doutores Clodoaldo Bueno, *Durval Muniz de Albuquerque* Júnior, Lucia Maria Paschoal Guimarães, Maria Suely Koffes, Milton Carlos Costa pela generosidade em aceitarem participar de meu concurso de livre-docência, no qual esse texto foi apresentado como tese, e pelas preciosas sugestões apresentadas;

- à Universidade Estadual Paulista "Júlio de Mesquita Filho", que, me incorporando ao seu corpo docente, ofereceu condições para um constante aprendizado, às vezes prazeroso, outras vezes doloroso, mas sempre rico, sobre ensino, pesquisa, extensão e gestão;

- ao CNPq, Fapesp e FUNDUnesp, que em momentos distintos colaboraram com recursos para o desenvolvimento da pesquisa que originou o presente trabalho;

- aos colegas do Departamento de História, da Unesp, Campus de Assis, pelo mel e pelo fel compartilhados ao longo dos anos de convivência profissional e acadêmica;

- aos meus alunos e orientandos, pelas trocas pessoais e acadêmicas;

- à minha esposa e aos meus filhos, pelo conjunto "paciência-compreensão-carinho" que disponibilizaram ao longo de muitos e muitos anos de meu equilíbrio precário entre vida familiar e profissional; e, finalmente,

- aos que me ajudaram, aos que não me atrapalharam, aos que me fizeram o bem e aos não me quiseram o mal.

Alameda nas redes sociais:

Site: www.alamedaeditorial.com.br
Facebook.com/alamedaeditorial/
Twitter.com/editoraalameda
Instagram.com/editora_alameda/

Esta obra foi impressa em São Paulo no inverno de 2017. No texto foi utilizada a fonte Minion Pro em corpo 11 e entrelinha de 13,2 pontos.